综观经济与管理
邓志阳文选

ZONGGUAN JINGJI YU GUANLI
DENGZHIYANG WENXUAN

邓志阳◎著

暨南大学出版社
JINAN UNIVERSITY PRESS

中国·广州

图书在版编目（CIP）数据

综观经济与管理：邓志阳文选/邓志阳著 . —广州：暨南大学出版社，2017.5
ISBN 978 - 7 - 5668 - 2071 - 6

Ⅰ. ①综… Ⅱ. ①邓… Ⅲ. ①经济管理—文集 Ⅳ. ①F2 - 53

中国版本图书馆 CIP 数据核字（2017）第 038071 号

**综观经济与管理：邓志阳文选**
ZONGGUAN JINGJI YU GUANLI：DENGZHIYANG WENXUAN
著者：邓志阳

出 版 人：徐义雄
责任编辑：曾鑫华　高　婷
责任校对：王雅琪
责任印制：汤慧君　周一丹

出版发行：暨南大学出版社（510630）
电　　话：总编室（8620）85221601
　　　　　营销部（8620）85225284　85228291　85228292（邮购）
传　　真：（8620）85221583（办公室）　85223774（营销部）
网　　址：http：//www. jnupress. com　http：//press. jnu. edu. cn
排　　版：广州市天河星辰文化发展部照排中心
印　　刷：佛山市浩文彩色印刷有限公司
开　　本：787mm×1092mm　1/16
印　　张：14. 25
字　　数：365 千
版　　次：2017 年 5 月第 1 版
印　　次：2017 年 5 月第 1 次
定　　价：39. 80 元

（暨大版图书如有印装质量问题，请与出版社总编室联系调换）

# 前　言

　　国际、国家、城市、企业等的经济活动都是综观的，围绕"综观经济与管理"这个主题，笔者挑选了几十篇文章（大部分已公开发表，少数几篇未公开发表），形成此文选。

　　改革开放以来，特别是近 20 年来，国家在经济建设中，以创新创业、协调均衡、生态文明、可持续发展为理念，指导社会经济的发展，综观经济与管理的理论观点正好与此契合。国家经济建设波澜壮阔的实践和创新，为综观经济与管理的教学与学术研究，提供了广阔的天地和丰富的内容，综观经济与管理自然就成为笔者学术研究的主导方向，运用发展、综合的眼光，研究经济、社会、生态各个部分经济属性的联系和相关性，变革失去平衡的某种经济结构，构建先进、合理、各方面平衡的某种新结构，以利于整个社会经济协调、平衡、文明、可持续发展。

　　学术研究的过程，实际上是一个"自学"的过程：学习和研究别人的研究成果，调查研究别人实践的经验，总结自己实践的经验教训，从中归纳出有一定价值的结论。因此，本书包含了许多前人的成果，笔者在前人的基础上，总结出自己的感悟。本书分为三个部分，一是综观经济理论与实践，二是企业综观经营管理，三是人才需求与供给——综观人才培养模式的理论与实践。

　　本书观点为个人浅见，如果能为研究综观经济与管理方面的同仁提供一点参考资料，笔者甚感欣慰。

　　由于作者水平和经验有限，书中难免有不当之处，恳请广大读者批评指正。

广东外语外贸大学教授　邓志阳

2017 年 2 月

# 目　录

# 第二编 企业综观经营管理

# 第三编　人才需求与供给
## ——综观人才培养模式的理论与实践

# 第一编　综观经济理论与实践

"正直立身，信心立业，坚韧立事。"

【本编主要内容】

· 关于综观经济学的思考，综观经济学的基本范畴；
· 综观生产力，新型社会生产力运作体系，精神生产与消费，休闲经济；
· 全球经济危机的反思；
· 还权于市场，中国经济运行的主导模式，以产业为核心的综观调控模型，市场经济秩序的综观治理结构；
· 区域经济发展的主导模式，区域经济自组力，集群型经济，城镇化与新农村建设。

# 第一章　综观生产力

## 对于综观经济学深入探究的思考

1982 年，魏双凤教授创建了"综观经济学"，对综观经济学研究的对象、特点、方法、意义，综观经济效益、综观经济调控，以及几个运用综观经济理论的学术观点，进行了简要的论述，在经济学界引起了广泛的重视。现今，中国经济发生了天翻地覆的变化，世界经济也发生了巨大变化，为我们深入探究综观经济学提供了大量信息，也提出了丰富、深化综观经济学的要求。

### 一、综观经济学的研究对象

明确一门学科的研究对象，具有十分重要的意义。特定的研究对象，能反映一门学科的特性，决定其存在的价值。透彻分析与理解研究对象，有利于对其进行深入探索，使其不断得到发展。西方经济学以市场商品交换为研究对象，以经济组织的投入与产出，货币、价格、供给与需求为基本问题，不断地展开宏观经济总量研究，微观经济个量研究，以及对市场与政府的作用、国际贸易等一系列问题的持续研究，从中找到若干经济发展规律性的结论，形成鸿篇巨制，对世界经济的发展产生了巨大影响。

魏双凤教授在《综观经济学（精华本）》一书中指出：综观经济学的研究对象是"纵横经济有机结合"。

魏教授针对传统经济学存在的缺陷，将客观的经济、社会、环境（包括生态）诸因素和宏观、微观经济问题作为综观经济学研究的目标事物。他强调了经济、社会、环境的协调、持续发展，但只是把它们当作横向研究以及在经济发展中要协调发展的客观因素，未阐释社会、环境因素中的"经济"问题，如社会经济、环境经济，也未提出经济、社会、环境三者之间内在的纵横关系，因而限制了综观经济学研究的深度和广度。

经济、社会、环境虽然属于不同的范畴，但通过综合观察和相关性分析，可以将它们的某些部分和属性组合在一起，求得各方面的平衡，形成综观经济结构或系统。

经济系统中的生产与再生产，对劳动者、技术、信息等的需求由社会经济系统供给；对矿石、木材等的需求由环境经济系统供给。经济系统生产的食品、服装、电脑、电视机等提供给社会经济系统，以满足人类生存、发展、休闲的需要；经济系统生产的挖掘机、肥料等提供给环境经济系统，以满足环境经济系统生产与再生产的需要。社会经济系统与环境经济系统同样相互提供需求和供给，以开展生产与再生产活动。三个系统之间互相配合，满足市场需求和供给，并通过货币、工资、价格、税收等形式，形成宏观层面、中观层面、微观层面的经济关系，市场、政府、企业、消费者在其中发挥着各自的作用，这说明综观经济学的研究内容可以更加开阔，深度和广度也可以进一步扩展。

## 二、综观经济学的基本范畴

范畴是对客观事物普遍本质的概括和反映。各门学科都有自己的基本范畴，化合、分解等是化学的基本范畴，现象、本质、形式、内容、必然性和偶然性等是哲学的基本范畴。不同的学科概括、反映不同事物的本质，具有不同的基本范畴，它不仅表明本学科研究内容的深度和广度，还以此区别于别的学科。基本范畴的准确性和丰富性，表现了学科的成熟性。

魏教授在创建综观经济学时，提出了综观经济效益、综观经济调控两个基本范畴，经过学者们的努力，取得了一些研究成果，如《经济效益范畴的历史考察》（黄灼明）、《论综观经济效益》（黄铁苗）、《广东综观经济调控模式探讨》（邓志阳）、《评价综观调控》（吴兴杰）等。

基于上述对综观经济学研究对象的思考，我们还可以提出以下基本范畴，进行深入广泛的研究。

### 1. 综观市场经济

2008 年发生的全球金融危机，引起人们对现行资本主义自由市场经济的反思。哈佛大学经济与公共政策教授肯尼迪·罗戈夫 2011 年 12 月 6 日发表在新加坡《海峡时报》网站上的《现代资本主义是可持续的吗?》表明：走在前列的资本主义经济体也无法给公共产品——如洁净的空气和水——进行有效定价；资本主义导致了异乎寻常的贫富分化；医疗保健的提供和分配，这样的市场不符合对于确保经济效率的价格机制必不可少的多项基本的要求；今天的资本主义制度过于低估后面几代人的福利需求；金融世界，不断的技术创新并没有使风险显著降低，反而可能增加风险，并表示，所有现行的资本主义形式归根到底都是过渡性质的，总有一天谋生不再是一种首要需求。

现行以追求私利最大化的资本主义新自由市场经济，存在着资本、高新科技不断集中和贫富差距不断扩大的基本矛盾，社会机会和结果并不均等，在经济、社会、环境三者之间存在的诸多非均衡状况，从反面印证了社会主义市场经济应该是经济、社会、环境融为一体，三者和谐、协调、可持续发展的综观市场经济。不仅有经济市场、社会经济市场（如休闲经济市场等），还有环境经济市场（如碳排放交易所，进行碳排放交易等）。在我国，社会主义市场经济体制还不够完善，人们高度重视经济市场的发展，而将社会经济市场和环境经济市场看成是"公益事业"，依财政状况来维护与治理，对建立和发展社会经济市场和环境经济市场缺乏足够认识，尽管其发展空间十分巨大。

我国改革开放以来，经济建设取得了举世瞩目的成就，但仍存在着内需滞后、收入差距大、环境恶化等问题，表明经济、社会、环境三者在实践中并未得到和谐发展，与社会主义市场经济的要求不相符合。市场主体如何协调经济、社会、环境之间的关系，探讨其实践方式和规律性，促进其发展和转型，特别是社会经济、环境经济的转型，是一个有挑战性的重大课题。

## 2. 综观经济资本

资本作为从事经济活动的"本钱"，不仅包括了货币、人造物质财富等经济资本，还包括了社会结构、社会关系、社会意识、社会道德、信任、合作、共享等社会资本及空气、水、矿物等环境资本。它们都有宏观、中观、微观几个层面，相互具有内在的联系，经济纵向行为中存在权力、服从关系，横向行为中存在信任、合作关系；当环境资本成为稀缺的限制因素时，行为结果可能不完全由掌握经济资本和社会资本的行为者所控制。三种资本的组合状态，会形成多种市场交换形式与经济发展的多种均衡状况，并影响经济发展的模式和速度。

## 3. 综观需求和供给

经济社会环境具有需求和供给的综观关系，它们不仅在各自的系统中进行交换，还在各系统间进行实物交换、社会交换、环境交换。经济系统向社会经济系统和环境经济系统提供货币和物资产品，满足社会经济系统和环境经济系统发展的需要；社会经济系统向经济系统和环境经济系统提供规范、信任、关系网络等，满足经济系统和环境经济系统对维护良好市场经济秩序、降低经济交易成本、促进技术创新等的需要；环境经济系统为经济系统和社会经济系统的发展提供环境支撑。在传统西方经济学理论的指导下，我们在谋求经济高速增长的过程中，忽视社会"精神产品"和"环境产品"的生产与供给，在数量和质量上供给不足。当经济规模扩大，经济网络更加复杂时，相关经济法规不能及时完善，有的商品标准过时未及时修订，法律法规之间缺乏纵向结合、横向结合、纵横结合，即未形成综观法律法规体系；高等学校的《管理学》《市场学》《会计学》等教材，长时间以来未涉及职业道德教育的内容，商业道德教育（可视为道德的生产与再生产）被忽视；在经济的高速发展中，忽视环境的供给能力，不顾环境的需求，不重视环境的生产与再生产，使环境遭到破坏，环境供给的能力更加脆弱。经济、社会、环境三者的需求和供给、生产与再生产都有各自的特点与方式，如何使三者的需求和供给均衡发展，是我们要研究的又一重要课题。

## 4. 综观经济发展模式

伯索尔和福山在《后"华盛顿共识"：次贷危机之后的发展》中表示：所谓"世界其余国家的崛起"不仅仅牵扯到经济和政治权力，还牵扯到各种思想与模式在全球范围的竞争。各国政府无不在探索如何有效管理和发展国家经济，并采用某种管理体制及经济发展的基本运作方式。为了发展经济，各个国家都在探索和实践着某种经济发展模式。20 世纪以来，世界范围内就进行着三大实验探索。一是在社会主义国家实行的计划经济发展模式，在经过一段时间经济的快速增长后，出现了"短缺经济"，许多原社会主义国家转向市场经济发展模式。二是许多发达资本主义国家，在经历了 19 世纪初自由贸易的自由资本主义、二十世纪二三十年代凯恩斯的福利国家制度后，在 20 世纪后半期实行以货币主义为核心的"纯粹资本主义"自由市场经济，经过短期繁荣后，导致了当今世界的经济危机。日本国际基督教大学客座教授岩井克人在日本《中央公论》月刊 2011 年 11 月号发表的文章《与自由放任主义诀别》中指出："资本主义的敌人，或者说自由的敌人，其实并不是社会主义，而是自由放任主义。我们必须首先与那种所谓'资本主义越纯粹化，其经济效益和稳定性就越高'的自由放任主义诀别，在此基础上才能摸索更好的资本主义模式。"三是中国的探索。改革开放以来，中国经济持续平稳快速发展，引起全球高度关注，人们纷纷从中国的经济发展规划、执政党的执政能力、集中力量办大事、历史传统和社会结构等方面，对中国经济发展模式进行研究和评论。

中国从 1978 年开始，对如何发展经济进行大胆的改革探索：高度统一集中的指令性计划管理——简政放权、实行经济责任制——计划经济为主、市场调节为辅——国家调节市场、市场引导企业——市场配置资源、政府宏观调控。"市场配置资源，政府宏观调控"是一个政府纵向宏观经济决策调控与市场机制横向配置资源有机结合的综观结构，它的产权依据是公有制为主体地位，非公有制为重要力量的混合所有制经济。它将各经济主体的多元经济目标及多元经营要素和能力组合成一个统一的整体，在更高层次上优化，提高各经济主体创造和实现财富的能力，形成既有利于增强企业活力，又有利于保证国家整体经济充满活力、富有效率、持续健康发展。因此，它既不同于计划经济发展模式，又不同于自由市场经济发展模式。英国《卫报》2012 年 1 月 18 日发表谢默斯·米尔恩的《中国的经济成功挑战美国和英国失败的市场共识》一文指出："当欧洲和美国政府依靠间接的（而且迄今完全无效的）机制来扭转私人投资暴跌的局面时，中国有能力直接刺激投资、就业和收入。"中国经济发展的治理方式还在探索之中，它还要接受历史的检验。

### 三、综观经济形态

经济形态是指对某种经济形式特点的描述，包括经济活动的要素、结构、模式、产业等。综观经济形态则是指，具有综观经济特点或性状的经济形式，如区域经济、城乡一体化经济、虚拟经济等。

1. 综观区域经济

综观区域经济指，跨行政权力管辖区域（跨市、省、国家）形成某些经济社会环境权力让渡给区域范围内的，经济边界和权力边界统一的综观经济合作区域。国际上，区域经济的类型有优惠贸易安排、自由贸易区、关税同盟、共同市场、经济同盟等。通过成员共同协议，将政策差异大、不确定性大的区域外部市场，变为区域内部市场，将外部的不经济性转化为区域内的经济性，在区域内，经济、社会、环境三大要素自由流动，获取区域综观规模经济效益。区域经济合作的内容，由成员共同决策，以互利共赢，共同发展。

一国之内的区域经济不同于国际区域经济，它是国家重要的经济发展战略，它往往包括老工业区的改造、区域经济的转型升级、资源型地区的开发利用、先进地区对后进地区的带动等。我国已经制订和实施《珠江三角洲地区改革发展规划纲要》等区域经济发展规划，探索不同综观经济发展的内容、目标、模式等，推动综观区域经济的发展成为国民经济发展新的增长点。它不仅有纵向政府的宏观规划指导，以及财政税收等的支持，还有横向经济区域成员间的经济协调合作。

城乡经济一体化是综观区域经济的重要内容，它包括农业现代化、农村产业结构（如农业、工业、商业等）优化、城乡产业结构优化、生产要素城乡合理流动、农村城镇化、城乡公共资源均等配置等，破除城乡二元结构，可推动城乡经济社会环境和谐发展。据报道，2011 年我国城市人口达 6.908 亿人，占全国人口的 51.27%，30 年的时间走完了英国200 年、美国 100 年、日本 50 年走完的路。城市人口超过全国总人口的半数，为我国经济发展增添了巨大推动力，又带来了诸多社会经济和环境经济问题，如就业、住房、医疗、教育等，这不仅是我们面临的实际问题，而且是综观经济要探讨的理论问题。

2. 综观虚拟经济

以往，全球性的经济危机，主要是由于实体经济中的产品严重"过剩"，供求断裂引起的，而2008年因虚拟资本中的严重债务，信用链断裂引发的金融危机，引起人们对虚拟经济的高度关注。

虚拟经济由具有信用关系的虚拟资本衍生而来，首先由马克思在《资本论》中提出。如何界定虚拟经济，现在众说纷纭。现今，与实体对应的虚拟东西十分广泛。货币不仅有传统的纸币、金币等，还有电子（数字）货币；虚拟经济不仅在经济领域存在，而且在社会领域、环境领域存在。社会领域中的知识经济、信息经济、创意经济、休闲经济，环境领域中的低碳经济等，都有虚拟的部分。

综观虚拟经济，首先具有经济性，其"虚拟产品"以劳动价值为基础，能作为商品在市场进行交换，具有使用价值，供人们投资、消费。因此，虚拟经济是真实存在的，有助于资本流动、降低交易成本、分散风险、丰富社会生活等，只是交换方式、消费方式不同而已。综观虚拟经济在形式上不是实物形体，它具有"虚拟"性，在种类上具有多样性，如货币、有价证券、知识、信息、电子网络等；形态上的非实物性，有的是价值符号，有的是思想观念，有的是可视电子信息等，这些又决定了其不确定性、风险性、投机性。为此，综观虚拟经济特别是虚拟资本可能加剧贫富分化，还可能造成价格膨胀、消费膨胀、投资膨胀，形成"经济泡沫"或"虚假经济"。因此，在运用金融工具对实体经济进行调控时，要防止经济发展的过冷和过热，在发挥科技创新对经济的推动作用时，要防止创新（如某些金融创新）损害经济健康发展，在发展网络营销时，要有实体物流的支撑等。

世界经济中发生的实体经济危机和金融危机告诉我们，综观虚拟经济应该满足实体经济发展的需要，为实体经济服务，过度膨胀的虚拟经济，"独立"而严重脱离实体经济的虚拟经济，会严重损害包括虚拟经济和实体经济的整个经济。两者如何协调发展，是综观经济学要研究的一个重要课题。

3. 综观循环经济

人类在深刻反省传统的线形增长经济所带来的资源危机、环境危机、生存危机时萌生了循环经济的思想，并对循环经济进行了深入的研究，提出了以下观点：循环经济是"资源—产品—再生资源"的循环过程；具有"减量化、再利用、资源化（再循环）"的三原则；以尽可能小的资源消耗和环境成本，获得尽可能大的经济和社会效益，环境、社会、经济和谐共生；企业生产（清洁生产）小循环、产业集中区（生态园区）中循环、整个社会（环境经济友好型社会）大循环；循环经济系统观、经济观、价值观、生产观、消费观等。

综观循环经济不仅是物质循环的自然过程，还是社会及经济过程，是一个经济社会环境的综观系统结构运动的过程。经济系统的生产过程，不仅仅是资源消耗，还进行资源再利用及资源再生产，如水的循环使用，制糖产生的蔗渣用来造纸等；同时，经济系统的产业向其他领域延伸，如太阳能产业、风能产业等。社会系统中的产业也向经济系统延伸，如动漫《喜羊羊与灰太狼》不仅在本系统内由电视剧衍生出电影，还向经济系统延伸出"喜羊羊"玩具、鞋帽、服装、工艺品等。环境系统不仅有自己的产业，如森林、水电等，环境保护中收集的生活垃圾还可加工为新的原材料，向经济系统进行产业延伸，形成各种垃圾处理产业。

经济社会环境各系统的产业在系统内横向发展，并在系统间纵向延伸，相互渗透，这已成为经济综观发展的一种趋势。我国在调整经济结构，进行经济转型升级时，比较重视经济系统中的结构调整和转型升级，我们还应该注重经济、社会、环境诸系统产业结构的合理化和转型升级及其协调发展，使国民经济发展获得新的增长点，使人们生活得更加幸福。

## 四、结论

综观经济学从纵横关联的角度找到组合点，使复杂、无序的各种经济关系和利益关系变得协调有序，表明现代社会不能再通过"掠夺"来发展经济，而是使经济、社会、环境协调发展，构建社会主义和谐社会。由此，在深入研究综观经济学时，有如下几点值得注意：

第一，以"综观"的视角和思维方式研究国内外经济发展的历史经验及教训，调查研究国内外现实的案例，特别是我国完善社会主义市场经济体制和构建社会主义和谐社会的理论与实践，这为我们深入探究综观经济学提供了丰厚坚实的基础。

第二，用综观经济学的观念审视、吸取中外相关经济学的研究成果，如宏微观经济学、社会经济学、生态经济学、循环经济学等，它们是深入探究综观经济学的思想宝库，但不能照抄照搬，必须以严肃认真的学术精神，进行综观经济学的再创造。

第三，组建若干课题研究团队，细分研究子课题并落实具体负责人。课题小组要有研究项目的可行性计划，力求研究出综观经济学创新性成果，通过大家的同心合力，撰写出一本符合时代经济社会环境发展的、高质量的综观经济学理论著作。

（该文载于《南国商学院学刊》2012 年第 15 期）

# 发展社会综观生产力达成小康社会消费需求

达成小康社会消费需求目标，表明我国经济发展战略的基点，由扩大出口转向扩大内需，增强消费对经济增长的基础作用，同时发挥投资对经济发展的关键作用。这标志着我国社会经济进入一个新的发展阶段，在建立小康社会消费需求的长效机制时，要根据小康社会消费需求的任务、社会经济发展新阶段的内在规律及国内外环境，创新改革思路和举措，进行体制创新和管理创新，有针对性地进一步解放和发展我国社会经济综观生产力。

## 一、实现小康社会消费需求目标是一项艰巨的任务

实现小康社会消费需求目标的艰巨性在于：

第一，小康社会消费需求的复杂性。

其一，消费需求的社会历史性。消费需求随着社会的发展而变化，在不同时期，党和国家提出了不同的"小康生活标准"，其标准在不断提高，这需要不断地积累更多的社会财富来提高人民的生活水准。

小康生活标准表

| 提出时间 | 人均国内生产总值 | 城镇居民人均可支配收入 | 农村居民家庭人均收入 | 城镇人均住房面积 | 恩格尔系数 |
|---|---|---|---|---|---|
| 1991 年 | 900 美元 | 2 400 元 | 1 200 元 | 12 平方米 | 50% |
| 2002 年 | 3 000 美元 | 18 000 万元 | 8 000 元 | 30 平方米 | 40% |
| 2012 年 | 比 2010 年翻一番 | 同左 | 同左 | | |

其二，消费需求的综合性。人们的消费需求是多样的、综合的，恩格斯从人的生活活动角度，将人们的消费需求分为生存、享受、发展三个方面；马斯洛从人本主义心理学的角度提出需求层次理论，将人的需求分为生理、安全、归属、尊重、自我实现五种。总之，人们的消费需求有对衣食住行等物质生活的需求，有对空气、水质等生态环境的需求，以及社会意识、社会结构、社会道德、社会秩序、社会诚信、文化娱乐等社会及文化的需求，其物质、精神、生态满足的状况如何，直接影响人们对小康生活水准的评价。

其三，消费需求的差异性。我国幅员辽阔，各地自然资源丰裕程度不同，经济社会发展状况不同；我国是一个多民族、多文化的国家，不同民族的风俗习惯、宗教信仰不同，具体的消费需求、生活方式差异大；小康生活标准是平均数，它只反映总体概况，具体到不同地区、家庭、个人，其反映会不同，甚至差异很大，这些都会直接影响关于是否达到小康生活标准这个问题的回答。为此，小康社会消费需求的复杂性，对社会生产力的发展提出了更高要求。

第二，实现小康社会消费需求的任务繁重。改革开放以来，在工业化和城镇化的建设

过程中，既取得了举世瞩目的伟大成就，又积累了不少问题，有的还十分严重，解决起来并不容易。

其一，社会保障中的矛盾明显增多。入托难、看病贵、房价高等公共产品提供和服务中的问题较多，建立扩大消费需求的长效机制，需要进一步发展社会生产力，聚集更雄厚的财力。

其二，生态资源破坏严重。如空气中的粉尘超标，气候变化异常，自然水体中药物超过生态毒害效应触发值，土地被污染以及沙漠化、石漠化等。世界自然基金会 2012 年 12 月 12 日发布的《中国生态足迹报告 2012》指出，中国消耗资源的速度是自然资源恢复速度的 2.5 倍，中国生态系统正经历有史以来最大的生态赤字。生态环境的恶化，损害人们的生命健康，降低生产率（据世界银行估计，2009 年疾病和过早死亡令中国损失 1 000 亿美元），阻碍社会生产力的发展。

其三，社会问题突出。贫富差距悬殊，基尼系数超过国际通用标准 0.4 的警戒线；食品安全堪忧，广州市社情民意研究中心发布的《2012 年食品安全状况广州市民评价》民调报告显示，近两年市民对食品安全状况的不满持续升高；农民工非城镇化，他们在城镇工作，不能得到户籍所承载的教育、医疗、社保等公共服务；腐败现象多发等。以上问题不仅影响扩大内需，还会极大地伤害社会生产的效率和社会生产力的发展。要实现小康社会生活目标，必须解决好上述问题，以进一步解放和发展社会生产力，社会生产力的发展又有利于解决以上问题。

第三，小康新生活方式的需要。生活方式是指支配物质生活资料和精神生活资料及生态生活资料的方式，通俗地讲是指人们如何生活的。生活方式具有共同性，还具有历史的继承性、地域性、民族性等特征。

其一，物质经济发展水平决定着生活方式的发展水平，物质生产方式越先进，生活方式发展的水平就越高。改革开放以来，人民物质生活水平显著提高，生活方式发生显著变化，然而，我国仍处于社会主义初级阶段，是世界上最大的发展中国家，要普遍提高人们的物质购买能力，解放和发展物质生产力是其长期的根本任务。

其二，一定生活方式的形成，受精神生产力的制约和影响。文明、健康、科学的生活方式，要求人具有一定的素质，具有一定的思想道德品质和科学文化知识，改变不文明的生活习惯，提高科学消费能力，因而，要求精神生产力高度发展。

其三，好的生活质量还要求有清洁的空气、优良的水质等生态产品构成舒适的生活环境，以保障人们的身心健康，为此，又亟须发展生态生产力。

## 二、社会综观生产力解析

现代社会客观上存在着不同性质的生产，如物质产品的生产、精神产品的生产、生态产品的生产等，因此，社会生产力是综合、综观的，即它是不同生产力要素整合在一起，形成的关联平衡的社会生产力结构或系统。物质生产为精神生产、生态生产，提供物质手段、工具；精神生产为物质生产和生态生产提供科技支持，物质产品和生态产品往往是科技的"化身"，精神生产还为它们提供规范、信任、关系网络等；生态生产为物质生产和精神生产提供良好的生态环境和物质资料等，它们既相对独立，又相互关联、融合。

各类生产力的劳动者、劳动资料、劳动工具的特征不同，生产方式不同，产品形态也不相同。人们一般对物质产品的生产力要素、生产方式、产品形态、市场交换、消费方式等比较熟悉，下面对精神生产力和生态生产力及其相互关系作些解析。

精神生产力。马克思和恩格斯在他们的《德意志意识形态》中指出："整个世界的生产也包括精神的生产。"所谓精神生产主要是指专门从事精神劳动的精神生产者创造精神产品的智力活动，它是思想、观念、意识等非物质实体性的生产。这种生产主要存在于政治、法律、哲学、科学、文学、艺术、教育、道德、宗教等社会意识形态领域。精神生产最突出的特征是创造性，提出新思想、新观念、新方法，塑造新的艺术形象，因此，它不同于日常意识的生产。

精神生产的过程是精神生产者在一定物质条件下，利用古今中外一切优秀的精神资料，按照某种精神产品的特性，充分运用自己的智力与感情，生产具有创造性的精神产品。这个过程是精神生产力的运动，表现为创造精神财富的能力。精神生产力有以下三个要素：①精神生产者。主要是指专门从事精神生产的脑力劳动者。他们是具有抽象思维创新能力或形象思维创新能力的"知识型劳动力"。一个国家精神生产力的状况，取决于精神生产者的思想品格、科学文化素质，及其思维创造能力发挥的程度。②精神生产资料。它是精神生产的对象，主要是指思想性资料。精神生产资料的丰富程度和质量，是精神生产力水平的重要标志。③精神生产工具。它是精神生产主体作用于精神生产客体的方法、手段。软工具（思维方式、创作方法、系统论、控制论、信息论等）主要用于社会科学、艺术的精神生产；硬工具（电子计算机、科学仪器、实验室等）主要用于自然科学的精神生产。提高精神生产力，必须改善精神生产工具，提供新的精神生产工具。

精神产品凝结了人类的一般劳动，生产精神产品的精神劳动，也是人类体力在生理层面的耗费，即脑力与体力（主要是脑力）的消耗，它不仅具有价值或交换价值，还具有使用价值。精神产品（自然科学和社会科学成果）作用于自然界、社会和人类本身，是提高人的素质，推动政治、经济、社会、文化、生态迅速发展的重要因素。因此，解放和发展精神生产力，生产优质的精神产品，对于建成小康社会，满足人们的小康社会消费需求，具有十分重要的作用。

生态生产力。这里所指的生态生产力是指劳动者在与自然（水、空气、土壤等劳动对象）进行物质变换的过程中，调整、修复、再生（劳动手段）生态环境的能力。人们在从事物质生产过程中，在从事精神生产运用硬工具时，避免或减少污染水、空气、土壤等自然环境，并进行资源再生、资源可循环利用，生产的产品生态化，以保护生态环境；专门从事治沙、治土、治山、治水等生态环境的修复生产，以增强生态系统的承载力。生态生产往往与物质生产、精神生产相伴，它具有很大的综合性。

社会各生产力的运动，不仅是产品的生产活动，同时，也是生产力结构发生作用的过程，它们相互促进，相得益彰。物质生产力的运动，不仅运用科学技术生产物质产品，还进行生态资源的再利用和生态资源的再生产；精神生产力的运动向物质生产和生态生产延伸，如智能环保汽车等；生态生产力的运动也向物质生产和精神生产延伸，产生出生态农业、生态建筑及材料产业等。物质、精神、生态生产力这种融合的大趋势，形成全新的社会综观生产力体系，极大地改变着经济、社会、生态发展的面貌，创造出更好、更多的物质财富、精神财富、生态财富，提高小康社会生活的水准。

当前，我国社会生产力结构处于非均衡状态。精神生产力、生态生产力落后于物质生产力，尤其是生态生产力，导致社会经济发展过程中出现不均衡，"奶粉问题"就是一个典型事例，除了存在监管问题之外，其根本原因是社会综观生产力水平不高，各生产力相互脱节，互相制约。其一，精神产品和生态产品市场的培育、发展滞后，相关的市场组织、交换规则等不健全，知识产权、林权等权利难以保障；其二，精神产品和生态产品供给不足，品种少，质量亟须提高；其三，人才缺乏，特别是生态人才的培养不足，即使有这方面的人才，也面临着就业难、创业难的困境。

### 三、进一步解放和发展社会综观生产力

扩大和释放小康消费能力，解放和发展社会综观生产力，两者相辅相成，其关键是经济体制改革及政策转型创新。我们在推进转变经济发展方式、城镇化、实施科技创新战略、深化收入分配制度改革、建立社会保障体系、建设生态文明时，应采取措施推动小康社会综观生产力的发展。

第一，加大精神产品、生态产品市场培育发展的力度。

市场是社会生产力诸要素竞技的"场所"，是推动社会生产力诸要素发展的巨大动力。在发展壮大物质产品市场的同时，大力培育、发展精神产品市场、生态产品市场，有助于丰富创业、就业的领域，扩大就业、创业及再次创业的规模，造就新的中等收入群体；有助于丰富人们生活的内容，改善生活环境；有助于社会综合生产力水平的提升，推动社会经济的发展。

精神产品市场大有发展前途。当前方兴未艾的智能制造、智慧城市建设对软件等精神产品有巨大需求，市场十分广阔；我国民间传统工艺产品极其丰富，采用现代企业经营管理方式，与现代物流结合，不仅可能开拓国内市场，还可能开拓广阔的国外市场；某些传统的民间艺术（如说书、木偶戏等），与现代生活方式或经营方式结合，也可能有较大的国内市场。

生态产品市场也有广阔前途。生态城市的建设是一个巨大的生态产品市场。2013年中央一号文件首次提出"家庭农场"，在试点基础上制定出认定标准、登记办法，以及专门的财政、税收、用地、金融、保险等扶持政策。如对治沙、治山、治土等采用市场化运作，由家庭或公司采用企业化治理、经营管理，将有助于推动生态市场的发展。

第二，释放企业跨行业、跨区域经营的合法空间。

发挥市场在资源配置中的决定作用，必须释放企业跨行业、跨区域经营的合法空间，以利于解放和发展社会综观生产力。企业是市场主体，它聚集生产力诸要素，根据市场需求和竞争态势的变化，从事物质产品、精神产品、生态产品的生产。如果限定企业经营范围和区域，将不利于人、财、物、科技、土地等生产要素的流动和重新配置。目前正在广东省先行先试的行政审批制度改革要求：商事主体的经营范围由章程、协议、申请书等确定，不再作为登记事项（改为备案事项），有限责任公司实行注册资本认缴登记制度，登记事项上可"一址多照""一照多址"等，这十分有利于增强企业生产经营的活力，促进社会生产力诸要素的流动和配置，推进企业的再次创业，也有利于进一步厘清政府与市场的关系。通过企业信用信息公示平台，加强社会监督和政府部门监管，引导商事主体自主经营、诚信经营，推动社会综合生产力的发展。

第三，全面提高劳动者的素质。

劳动者是生产力中最活跃的因素，他决定了劳动工具及劳动对象的运用和效率的发

挥，全面提高劳动者的思想道德素质、科学文化素质、生命健康素质，对提高社会综观生产力具有关键性作用。改革开放以来，我国有两次政府经济管理部门和企业界大规模的学习培训，一次是改革开放初期政企分开，扩大企业经营自主权，将企业推向市场；一次是我国正式加入世界贸易组织。建成小康社会的任务和改革与前两次相比，更加深入、全面，同样是硬仗，要学习要解决的问题很多，亟须进行一次新的大规模培训学习。

## 四、结论

第一，我国社会经济发展过程中积累的社会保障、生态环境、收入分配等问题，面临的经济增长方式转型、科技创新、城镇化等的相关需求，是建成小康社会，达成小康生活标准的过程中必然会遇到的。

第二，社会综观生产力的发展，有助于扩大创业和再次创业、就业的范围与规模，创造更好更多的物质财富、精神财富、生态财富，丰富和提高小康生活质量；只有社会财富倍增，才可能实现城乡居民人均收入的倍增，摆脱中等收入陷阱，提高社会经济发展的潜力，向富裕社会过渡。

第三，体制创新和政策创新要符合我国社会经济发展新阶段的要求，为建成小康社会服务。政府在进行自身改革、完善宏观调控的同时，须进一步释放和扩大企业生产经营的合法空间，充分发挥企业这个市场主体配置生产要素的作用，推动社会综观生产力的发展，以赢得优势，赢得未来，实现全面建成小康社会的宏伟目标。

（该文载于《南国商学院学刊》2013年第2期）

# 现代信息技术为主导的新型生产力运作体系创建缘由、内涵与路径

现代信息技术是当代社会先进生产力的代表，创建以现代信息技术为主导的新型社会生产力运作体系，是转变我国经济增长方式，深度调整经济结构的核心内容、基本路径。传统社会生产力运作体系，已难以承载我国经济向中高端发展的重任，也不符合国际生产力的发展趋势。这要求我们在鼓励科技创新时，大力推进创新成果的转化，切实实现我国社会生产力自身的根本变革和发展，形成新型产业、新型企业，产出新型产品。同时，通过重新调整政府与市场的关系，进一步还权于市场，打造有活力的社会生产力运行机制，实现新型供给结构与需求结构的均衡，真正迈入国民经济高质高效、生态文明、可持续发展的新阶段。

## 一、创建以现代信息技术为主导的新型社会生产力运作体系的缘由

改革开放以来，我国经济发展取得举世瞩目的成就，成为世界第二大经济体。虽然确立了"以经济发展为中心"的指导思想，但在具体建设的过程中，出现一些重大隐患：复制旧生产力，扩大生产规模，追求"数量型"的经济增长；重复投资，某些产业产能严重过剩；在法治不健全，一切为经济增长让路的情况下，社会生产力赖以生存及运行的生态环境，遭到严重破坏。另外，生产成本特别是人工成本大幅提高，出口压力增加，劳动密集产业向外转移，中国渐失"世界工厂"的称号。

由国家发改委政策研究室、中科院科技改革与管理研究所等单位共 8 人所作的《关于发展我国先进生产力的研究》认为，我国生产力发展现状同世界先进生产力的差距很大，主要有如下六个方面的表现：①劳动生产率低、能耗物耗高、产品质量性能差距大；②装备水平、生产手段落后；③科技创新能力弱、科技进步对经济增长贡献率不高；④人力资源质量较低、高科技人才和现代经营管理人才短缺；⑤生产社会化程度低、企业组织结构不合理、企业制度落后；⑥产业结构层次低、城镇化滞后、信息化水平差距大。以上差距表明，依赖传统社会生产力的经济增长方式及产业结构缺乏可持续性，难以承担我国经济现代化、信息化、生态化，向中高端发展的重任。

20 世纪 80 年代，由于经济增长乏力，一些发达国家寻求新的经济增长出路。概括起来，主要有两个相互关联的方面：第一，实行以自由市场为核心的新货币主义；第二，经济全球化。两者推动了传统生产要素在全球范围内的自由流动，以及资源的重新组合和世界经济的高速发展。但好景不长，由于所谓的金融创新及贪婪，新自由主义货币理论导致了全球金融危机；经济全球化，在产业转移中获得了低成本的生产要素，向发展中国家转移了工业污染，同时造成了某些国家制造业的"空心化"，以及过度依重服务业带来的经济不稳定，至今全球经济从危机中复苏仍然乏力。

依赖传统生产力要素发展经济的不可持续性，促使人们致力于新的经济增长动力，以尽快摆脱金融危机的阴影。许多国家，特别是发达国家选择了运用高新技术改造传统生产

力要素，建立以现代信息技术为主导的高新科技产业、企业、物联网，实施生产方式、商业模式、管理方式的转型，形成以现代信息技术为主导的新型社会生产力运作体系。

以现代信息技术为主导的新型社会生产力运作体系是指知识型劳动者运用新技术、新型制造装备、新型材料、新型能源，创建新型产业群、企业群、价值链，形成新型制造方式和商业服务模式的综合运行体系。它的构成有如下内容：①数字化智能制造。它是数字化计算技术与自动化制造设备的融合，它将传统生产过程中由劳动者操控生产设备，感知、分析、决定、控制产品的加工过程，用智能化制造装备取而代之，使劳动者越来越脱离产品具体的加工过程，能在同一条生产线上自动生产不同规格、型号或不同特性的产品，用户可以参与设计，实行定制化的规模生产。②超级物联网。通过网络技术、通信技术、交通设施（包括水路、陆路、航空）的结合，形成线上线下互联互通的网络，实现跨时空的线上即时购买和线下快速交货的新型交易模式。③即时服务系统。通过数字技术、新型材料技术、网络技术、传感技术等，为用户提供即时服务，产品在使用中出现某些故障可以自动修复，或通过网络给予即时指导等。该体系将产品制造与产品销售和服务融合，形成设计、采购、生产、销售、服务高度智能化、一体化的新型商业模式。该运作体系在生产阶段，效率高、质量好，生产过程绿色，生产成本较低；在流通阶段，快速流通，降低存货，缩短经济周期。

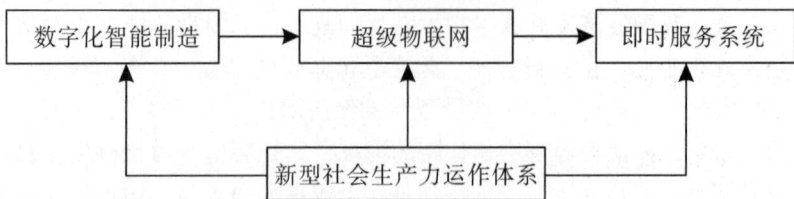

现代信息技术为主导的新型社会生产力运作体系示意图

软件开发是该体系的关键，软件是该体系的大脑，为体系提供智力支撑；数字化智能制造是该体系的骨骼、肌肉，它为社会提供定制化、智能化的产品；超级物联网是该体系的血脉、经络，它超时空地将"千差万别"的供给与需求连接在一起。三者相辅相成，成为以现代信息技术为主导的新型社会生产力运作体系的平台。

## 二、用高新科技改造传统社会生产力各要素的内涵

我国经济发展战略由传统要素、投资驱动转向创新驱动。经济发展战略的转移，不只是要求降低对传统要素及重复投资的依赖，更重要的是通过科技创新，创造新型生产力要素，加大新型生产力要素、新型产业的投资，形成以现代信息技术为主导的新型社会生产力运作体系，实现新型生产力要素及其新型产业的再生产和扩大再生产。

建立新型社会生产力运作体系，要以现代信息技术为主导的高新科技改造传统社会生产力各要素，通过社会生产力的自身变革和发展，实现社会生产方式的转型及产业升级，实现国民经济结构的深度调整，建立新的高质高效、生态文明、可持续的新型社会经济结构。

以现代信息技术为主导的新型生产力要素，是工业技术与信息技术的技术融合，又是

信息技术或产品渗入装备产品的产业融合，也是信息技术用于业务流程、设计及制造各环节的管理融合，即它是信息化与工业化高层次的深度融合，具有传统生产力要素不具备的优异性能和特殊功能。它让我们由传统的低劳动力成本红利，转向新型社会生产力要素的综合红利。

以现代信息技术为主导的新型生产力要素的劳动对象。人们对新型材料进行了分类，大致分为信息材料，如硅材料、激光材料、磁性材料等；新能源材料，如高温超导材料等；新生物材料，如仿生材料、纳米材料、生物活体材料等；还有新型有色金属合金材料、新型建筑材料、新型化工材料、生态环境材料等。新型材料是人工合成或对传统材料进行改性处理，内含高端科技的材料，其前沿是纳米材料、生物材料、超导材料、智能材料等。新型材料密集度高，能适应新工艺、新技术。新型材料技术具有相互融合的发展趋势，致使功能材料具有智能化、低碳化、绿色、可再生循环的发展趋势。由新型材料技术及其制造装备形成的新型材料产业，为以现代信息技术为主导的新型社会生产力的运作提供了加工对象。

劳动工具。现代智能产品的制造过程，对新技术、智力要素的依赖程度越来越高，制造设备的性能越来越综合化、智能化，信息技术或信息产品渗透到制造装备中，使其在产品加工过程中具备管理功能。例如，智能制造计算机系统、机器人、3D打印机等智能制造设备，它们具有感知、分析、推理、决策、控制功能，省力、省时、省料、高质。为此，传统的通用类装备、基础类装备、成套类装备都要进行改造、创新，以形成高端制造装备产业，制造高端制造设备及其关键零部件、基础件，供社会新型生产力的再生产及扩大再生产。

新型生产力中第一线的劳动者。与传统掌握机械技术的劳动者不同，新型生产力中第一线的劳动者要求掌握软件技术、自动化技术、网络技术、传感技术等，他们是掌握高新技术的知识型生产者，是社会新型生产力活的源泉。这样的劳动者大军与科技领军人才不同，不可能大量引进，必须改变人才培养目标、内容、方式，加大教育投入。

此外，还有新型能源，它是生产力三要素的结合，作为产品生产活动的动力，是生产力系统中重要的组成部分。太阳能、风能、海潮能、地热能、生物能、氢能、核能等，和传统的石油、煤炭相比，它们大都是能够再生的清洁能源。

新型交通、互联网络，是新型生产力要素快速运行的重要条件，它们使社会再生产和扩大再生产得以顺利进行。高速铁路和高速公路网，大型飞机及相应的机场，大吞吐量的港口，遍布全国的互联网及物流中心等构成的大型商业网络，是新型生产力要素运行的新的平台，通过该平台，以现代信息技术为主导的新型社会生产力运作体系，有了实现高附加值、高速度、生态文明、可持续的现实基础。

现代国际经济的全球化、信息化，使一国生产力的运行、提升与国际生产力的运行状况及发展趋势紧密相连。一国社会生产力体系的运作及升级，必须用全球视野去观察、思考、谋划、布局，通过国际经济合作，进行国际投资、国际贸易、人才交流等，实现国际生产力要素的流动、互补。对传统国际生产力运行系统的改造和新建，如国家间、区域间交通设施（机场、港口、铁路、公路等网络）的改造与兴建，互联网络的兴建、对接等，既是国际新型生产力运行的要求，也是我国建立以现代信息技术为主导的新型社会生产力运作体系的需要。

## 三、运用"合力"打造有活力的新型社会生产力运作体系的路径

一种事物的发展变化往往与其他事物及其发展变化相联系。恩格斯在批判"单因素论""多因素论"时，提出"一切因素的交互作用"的"历史合力论"。恩格斯认为：经济因素起决定作用，但不是唯一的因素，起作用的还有经济基础、上层建筑及其相互作用的因素，还包括社会关系中从事物质生产实践的人的重要作用。为此，我们在建立以现代信息技术为主导的新型生产力运作体系时，需要对生产力各要素及其相互关系，以及该体系运作过程中各阶段、环节，与生产力变革相关的生产关系、上层建筑及其相互作用方面进行配套改革，避免"单因素""多因素"改革措施间的脱节及"内耗"，在相互作用中形成"合力"，使以现代信息技术为主导的新型社会生产力运作体系的建立、运行落到实处。

建立以现代信息技术为主导的新型社会生产力运作体系的关键，是厘清市场主体与政府之间的"权力清单"，即还权于市场（中央政府与地方政府的权力调整属于集权与分权关系）。在建立和完善社会主义市场经济体制的过程中，转变政府经济管理职能时，改革政府行政架构，充实经济管理人才，转变工作方式，提高服务效率等，这些改革在建立各类功能市场、市场活动的社会服务及社会监督机构（如会计师事务所等）和形成有效的市场环境机制和市场形态机制的过程中，发挥了重大作用。政府经济管理职能的这种转变，主要是由于过去计划经济时代以政府的指令性计划，取代市场职能和市场权力，直接指挥市场主体（企业）的生产经营活动；由政府有关行政部门掌握某些市场权力，去控制市场主体的生产经营行为，如繁杂的审批、市场进入的众多限制、各地政府的行政障碍等。当各类功能市场及社会服务、监督机构发展较为齐全及成熟时，必须重新确定市场与政府之间的"权力清单"。这是生产关系、上层建筑与生产力关系的又一次重大调整或改革。

市场经济体制范畴的"权力"，从权力性质的角度，有市场功能表现出来的市场活动权力，有对市场活动、市场秩序进行监督、管理的权力；从权力实施范围的角度，有宏观调控权、中观协调权、微观自主权之分；从权力功能的角度，有调控权、监督权、惩处权、经营权等。在重新确定市场与政府之间的"权力清单"时，政府需根据社会主义市场经济发展的内在要求，全面清理不利于现阶段建立以现代信息技术为主导的社会生产力运作体系的经济管理政策法规及管理方式，"简政还权"，如改审批特许制为登记制，将市场进入、投资的"选择权""决定权""经营权"还给市场活动主体，让企业根据自己的经营发展战略，依法决定生产力各要素在产业之间、区域之间的自由流动，实施优化配置，以降低机会成本，减少交易费用，搞活企业经营。政府不去取代市场职能和市场权力，依法更好地运用对市场活动的宏观调控权，完善及加强对市场活动主体及社会服务、监督机构的最终监督权、惩处权，克服外部的不经济性等市场失灵问题，为市场的有效运行扫除障碍，在市场无能为力时给予帮助，让市场能充分发挥自身内在的调节作用。重新确定"权力清单"，就是修订或重新制定市场行为规范，即重新划分市场活动主体，政府经济管理部门的职责、权力，办事的基本程序、方法，以充分发挥市场"看不见的手"的决定作用，也能更好地发挥政府"看得见的手"的作用。

创新与成果转化必须紧密相连。技术创新是推动经济发展新的动力这一理念已经成为社会共识，政府、企业都加大了对高新科技研究的投入，并取得一定成果。据新闻报道：

2013 年，我国全社会研发投入达 1.2 万亿元，其中财政科研经费 5 000 亿元，居世界前列；我国有 320 多万名研发人员，居世界首位；专利权申请量居全球首位，占 257 万件专利的 32.1% 等，但与世界先进水平存在显著差距和问题：科技创新能力仅排世界第 19 位，有效专利排在全球第 3 位，科技成果的转化率仅为 10% 左右。2014 年前 3 个季度，高新技术产业和装备制造业的增速分别为 12.3% 和 11.1%，大大低于服务业 46.7% 的增速（2014 年全年为 48.2%）。上述状况表明，我国在重大原创科技成果方面与世界先进国家相比差距显著，在成果转化方面差距更大，技术创新对经济发展的贡献率，远远低于发达国家的 70% 以上的贡献率。这与轻科技成果的转化，成果转化机制不健全有关。技术创新对经济发展的巨大推动作用，必须通过科技成果的转化，形成现实的社会先进生产力系统和高新科技产业、产品才能实现。技术创新难，创新成果转化更难，为此可通过以下措施加以改进：①组建和扶持不同高新科技产业的科研机构与企业（或行业协会）共同体，将研究与检测、开发与使用融合，降低转化的难度，加快转化速度；②加大技术专利标准化的力度，推动科技成果的转化，使其在更大范围迅速转化为社会先进生产力；③扶持高新科技生产力要素市场的壮大，企业用新技术、新材料、新装备取代传统生产力要素的社会投资需求巨大，应加大金融上的扶持，扩大税收上的优惠；④保护创新者的知识产权，切实查处侵权行为。成果有效转化有利于推动科技创新，科技创新成果若不能有效转化，再有价值的成果也只能是"镜花水月"，这不仅仅是巨大的浪费，还会严重挫伤人们创新的积极性和创造性。

以现代信息技术为主导的新型生产力要素不能"碎片化"。新型生产力要素与传统生产力要素一样，它客观上要求各要素有机结合，形成能反映其优异性能和特殊功能的生产力运作体系。现在，有些地方比较注重新型装备产业及新型服务业的发展，忽略新型材料产业及其装备业、新能源产业的发展，甚至有将新型服务业的快速发展，取代整个新型社会生产力运作体系建立的倾向。这要求我们根据新型社会生产力运作体系的内在要求，吸取某些国家过度依赖服务业的教训，注重新型制造业和新型服务业的均衡发展的同时，在我国建设国家级城市群、区域性城市群、地区性城市群的过程中，通过规划、协调、法规的指导和规范，不搞过渡性同质发展，实施差异性创新，既要避免缺项，以免对新型社会生产力运作体系的建立和运作产生不利影响，又要避免重复投资的顽疾，造成更加严重的社会资源浪费。

倡导新型国际经济关系，促建新型国际先进生产力运作体系。现行的国际经济规则是由西方制定，反映的是西方的利益，它们以西方的价值观、政治利益划分界线，动辄禁售、禁运、制裁，操纵和垄断国际市场。在当代世界新经济的情况下，有的国家为了维持传统国际经济秩序的领导地位，打造"经济北约"，敲响"新冷战"警钟。我们应以新的价值观念，通过对传统国际生产力运作体系的改造和新建，坚持不懈地建立有包容性的，平等、合作、互利共赢的新国际经济秩序，推动世界经济的发展，造福于各国人民。推动新型国际先进生产力运作体系的建立，既是建立新型国际经济秩序的需要，也是我们尽大国责任的要求。同时，对我国建立以现代信息技术为主导的新型社会生产力运作体系有很好的推动作用。我国提出和实施的"一带一路"等，是连接国内外生产力体系，维持平等、合作、互利共赢经济秩序的实际举措。

（该文载于《南国学术研究》2016 年第 1 期，与吴新玲共同署名）

# 休闲与休闲经济

休闲作为人类基本活动之一，对我国社会经济的发展具有十分重要的意义。为此，有必要对休闲及休闲经济的含义、作用，以及我国休闲经济的发展趋势进行研究，以引起人们对休闲和休闲经济的高度重视。

## 一、休闲的含义

休闲，通常被人们理解为：随意或自由自在地干点吃喝玩乐之类轻松愉快的事，消磨时光，打发日子。我国著名学者于光远先生把"休闲"描述为："有更多的时间由他自己支配，不带任何勉强，……那些活动更为轻松，……带有一种享受的味道。"美国学者杰弗瑞·戈比教授认为："休闲是从文化环境和物质环境的外在压力下解脱出来的一种相对自由的生活，休闲能使个体以自己所热爱的、本能地感到有价值的方式在内心之爱的驱动下行动，并为信仰提供基础。"1996年修订的《现代汉语词典》把"休闲"的一般含义解释为："休息；过清闲生活。"笔者认为：休闲是工作、学习活动之外的一种以文化为主的综合性的社会经济活动。这个界定包括了以下几个方面：

1. 休闲是人类的一种基本活动

体力或脑力劳动是人类的基本活动之一，这种活动推动了社会的进步与发展，也促进了人类自身的进化。休闲是人类的另一基本活动，如休息、娱乐、观光、旅行等，这种活动使社会更多姿多彩，使人类自身更完善。工作与休闲，一张一弛，相辅相成，相互转化。工作为休闲提供良好条件，休闲使人们工作得更有成效。工作与休闲的相互关系，既反映了人类基本活动的特征，又体现了人类基本活动发展的规律。

2. 休闲主要是人类的精神需求

人类的需求具有多样性、层次性、周期性、变动性等特征。人类的休闲需求有物质方面的，也有精神方面的，而更多地表现在精神方面，如观光旅游、琴棋书画、歌舞弹唱等，它使身心放松、精神愉悦。有的需求以物质为基础，通过物质而达到精神上的享乐，如美食，人们在各地遍尝各种美食，通过味觉上的满足达到一种精神上的享乐与愉悦。

3. 休闲是一种经济行为

休闲活动具有经济性。首先，休闲的程度及内容，不仅与社会经济发展水平有关，还与家庭及个人的收入水平有关。一个国家的经济水平较低时，整个国家的休闲时间可能就比较少。一个家庭或个人的收入水平比较高时，在满足衣食住行等基本生活需求后，可自由支配的收入比较多，休闲的时间可能就比较多，休闲的内容及方式也可能比较多。其次，休闲的投入与效应，提供休闲产品及服务的企业要考虑投入与产出、成本及收益；家庭及个人要考虑休闲活动的费用及效应。

4. 休闲具有一定的社会性

休闲活动的社会性主要表现为制定有关休闲法规，搞好社会休闲资源的有效配置，组织协调好整个社会的休闲活动，成为政府重要职能之一。这既是政府造福于人民的重要表现之一，又有利于国家的繁荣昌盛、社会的安定和谐。跨国的休闲活动，对于增进国与国之间的了解，改善两国的政治、经济、文化等关系有明显的作用，有利于推动和维护世界局势的和平与稳定。

工作与休闲这两种人类的基本活动，在活动的内容、方式、手段、工具等方面有明显的区别，显示出自身的独特性。人们的休闲活动具有以下的一般特性：

（1）个体性。休闲活动有很强的个体性。由于每个人的年龄、文化、民族、职业、个性、经历等的差异，使休闲活动的内容、方式千差万别，如有的人喜欢文娱体育，有的人喜欢绘画，有的人喜欢收藏制作等。这种个性化的特征，使休闲活动多种多样，不拘一格，丰富多彩。

（2）周期性。周期性主要表现为工作与休闲的交替。在一天中，除了工作、吃饭、睡觉之外，其他时间可以从事休闲活动。由于工作、吃饭、睡觉在时间上有一定规定性及规律性，这样在一天之中工作与休闲表现出一定的周期性。在一年之中，有春夏秋冬的四季更替，有的季节适合于工作活动，有的季节适合于休闲活动，而有的休闲活动往往只适合于在某个季节开展，如滑雪多适于在冬季。有些休闲活动还与节日有关，这也具有一定的周期性。

（3）消遣性。恩格斯曾经把人类的需求分为生存、享受、发展三种。休闲活动主要是一种享受性活动。因此，娱乐、消遣、享受是休闲活动的一个重要特征，它给人们带来身心健康，提高生存的质量；它扩大人们的眼界，增长人们的知识，有助于人们自身的发展。

（4）时代性。人类休闲的内容、方式、手段、工具等带有明显的时代特征，随着时代的进步而不断演进。有些休闲活动的内容及方式，如蹦极、攀岩等带有明显的现代特征；有些休闲活动的方式没有变化，但是内容发生了变化，如书法的内容、绘画的内容等；有些休闲活动的手段、工具与高新科技紧密相连，如未来可乘宇宙飞船到太空观光等。人们把工作的伟大成果用于休闲，使休闲活动的内容、方式、工具等不断创新、不断进步。

## 二、休闲的消费性及生产性

人们在讨论休闲的特性时，往往把休闲看作一种消费性活动，而不具有生产性。下面我们将对休闲的消费性及生产性分别给予论述。

休闲消费是消耗物质产品、精神产品，服务以满足休闲者物质和文化生活需要的过程。美食是物质产品的消费，欣赏音乐是精神产品的消费，旅游过程中住宾馆是服务消费等。

休闲消费一般可分为以下几种类型。依据休闲产品形态可分为有形消费与无形消费，如美食是有形消费，欣赏歌剧是无形消费。依据是否支付费用可分为支付费用休闲与不支付费用休闲，如旅游需要支付费用，散步则不必支付费用。依据消费频率可分为一次性消费及反复性消费，如到某地旅游往往去一次就足够了，不必再去；到某场所健身则可反复去。休闲消费的类型还可以依据休闲者的性格特征、收入水平、职业、休闲方式等进行分类，这里不一一列举。

人们的休闲消费往往形成某种结构，不同的休闲者会形成不同休闲消费的比例关系。如有的年轻人喜欢新奇、刺激，具有挑战性的休闲消费；老年人则多选择安逸、舒适的休闲消费。年龄、性别、职业、文化程度、心理特征、休闲产品等因素，对休闲消费结构的形成及变化有很大影响。

休闲消费与休闲产品（服务）的价格、人们可自由支配收入及休闲时间会影响休闲消费量。一般而言，价格上涨，休闲消费量下降，反之则上升。不过价格变化对休闲消费量的影响程度不同。当需求弹性大于1时，价格降低会增加较多休闲消费量；当需求弹性小于1时，即使降价，休闲消费量也增加不了多少。对于有些高收入者而言，价格上升，休闲消费量反而增加，以体现其地位和身份。一般而言，可自由支配收入与休闲消费量成正比关系，休闲时间与休闲消费量也呈正比关系，特别是远程旅行。

上述价格、收入、时间是影响休闲消费活动内容、活动量的客观因素。休闲消费行为还受休闲者主观因素（满意程度）的影响。如果某休闲活动价格低，休闲者完全有支付能力也有时间，但该休闲活动很无趣，人们也不会去消费。

休闲活动的生产性往往容易被人们忽视，休闲作为一种经济活动，一种产业，具有很强的生产性。

（1）休闲活动推动休闲产品及服务的供给。涉及休闲活动的产品及服务十分广泛。休闲活动有利于推动轻工、工艺美术、农副产品的发展，有利于推动建材、建筑工程的发展，有利于推动交通运输、商业、电信、娱乐等服务业的发展，还会推动自然资源和人文资源的开发利用。仅以休闲活动中的旅游活动的产品和服务而论，它涉及国民经济的29个部门108个行业。根据世界旅游组织和《中国国情国力》等有关资料，1997年旅游业占GDP的比例，巴哈马为45.6%，英国为11.6%，美国为10.2%，中国为3.7%。如果将其他休闲活动产品和服务加在一起，占GDP的比例还会增大，例如家庭休闲用的健身器材、作为收藏生产销售的邮票等。

（2）休闲活动提高休闲者的工作能力及效率。当人们在休闲当中享受人生的同时，往往会培养高级趣味，培养自己的道德情操，增长知识，以及恢复体力，增进身心健康。这十分有利于提高工作能力，提高工作质量和工作效率。

（3）休闲性生产。有些休闲活动可以创造价值。有的人，特别是退休老人在休闲中为了找点"事"做，收集石头、树根、树叶、鱼骨、羽毛、麦秆等，进行一些艺术加工、制作，使之成为极有价值的艺术品，引人慕名高价求购。有的人收藏字画、古玩、邮票、货币、票证、纪念章等，在若干年后收藏品大幅升值。休闲性生产增值活动与企业以出售获利为目的生产增值活动完全不同。休闲活动中的收藏、艺术创作，完全是一种自娱自乐，它不是为了出售、获利。

### 三、休闲产业的特点及作用

休闲经济是指社会休闲产品的生产和再生产的活动。它是整个国民经济的一部分，并成为一种产业，即休闲产业。休闲产业包括休闲产品制造业及休闲活动服务业两部分。

休闲产品名目繁多，为了简化，我们将休闲产品分为休闲物质产品和休闲精神产品。相应地，生产休闲产品的企业也分为休闲物质产品生产企业和休闲精神产品生产企业。

（1）休闲物质产品生产企业。这类企业有食品厂、餐馆、服装厂、房产公司、轻工企业、园艺公司、果木公司、工艺品工厂、旅游休闲农业企业等。这些企业，有的只生产休闲物质产品，有的既生产休闲物质产品又营造休闲环境。

（2）休闲精神产品生产企业。这类企业有电影制作公司、电视制作公司、戏剧团、歌舞团、乐团、出版社等。这些企业在生产精神产品时，往往只完成精神产品成品的一部分。例如剧作家写好剧本，由剧团排演；文学家写好小说、诗歌由出版社出版等。

服务业在国民经济中的地位越来越重要，服务的范围也越来越广，很难对其下一个准确的界定。根据惠特曼的研究，他认为服务业包括：交通运输业（通过汽车、铁路、航空、海运运输货物和乘客，但不包括自用机动车辆运输）；通信业（邮政及电话服务）；分销业（批发及零售业）；保险、银行服务和工商服务业；专业和科技性服务业（以保健及教育服务为主）；其他杂项服务业（包括电影、运动、餐厅及大旅馆）；公共行政管理业（公务机关等）。

1. 休闲产业具有的特点

（1）休闲产业具有很高的综合性。人们按照物质生产的先后，将产业分为第一、二、三产业。第一产业包括农业、林业、畜牧业、渔业、园艺业等。第二产业包括制造业、建筑业等。第三产业包括商业、运输业、电信业等。由于休闲活动及休闲消费的多样性，休闲产业既包含了休闲产品供给的制造业，又包含了休闲活动的服务业，它跨第一、二、三产业，形成具有以休闲活动及休闲消费为特点的产业。

（2）休闲产业是劳动密集型与资金密集型共存的产业。休闲产业中的产品生产，如食品及食品原料、工艺品等，一般都属于劳动密集型。另外，休闲产业中的服务业，以提供劳务为主，也属于劳动密集型。休闲产业的固定资产投资的比重一般都比较高，有机构成往往高于重工业，例如大型游乐场、高级宾馆等，活劳动的消耗比重一般占总成本费用的7%～8%，占总收入的2%～5%。

2. 休闲产业的作用

休闲产业的发展对推动国民经济发展有十分重要的作用，其作用有如下几个主要方面：

（1）扩大内需。国内需求主要有三个方面：一是国内居民的生活需要，包括日常的衣食住行等。二是国内企业的生产需要，如机械设备、各种原材料等。三是国内的公共需要，如为企业生产提供良好的公路、铁路、电信等基础设施，为居民生活提供良好的城市市容、公共场所等休闲环境。休闲及休闲经济的发展，将直接扩大居民个人和家庭休闲生活的需求和公共休闲的需求，间接地刺激国内生产的需求。目前，休闲产业在扩大内需方面的作用，在我国还没有充分发挥出来。人们日常生活需求受到高度关注，休闲需求却被忽略。因此，作为综合性产业的休闲产业在扩大内需方面的作用潜力巨大。

（2）促进经济增长。休闲产业拥有巨大的现实和潜在的市场需求，对经济增长具有很大的推动作用。据新华社报道，2000年广州市开展的"广州一日游"，全年收入100多亿元，提供了70 000个就业机会。

（3）推动产业结构调整。休闲产业是与其他产业不同的产业，它的发展必然带来原有产业结构的调整。以北京举办奥运会为例，北京市为了筹办2008年奥运会，决定投资1 800亿元用于奥运场馆、奥运村、奥林匹克花园及相应基础设施建设，并且开辟大众化休闲度假区，向集观光、娱乐、文化、购物于一体的多元复合型高级休闲方向发展，还围绕经济、生态、保健等多功能进行综合性开发，优化产业结构，构建北京市的品位和总体特色。

## 四、我国休闲经济的发展趋势

改革开放以来，特别是 1992 年以来，随着我国社会经济各方面的飞跃发展，休闲和休闲经济也得到迅猛发展，其突出表现有以下几点：

（1）传统的休闲和休闲经济得到恢复和发展。如舞龙、舞狮、划龙舟、彩船、彩灯等，又有了新的发展和变化，带有时代特色。

（2）休闲大众化。出国旅游、到度假村度假等过去只有外国人、特殊人物才能享受的休闲，现在进入了平常百姓家。

（3）休闲多样化。休闲活动的内容、方式不断翻新、层出不穷，如电子游戏机、攀岩等。

（4）休闲与经贸结合。许多省市将休闲娱乐与经贸洽谈结合起来，提出"文化搭台、经贸唱戏"，搞时装节、西瓜节、荔枝节等。

扩大内需现已成为我国经济发展的一个主要战略措施，休闲和休闲经济已经受到高度重视，我国的休闲和休闲经济将得到进一步的发展。由于我国社会经济不断发展，人们的休闲时间和可支配收入不断增多，文化水平不断提高，我国国际交往和经济全球化深入发展，因而我国的休闲及休闲经济的发展将呈现以下几个发展趋势：

（1）休闲成为扩大内需、拉动经济增长的重要途径。旅游经济、假日经济已经充分证明了这一点。休闲是人类的基本活动之一，因此，发展休闲和休闲经济不是权宜之计，而是一项长远方针。

（2）休闲及休闲经济的发展由东部向西部延伸。休闲和休闲经济的发展首先在东部经济发达地区兴起，并蓬勃发展。随着西部大开发，西部地区的休闲资源将得到进一步的利用，并推动西部地区的休闲和休闲经济的发展。

（3）休闲及休闲经济向国际化发展。随着经济全球化的发展，中外的经济交流必将进一步发展，会相互投资休闲产业，相互交流休闲产品，开展休闲活动等。我们不出国门就能看到国外的艺术表演，品尝各国的美食等。反之，外国人也会采用中国人的休闲方式，运用中国的休闲产品，从而相互推动休闲和休闲经济的发展。

（该文载于《南方经济》2001 年第 12 期；《羊城晚报》2002 年 1 月 3 日以"用休闲产业拉动经济增长"为题择登）

# 第二章　宏观经济的综观调控

## 世界经济危机和经济发展理念与方式探究

2008 年爆发的全球经济危机，引起人们对经济发展理念和方式的深层探究：世界经济危机是否标志着现代资本主义的终结已初露端倪？经济发展方式是否可以输出？不同国家经济发展的模式是否应该具有多元性？这对于从别人和自己的经验教训中学习，坚持适合自己的发展道路，形成新的国际经济关系，具有十分重要的意义。

### 一、对西方发达资本主义经济的质疑

对资本主义国家爆发经济危机的原因，有多种多样的看法，归纳起来主要有两种：

一是政府的经济政策有错误。持这种看法的人很多，如政府的福利政策、收入分配政策、环境保护政策、金融监管政策、医疗保健政策等有误，特别是以自由市场为核心的货币主义，会引发经济危机并延缓危机的解决。海梅·巴克罗在西班牙《起义报》2012 年 4 月 4 日刊登的《资本主义危机和积累：创建全面替代模式》一文中认为：新自由主义政策曾经起到了推迟生产过剩、危机爆发的作用，却加剧了危机爆发时的力度。金融危机的严重程度与虚拟资本的规模息息相关。日本国际基督教大学客座教授岩井克人，2011 年刊登在《中央公论》月刊 11 月号的《与自由放任主义诀别》一文中认为：资本主义的敌人，其实并不是社会主义，而是自由放任主义。我们必须首先与那种所谓"资本主义越纯粹化，其经济效益和稳定性就越高"的自由放任主义诀别。越是追求所谓的纯粹资本主义，货币的自由度就越高，与此同时它所蕴含的不确定的风险就越大，这就是资本主义的真相。

二是资本主义病了。持这种看法的人认为：西方民主处在剧变边缘，资本主义不再适合当今世界等。前里根政府行政管理和预算局局长戴维·斯托克曼在《纽约时报》2013 年 3 月 31 日发表的题为"国家崩溃：美国资本主义的腐败"一文中认为：国家崩溃始于1933 年，联邦政府受制于强大的利益集团。催生华尔街最新泡沫的不是真正的经济收益，而是美联储的大量伪钞，泡沫迟早会破裂。英国《金融时报》网站 2012 年 6 月 26 日刊登了 2001 年诺贝尔经济学奖得主约瑟夫·施蒂格利茨题为"美国不再是机遇之地"的文章，作者认为：美国的财富不均处在近一个世纪以来的最高点。美国的政治制度制定了牺牲其他人群的利益而让富人受益的规则。法律规定对投机者采取的税率可以是对自食其力的劳动者或改变社会的创新者所征税率的一半，这样的法律唆使年轻人进入投机而非生产性的

领域。顶层人群的收入有太多是通过寻租获得。阿根廷的南南网站 2013 年 8 月 5 日报道：收入不平等引起人们的关注。全球最富有的 200 人拥有大约 2.7 万亿美元的财富，远远多于 35 亿最穷人口 2.2 万亿美元的财富总和。经济危机不但没有阻止反而加速了他们财富的增加。个人或利益集团受利益最大化的驱使。现代资本主义的社会关系已经难以容纳高度发达的社会生产力。

对于资本主义经济危机的前景，美国有线电视新闻国际公司主持人、《时代》周刊特约编辑法里德·扎卡里亚在 2013 年美国《外交》双月刊 1—2 月号发表题为"美国还有救吗？——民主的新危机"一文中认为：对西方民主国家来说，危险不是死亡，而是僵化。它们所面临的艰巨挑战——预算压力、政治瘫痪、人口压力——表明经济增长会很慢，但并非即将崩溃，勉强度过这场危机意味着这些国家仍然富裕，但会缓慢地不断滑向世界的边缘。

如何解决资本主义的困境，有许多看法。哈佛大学教授尼尔·弗格森在美国《新闻周刊》2012 年 7 月 30 日发表题为"停滞状态——亚当·斯密知道我们患了什么病并开出药方"一文中认为：大多数发达国家，包括美国，其发展已陷于停滞。增加自由贸易，增加对小企业的鼓励，减少官僚主义，减少裙带资本主义——这就是斯密开出的药方。另一个解决方法是通过技术革新来摆脱停滞。约书亚·柯兰齐克认为：当很多发达国家遭受危机跌跄欲倒之际，一种新型资本主义出现了，对自由主义经济构成挑战。国家资本主义——国家要么拥有企业，要么在支持和引导企业方面发挥重要作用——正取代自由市场。低估国家资本主义的创新潜力是错误的，国家资本主义将政府资源与创新结合起来，粉碎了声称他们无法培育可与发达经济体相比的创新。欧美公司和政府，与其试图阻止——或更糟的是断然否认——国家资本主义制度的兴起，不如向它们学习。

## 二、经济发展道路多样化探索

针对西方发达资本主义国家在经济危机中暴露出的问题，许多学者认为：不同国家经济发展模式不是单一的而是多元的。

西班牙《先锋报》记者拉斐尔·波奇 2011 年 12 月 27 日发表于西班牙《起义报》上的题为"共产主义死后的'共产主义'"一文中认为：苏联解体 20 年后，发展的压力依然清晰可见，因为不平等发展问题依然存在，它不仅存在于国家之间，也存在于不同社会阶层之间，寻找新发展道路的需求比以往任何时候都紧迫。当前危机是体制的危机，被用来大举窃取大多数人的财富，权利和民主出现了前所未有的后退。全球危机推动所有人去寻找不同于资本主义的新的生活和经济模式。

海梅·巴克罗在他的文章《资本主义危机和积累：创建全面替代模式》中，在分析"华盛顿共识"加剧分化、新自由主义难以为继、凯恩斯主义走向覆灭的基础上，认为"目前在资本主义体制内部找不到替代模式"。

新加坡国立大学李光耀公共政策学院院长马凯硕 2013 年 4 月 6 日在《海峡时报》发表题为"慧眼识善政"一文中，以新加坡的成功事例，针对弗朗西斯·福山在《什么是治理》一文中的观点"民主和善政相辅相成"，认为"这与其说是一个经过实践证明了的事实，倒不如说只是一种臆测"。马凯硕认为：对于善政而言，民主既不是必要，也不是充分条件。民主是一种理想目标，但实现该目标的途径和时机却并非唯一。它们往往更多地注重善政的手段而不是结果。如果结果不好，即便是拥有最出色的手段也是毫无意义的。归根到底，民众想知道他们是否会变得更加富裕。上海风险投资家和政治学学者、美国阿斯彭学会研究员李世默2013年6月13日在TED全球论坛的演讲中，讲述了他在国内接受共产主义教育，赴美留学被灌输选举民主制思想的经历，以及观察到故乡今非昔比的变化后认为：实践上证明了良政的模式不是单一的而是多元的。世界上只有一种政治模式，所有社会都只有一种归宿，这是错误的、不负责任的。马凯硕和李世默的观点为经济发展道路多元化，从理论和实践上提出了有力的佐证。

有的学者探讨了新的经济发展理念和方式。安德烈娅·里西2013年1月20日在西班牙《国家报》发表题为"21世纪全球治理的新模式"一文中认为：21世纪伊始，西方民主模式出现了令人不安的裂缝，很多西方国家遭受经济危机的沉重打击，一瘸一拐地寻找着解决办法，这些国家内部充满追求短期利益的观点，被谋求党派利益的短视者绑架，遭到强大的压力集团诈骗。与此同时，中国继续坚定地沿着飞速发展的道路前进。文章还介绍了尼古拉·贝格吕昂和内森·加德尔斯两人的新书《21世纪治国之道：介于东西方之间的中间道路》，该新书探讨东西方两种体制的优缺点，并着重讨论了如何吸取两者的成功之处来形成更能应对当代挑战的治国方式。贝格吕昂表示：一方面，欧洲和美国正面临一场明显的治国危机，在西方民主国家，没能实行根本性的结构变化；另一方面，高速发展的中国则采取有效的长期措施，但福利背后，民众对公开透明、限制权力和提高公民参与权的呼声日益高涨，这些恰好都是民主的特征。加德尔斯指出：民主面临着双重挑战。一方面，它必须满足提高公民参与权的要求，把一切可以在地方解决的问题重新下放给地方；另一方面，向上集中权力，在采取事关整个国家命运的重要决定时，将追求近期利益的压力排除在外。

国际上对中国经济的发展理念和方式进行了大量的研究和评介。法国《回声报》2013年3月22日刊载马西奠·普兰迪《第三条道路：中国夺取世界领袖地位的秘方》一文的提要时写道："在自由经济和统制经济之间，中国揭开了第三条道路：一党领导下的市场经济，这是一个成功。"阿根廷政治学家、外交家丹特·卡普托2012年12月2日在西班牙《今日报》发表题为"中国的质疑"一文中认为：中国的体制推动社会变革。所做的决策也不是任意妄为，而是会考虑到需求和变革，并确定长期目标。一个特殊现象是，这个国家会努力实现一些为之努力的人可能会看不到的目标。

世界银行集团多边投资担保机构亚太局局长吕凯闻2011年12月6日在美国《华尔街日报》网站发表的题为"中国模式：为什么斯蒂芬·罗奇只对了一半"一文中认为：所谓的"中国模式"中更重要的是中国的治理模式。与西方比，中国的治理模式有四个系统优势。第一是中国政府有意愿而且有能力计划和干预经济事务。中国政府的干预能力很强，而且决策模式既集中又靠共识驱动。第二是系统内部的问责制，包括多种多样的反馈机制。中国的管理系统也在努力审查各级政府官员，通常有量化的关键绩效指标来衡量各级官员的成败。第三是政府愿意做局部试验并从中学习。第四是具有适合中国经济发展周期的长期视野，这就减少了短期机会主义行为。在短期选举政治的国家做真正的长期决策打算几乎是不可能的。美国外交学会研究员乔舒亚·柯兰齐克2013年3月21日在美国《大西洋月刊》网站发表题为"为什么中国模式不会消失"一文中写道：中国这样的持续经济增长，使北京的发展模式更具有吸引力，中国成为成功的替代性发展样板。亚洲、非洲和拉丁美洲国家的领导人正在更为仔细地学习中国的发展模式。

许多学者和政界人士对中国经济发展中的扩大内需、环境污染、收入差距、社会福利、地方政府债务、人口老龄化等亟待解决的问题和面临的困难提出了建议。有的人对中国经济的长期发展发表了看法。2013 年 5 月 9 日，帕诺斯·穆道库塔斯在美国《福布斯》双周刊网站发表的题为"为什么说中国没有能力引领全球经济？"一文中认为：中国当前并不具备实现经济可持续增长的四个条件。第一个条件是中国的制造业产品在世界市场里并没有一块广阔无限的未开发疆域，资本主义已在全世界占领了几乎所有市场。中国国内市场是由许多各自独立的地方市场拼凑起来的，而非单一的一体化市场。第二个条件是一种内在资源——企业家精神。企业家精神在中国农村地区、东南沿海地区十分盛行。但在当今的中国经济中，企业家精神就是对其他地区发明创造的标准产品进行生产、营销和售卖。这是中国在全球经济中没有可持续竞争优势的原因所在。第三个条件是市场和政府的合理融合。中国政府没有参与公共经济领域，在这些经济领域，市场要么发挥不了作用，要么作用发挥得不充分——如环保和职业安全等。第四个条件是中国需要新的商业思维模式，即要把消费者作为整个经济的中心，让企业家来选择如何使用经济资源，由职业经理人去执行这些选择。他认为，规模庞大的人口和劳动力大军以及让市场发挥作用或许是引领全球经济的必要条件。而充分条件是开放的市场疆域、真正的企业家精神、市场与政府的合理融合以及新的思维模式。

### 三、经济发展理念和方式探究的几点启示

全球经济危机促使人们对经济发展理念和治理方式进行深层思考，各有真知灼见，是推动全球经济恢复和发展的宝贵精神财富，从中吸取有益的经验，有利于我国社会经济更有效地持续发展。

第一，打造出色的政府。马凯硕在他的文章中写道："新加坡的行政机构在能力和自主性指标上的得分最高"，"之所以表现出色，是因为它形成了一种公务员全心全意致力于改善新加坡民生的文化"。改革开放的过程中，我们加强政府行政机构建设，精简机构、反腐倡廉、提高执政能力等，我国的经济建设取得举世瞩目的伟大成就。但"对不择手段谋取私利的文化"则必须在全社会，从上到下坚决肃清，绝不能以个人的私欲自由为理由，去损害他人的合法利益和破坏社会责任。

第二，不搞极端自由市场主义。全球经济危机让"市场会自动形成最佳结果"的观念破灭。海梅·巴克罗在他的文章中认为：新自由市场主义的增长模式带有不可持续性，因为内部消费不可能借助失去控制的信贷得到无休止的推动，何况还存在负债率高、地产泡沫破裂、不良资产庞大等问题。他还认为，新自由主义政策导致的财富高度集中并没有给采取该政策的国家带来高投资率，却成为把大多数人和穷国的收入和财富转移到上层阶层和富国的最有效工具。全球经济危机引起市场与政府关系的变革，政府应充分发挥市场配置资源的基础作用，同时，对市场不能放任，必须加强和提高监管能力。政府应鼓励虚拟资本为实体经济和科技创新服务，鼓励企业投资创新创业，允许企业跨地区跨行业进入，避免重复建设，以利于生产力诸要素的优化重组、提供就业机会，利于国内统一市场的形成。

第三，执行有节制的社会福利政策。世界银行常务董事、印尼前财政部长斯里·穆尔亚尼·因德拉瓦蒂 2013 年 4 月 19 日在美国《华尔街日报》网站发表的题为"欧洲的错误

教给亚洲什么"一文中提到：欧洲人在私企竞争和养老方面越来越依靠政府为其提供保护。今天的欧洲在社保问题上的花销超过了世界其他国家的总和——达到全球公共福利开支总额的60%。财富增加意味着亚洲人也许可以减少工作时间，从而使私营企业和公共财政都蒙受损失。慷慨的社会福利制度代价很明显。财富及幸福美好的生活与保持积极奋发相关。在社会福利体系逐步建立、完善、提高的过程中，我们依靠自己的勤劳，艰苦奋斗，摆脱贫困奔向小康，过上更加幸福美好的富裕生活，我们需要继续发扬勤奋、创新精神，使我们的国家更有创造力、活力，实现共同富裕。

第四，推动科技创新发展新生产力。科学技术是推动社会经济发展的重要动力，也是最终解决当前危机的重要因素，特别是重大的科技创新。20世纪80年代兴起的计算机、互联网技术、3D打印技术等，它们的迅速发展和广泛运用，改变了社会经济的方方面面，促进了生产力的提高和经济增长。当前，我们的科技创新属于第二代创新或称为二次创新，主要是将现有产品设计得更好，更符合市场需求，它包括改进工艺技术、物流体系的工艺及流程创新，以及对缺乏原创性产品和技术的创新。要提高整个社会持续的创新力，必须严格保护知识产权，为推动原创性创新提供法律保障，此外，必须对传统"理论+例证"的"记忆型"人才培养模式，从教育理念、教材、教学方法、教学管理规范等方面进行综合改革，实施"生本开放式研究型"教学方法：在教师主导下，课前，学生自主或合作学习，进行讨论、研究、调查；课堂上，运用"实例—理论—实验（实训）"的教学模式，师生互动，讲授和研讨重点难点；课后，学生自主或合作讨论、调研、实习，培育学生在系统掌握专业理论知识过程中，提高实践能力、创新能力、科学思维能力，以利于培养创新型人才。

第五，创建新型国际经济关系。一个国家的经济，很难独善其身于世界经济危机之外，一国引发的经济危机，往往波及他国，解决危机需要各国的共同努力，建立"平等协商、合作共赢"的国际经济关系不仅是当务之急，更是长久之计。

（该文载于《南国商学院学刊》2014年第1期）

# 中国经济管理运作机制研究

改革开放以来，中国经济持续快速发展，由一个落后的农业大国发展成为一个工业化中期国家，个中原因何在？为此，研究中国经济管理运作机制的变革、形成、特征、内容等，对社会经济的发展，具有十分重要的理论及实践意义。

## 一、中国对经济管理运作机制的探索

如何管理和发展国家经济是各国政府永恒的重要课题。各国政府无不探索如何有效管理和发展国家经济，并采用某种管理体制及经济发展的基本运作方式。

二十世纪六七十年代，一些原社会主义国家存在"短缺经济"，先后对计划经济管理体制进行改革，有的放弃计划经济管理实行自由市场经济，我国从1978年开始也进行了大胆的改革开放。党的十一届三中全会提出简政放权，"让地方和工农业企业在国家统一计划指导下，有更多的经营管理自主权"，农业生产实行生产责任制，工业生产实行经济责任制，并提出"认真解决党政不分、以党代政、以政代企的现象"；党的十二大提出"计划经济为主，市场调节为辅"，十二届三中全会提出"社会主义经济是以公有制为基础的有计划的商品经济"，根据市场供求，采取指令性计划、指导性计划、市场调节进行国民经济管理，同时对价格体系进行改革；党的十三大提出"国家调节市场，市场引导企业"的经济运作模式；党的十四大确定"社会主义经济是社会主义市场经济"，十四届三中全会进一步肯定市场配置资源的基础作用，明确宏观调控与市场机制都是社会主义市场经济体制的组成部分（注：十八届三中全会《中共中央关于全面深化改革若干重大问题的决定》中提出："使市场在资源配置中起决定作用和更好发挥政府作用。"）。

1978年以来，我国的经济管理体制改革，学习借鉴了国际上市场经济运作科学合理的经验并发挥自身优势，经过了以下历程：高度统一集中的指令性计划管理—简政放权、实行经济责任制—计划经济为主，市场调节为辅—国家调节市场，市场引导企业—市场配置资源，政府宏观调控。在上述过程中坚持了两个方向的改革，一是转变政府的经济管理职能，即职责和技能的改革，政府主要为市场主体服务和创造良好发展环境，确定做什么、怎么做来改善宏观调控体系，完善政府重大经济社会问题，决策程序科学化、民主化，增强决策透明度和公众参与度，及行政管理体制改革，提高服务和管理水平；二是建立健全现代产权制度，构建现代企业制度，完善公司法人治理结构，保障所有市场主体的平等地位、法律地位和发展权利，同时进行与发展社会主义市场经济相适应的价格体系、财税体制、就业和分配体制的改革和完善的法规等，来规范政府和市场主体的行为，充分发挥两者的积极性与创造性及营造良好的市场环境。

"市场配置资源，政府宏观调控"经济管理的运作机制，是一个宏观调控与市场机制内在有机结合的综合治理结构。根据相关性，它将各经济主体多元的经济目标及多元的经营要素和能力组合成一个统一的整体，将复杂无序精简为简单有序，找到组合点，在更高层次上优化，提高各经济主体创造财富的能力。它通过统筹兼顾，协调好各种纵横经济关系及各种经济利益关系，如公有制经济与非公有制经济的关系，城市经济与农村经济的关系，虚拟经济与实体经济的关系，消费、投资、出口的关系，经济发展与收入分配、社会保障的关系，经济发展与环境保护的关系等，平衡单个经济主体利益与国家整体利益、当前利益与长远利益，使其具有兼容性，获取综合经济效益，实现经济社会全面、均衡、可持续发展；它运用经济手段、法律手段，发挥各种政策的组合效应，依据具体情况区别对待，形成综合治理体系，以提高治理的有效性。

"市场配置资源，政府宏观调控"现已成为我国经济管理的基本行为样式或运作模式，人们通俗地把它称作"市场运作，政府推动"。它不是某种经济发展战略，如"出口拉动""内需拉动"战略等，经济发展战略的实施，都要由市场配置资源，搞好宏观调控。这种管理机制既有经济民主，又有经济集中。像中国这样一个幅员辽阔、情况复杂、各地发展不平衡的国家，经济发展不可能没有经济民主，也不可能没有经济集中。经济集中不等于"专制"，它是经济民主基础上的集中，在经济集中指导下的经济民主，市场主体享有充分的经济自由。这样，既有利于增强企业活力和竞争力，又有利于保证国家整个经济充满活力、富有效率、持续健康协调发展。

## 二、中国经济管理运作机制的决策要素及模型

中国在探索经济管理运作机制的过程中，根据决策要素的发展变化，创新了经济决策模型。

经济发展决策涉及三个方面的要素：一是经济活动主体，包括个人、家庭、企业、政府等，它们具有某些共性的地方，其角色又各不相同。个人和家庭是劳动力及生活消费的主导者，同时也是投资者；企业是商品的生产经营者，是资源配置的主导者；政府主要是公共物品的提供者和宏观调控的主导者。它们在个体经济发展、企业配置资源、国家整体经济发展决策中的地位及作用各不相同。二是经济活动能力，包括经济实力，如物力、财力、智力等，还包括经济活动管理能力，如经济管理体制、组织形态、管理方法、管理工具等。三是经济活动环境，包括自然、社会、文化、经济、技术等环境及其变动趋势。上述三个方面形成经济活动的基础力（如经济活动主体和环境）及增效力（如经济活动管理能力）两部分，综合地对经济发展发挥直接或间接、短期或长期的作用，形成综观经济生产力，可用如下公式表示：

$$综观经济生产力 = f（主体 \times 能力 \times 环境）$$

经济活动主体、能力、环境三者之间关系紧密，形成了经济主体发展趋势和自身优势、外部形势的"三势"组合决策模型，如下图所示：

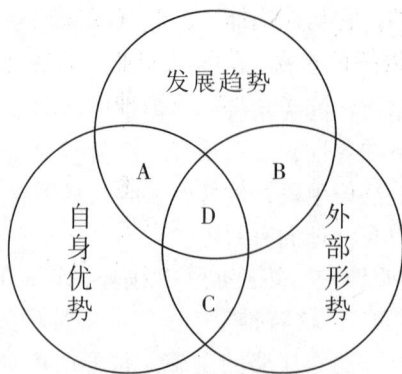

图 2 - 1    "三势"组合决策模型

经济主体发展趋势是指经济主体的经济发展阶段及显示出的基本经济特质。个人的成长，在婴幼儿阶段主要是抚养；青少年阶段主要是学习；成年阶段既是劳动者、消费者，又是投资者；晚年主要是被照料者。家庭生命周期可分为新婚期、满巢期（又可以分为一、二、三期）、空巢期等几个阶段，每个阶段的供给、需求能力不相同。企业存在初生期、成长期、成熟期、衰退期几个典型的生命周期阶段，还存在单体企业—国内企业集团—跨国公司的发展阶段，每个阶段都有不同的特质。国家经济的发展按罗斯托的理论，划分为传统社会、具备起飞先决条件、起飞、逐步成熟、高水平大规模消费五个阶段，各阶段的产业结构、经济社会状况不相同，发展战略也不同。

经济主体的自身优势是指经济主体的经济实力及经济运作的特殊性、竞争力。①个人，除了天赋和家庭条件之外，个人后天的努力起决定性作用，并形成自己的特殊能力。②企业，由于在行业中生产的产品特质不同，经营规模、企业文化不同，使其显示出不同的优势。③国家，因地缘、资源、文化等不同，即使是经济发展阶段大致相同的国家也各有自己的优势。如中国与印度，都是发展中大国，也都大致处于经济起飞阶段，并向逐步成熟阶段迈进，印度的某些高新技术产业在世界上具有一定竞争力，优于中国，而中国的制造业闻名全球，具有很大优势。

经济主体面临的外部形势是指外部环境为经济主体的经营活动提供的有利条件和产生的不利影响，以及提出的挑战和提供的机遇。经济主体外部的自然、政治、经济、科技、文化、军事等环境有不利的一面也有有利的一面，有威胁也有机遇，它们为经济主体对资源的配置和利用提供了若干选择机会。

"三势"的相互交织，形成若干抉择，并最终形成主导战略决策。抉择 A，它是经济主体对自身经济处于特定发展阶段及所具有优势或劣势进行思考的基础上，作出符合经济发展状况及趋势的战略选择。如经济欠发达地区，主动承接经济较发达地区的产业转移；经济较发达地区则实行经济转型，调整产业结构，发展现代服务业，制造业自主创新，由"制造"向"创造"转型等。抉择 B，它是经济主体在特定经济发展阶段面临外部形势对其经济发展提供机遇和威胁时所作出的战略抉择。产品或服务面对国内市场与国际市场，企业面临的机遇和挑战有很大区别，面临的政治、经济、文化风险决然不同，采取的经营战略、策略也不同。一个在东道国直接投资设厂的企业，不能照搬国内的一套，而必须采用"当地化"策略。抉择 C，它是经济主体根据自身优势与劣势，对外部环境提供有利和不利条件的思考及战略抉择。如它可以依据自身的优势和需求引进外部资源，进行有效组合，来加速经济发展。抉择 D，它是在抉择 A、B、C 基础上形成的主导战略或核心战略，如有的地方在抓"三农"时搞特色农业、高科技农业，有的地方在发展制造业时，专门制造某种产品，如计算机、玩具、陶瓷等，形成以某种产品为主的企业集群，推动地方经济快速发展。

抉择时，对于自身优势和外部形势人们比较熟悉、重视，但往往忽视自身经济发展阶段。因此，当经济需要转型时，犹豫不决，最终错失良机，造成经济发展落后于人；在加速经济发展时，超越经济发展阶段，造成企业经营或地方经济的大起大落，导致经营重大损失和生产力的破坏，这样的事例屡见不鲜。

### 三、中国经济管理的综合调控机制

正确经济决策的实施需要进行科学的调控：第一，经济主体的垄断行为对经济正常运行的干扰。经济主体的行为存在垄断倾向，因此，市场供求关系中会产生垄断状况，只要有机会，供给者和需求者始终试图排除竞争，排除交易伙伴的自由选择，建立和巩固自己的垄断地位，以获取垄断利益，而利益集团的垄断地位及权力的加强可能产生"无政府状况"或"高度集中管制"。在劳动力市场上，当某些劳动力的供应超过需求时，劳动者就会失去选择的自由，其利益往往会受到雇主的侵犯。第二，社会生产力内部要素间的相互关系失去平衡。经济管理体制、经济法规是社会生产力的内在因素而不是外在因素，它们之间是否匹配；经济结构的转型、提升，会打破生产力要素配置原有的平衡，需要采取措施重新进行资源配置。第三，经济主体的违法违规行为对经济运行的干扰。个人、企业为了追逐利益违法违规；政府为了发展当地经济违法违规，对企业的违法违规行为视而不见，甚至将违法违规建设项目纳入自己的"政绩"给予支持和表扬。

经济调控的力量可以分为两类：经济主体力量、行为规范力量。

经济主体力量中，政府是主导力量，它通过经济社会发展规划、经济政策、行政手段，指导企业、家庭和个人的供给与消费行为，限制权力集团的某些行为，维持市场秩序，谋求和实现总量平衡、货币和物价稳定、国际收支平衡，优化重大经济结构，提高人民生活水平，统筹城乡、区域、人与自然的和谐发展，在更大程度上发挥了市场配置资源的作用，提高效率的同时，努力实现社会公平。企业是经济调控的重要力量，在国家宏观调控指导下，企业通过工资、价格、竞争、供求等市场调节机制对经济活动进行调节。企业行为对整个经济的运行及结果产生重大影响，它承担着保障社会供给、满足市场需求的重任，对实现国民经济目标担负着十分重要的社会责任。家庭和个人是经济调控的基础力量，德国经济学家瓦尔特·欧根认为：每个人都会提出自己对社会和经济的要求，如降低价格、提高工资、提供社会保障等。家庭和个人作为消费者，在买方市场情况下，其需求决定着市场商品供给的数量和结构，影响市场竞争的形态及强度；家庭和个人作为供给者，为经济活动提供资金、技术、劳动力，为经济运行发挥基础性作用等。

行为规范力量主要是法律和科学。立法和司法机构代表国家意志，通过立法规范政府、企业、家庭和个人的经济行为，通过司法有力地打击各种违法行为，并解决政府、企业、家庭和个人之间的经济纠纷，维护正常的经济秩序。科学是反映自然、社会、思维等客观规律的知识体系，如道德标准、商品和服务的技术标准、言论行为标准等。一旦某些思想在经济主体中占统治地位，并成为"理所当然"的习惯，它就会成为一种强大的力量，从而影响经济运行。

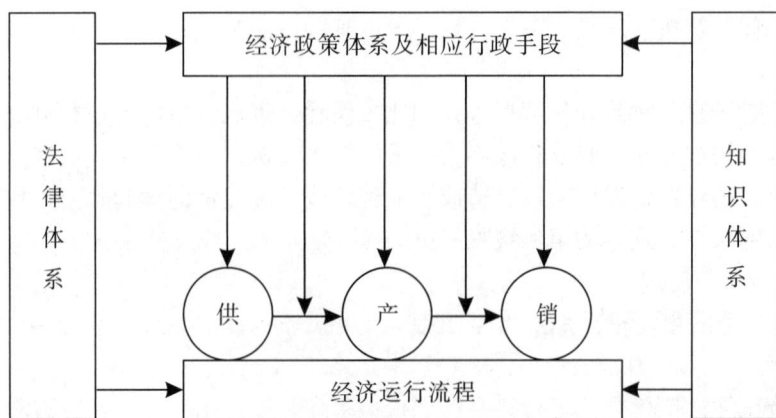

图2-2 经济调控力量组合示意图

经济调控的主要对象是产业。这是因为，社会总供给与总需求平衡的核心是结构平衡，它直接体现为产业结构的合理化、高级化。同时，国民经济增长率取决于产业的增长率、贡献率。社会经济资源的优化组合和利用，也以产业为核心进行合理配置。另外，产业是具有某些相同特征的企业经济活动的集合，是企业重要的竞争环境，对企业的生存和发展造成直接影响。经济调控抓住了产业这个主要调控对象，抓住了产业内的关联性及产业间的关联性，就抓住了经济调控的核心。

根据经济目标，经济调控方式有如下几种组合：

第一，经济主体行为互动方式。经济主体根据经济发展目标、产业发展现状及调整内容和变革方向，确定各自的行动步骤、行为方式，并预测行为后果，考虑经济主体行为在方向上的一致性、行为方式上的协调性、行动时间上的衔接和配合，合理有效地利用资源，使供给与需求平衡发展。

第二，再生产过程联动方式。社会再生产有生产、交换、分配、消费几个环节，企业再生产有开发、采购、生产、销售等环节。经济活动分阶段有利于提高各阶段的效率，降低成本，如果各阶段自我封闭、各自为政、相互摩擦，而不是协调联动，就可能破坏整个经济过程的运行，降低整体的效率和效益。再生产过程的联动不仅有利于资源的优化配置，还可取得经济效益。

第三，调节手段功能组合方式。经济调控的经济、法律、行政手段各有不同的具体功能，有的侧重于调节社会需求，有的侧重于调节社会供给，有的侧重于调节经济利益，有的侧重于调节资源配置，有的发挥作用快，有的发挥作用慢等，为了有效地实现经济调控目标，可将功能大致相同的手段组合起来，也可以某种功能为主，其他功能为辅进行组合。

经济调控方式是一个完整的体系，在综合运用各种手段对经济运行进行调控的实践中，有几点需要特别注意：第一，经济调控要以总体调控目标为中心，这样有利于稳定大局，对个量起指导作用；第二，充分考虑各种方式的利弊，实行优化组合；第三，根据经济活动的实际状况及关联度搞好政策、参数操作，区别对待，有保有压，不搞一刀切，不搞急刹车，注重实际效果；第四，经济调控要求调控者廉洁奉公、精通业务，敢于同不良行为做斗争。

## 四、结论

"市场配置资源，政府宏观调控"，是中国对经济体制改革创新取得的一个重大成果，从中我们至少可以得出如下结论：

第一，"市场配置资源，政府宏观调控"的产生，说明社会主义也可以搞市场经济，计划和市场都是方法，把计划经济与市场经济结合起来，就更能解放生产力，加速经济发展。

第二，"市场配置资源，政府宏观调控"有效实施的基础条件，来源于中国深厚的社会结构和传统文化，具有鲜明的中国特色。

第三，"市场配置资源，政府宏观调控"的完善提升，是一个理论与实践创新的过程，还需要不断提高运作的品质和能力。

（该文载于《南国商学院学刊》2010 年第 1 期）

# 还权于市场

如何建立社会主义市场经济体制？人们普遍认定：转变政府职能是关键。为此，政府作出了很大的努力，如重新确定政府的经济管理职能；精简政府机构和人员，改变政府工作人员的结构，充实经济人才；由以直接的行政管理方法为主转为以间接的经济管理方法为主；给现有企业扩大经营自主权，试行企业"无主管"等。

这些措施取得了很大成绩，但没有解决根本问题。精简了的政府机构和人员，过一段时间，由于工作需要又"充实"起来；采用的经济办法，由于通过政府职能部门去实施，更加强了行政性、直接性；下放给企业的经营自主权、实行企业"无主管"，由于资金、生产资料、劳动力、技术、房地产等生产经营要素市场未真正形成，企业经营步履艰难。因此，企业在市场得不到解决的问题，还是要去找"市长"，连习惯于找"市场"的外商也不得不去找"市长"。

其中症结何在？

问题的关键在于政府没有很好地还权于市场，还承担着大量的市场职能，掌握着"市场的权力"。如由政府直接组织或直接管理商品交易会、人才交流、清理"三角债"、证券交易、房地产交易等。过去，政府通过制订和实行指令性计划取代市场职能、市场权力，直接指挥企业的生产经营；现在，通过直接掌握市场权力，行使市场职能，控制企业的生产经营。形式变了，实质未变，企业仍不能真正成为自主经营、自负盈亏的商品生产者和商品经营者。这样，社会主义市场经济体制难以尽快建成。

还权于市场，就要建立市场载体。企业是市场活动的主体，市场通过企业去体现、运作。不同企业具有不同的功能，体现不同性能的市场，如劳动力市场，需要有劳动介绍所、人才交流中心等企业来承担其职能，又如证券市场的证券交易所、期货市场的期货交易所、房地产市场的房地产公司等。没有这些企业就不可能真正形成现代的、规范化的劳动力市场、证券市场、期货市场、房地产市场等。

市场是一个相互关联、连动的体系，包括生产资料、生活资料、科技、劳动力、资金、证券、房地产等，人们通常称为"大市场"。还权于市场指的是"大市场"，不是"小市场""子市场"。因此，政府只是对现有企业放权，或对局部"小市场""子市场"放权是不够的，必须还权于所有市场。这需要国家制定实施公司法，实行"标准主义"原则，而不是"特许主义"原则，让企业能按"标准"出身，而不是由政府"特许"。

企业作为市场主体，它的活动需要有一定的社会服务并接受社会监督，如会计师事务所，审计事务所，律师事务所，各种技术标准审定、监督中心等提供的社会服务和监督。这种社会监督权是市场职能、权力的有机组成部分。政府还权于市场应包括这种权力。政府保留对这种社会服务和监督企业的监督权，即最终监督权。只有这样，才有利于市场体系的培育，才能有效地发挥市场环境机制（如竞争机制、供求机制、风险机制等）、市场形态机制（如价格机制、信贷机制、工资机制、外汇机制等）的作用，推进社会主义市场经济体制建成的进程。

（该文载于《信息时报》1993 年 4 月 18 日头版头条）

# "看不见的手"与"看得见的手"

## ——再谈还权于市场

如何建立社会主义市场经济体制，政府转变职能是关键。为此，笔者提出了政府应还权于市场的观点（见《信息时报》1993年4月18日头版），意在政府不要把自己当作市场活动的主体，直接参与市场活动，掌握市场权力，行使市场职能。文章刊出后，发现问题没有分析透彻，还有不少问题需要进一步探讨。

"权力"是一个大概念，具有丰富的内涵。就市场经济体制而言，权力的性质，有市场机制、功能表现出来的市场活动的权力，有对市场活动、秩序进行管理的权力；权力实施的范围，有宏观、中观、微观之分；权力的内容，有调控权、监督权、惩罚权、经营权等。

政府还权于市场，应将市场活动权力（如交易权、选择权、淘汰权等）还给市场，凡是市场能发挥作用的地方，政府就不要去插手、取代。政府还应将管理市场的某些权力还给市场管理及服务组织，如将中观的调控权、监督权等还给行业协会，将社会监督、服务权还给会计事务所、审计事务所等。能由市场服务、监督机构去做的事，政府不要插手、取代。

政府还权于市场，不等于政府完全与市场不相干，不等于弃权。政府应保留对市场活动的宏观调控权，对市场主体及市场服务和监督机构的最终监督权、惩罚权。政府保留和运用这些权力，是为了给市场的运行扫清障碍，以及当市场无能为力时给予帮助，让市场能充分发挥自身内在的调节作用，而不是取代市场职能、权力。

政府还权于市场不是轻而易举的事。除了市场的培育、法制建设之外，它还涉及组织，制度，人员的素质、构成、思想、行为方式等，在原有政府转变职能的基础上，需要继续着重抓好三件事：

第一，建立和完善政府市场管理机构。有什么样的职能就有什么样的组织机构，有什么样的组织机构就会执行什么样的职能。我国政府现有管理经济的许多职能部门，是以产品经济为指导，按产业、行业管理设置的，如经委、农委、商委、外经贸委等，管理市场的机构十分薄弱。应根据市场经济的要求、市场发展的需要，设置相应的机构，进行分门别类的管理，并重新规定其管理职能。发达资本主义国家，一般都设立了众多庞大的市场管理机构，如美国，政府设有联邦贸易委员会、食品和药物管理局、证券交易委员会、消费者保护局、消费品安全委员会、专利局、全国高速公路安全管理局等。德国设有联邦和州卡特尔局等。这些政府机构对市场进行严格管理，并可要求司法部门对违法行为进行起诉。

第二，加快市场行为规范的制定和实施。规范是行为的准则，它划分市场活动主体及管理者的职责、权力，规定办事的基本程序和方法。市场行为规范包括政府管理市场行为的规则和制度、市场形成和运行的规则和制度、行业协会设立的规则和制度、企业自身及相互关系行为的规则和制度、市场活动中的职业道德等。市场的形成和运行有一个发育过程，市场行为规范的制定与实施不可能一步到位，应根据市场发育的不同阶段，制定与实施相应的规范，不能等市场成熟了再制定出一个"完美"的制度来规范市场行为。

第三，制订与建立社会主义市场经济体制相适应的政府自身改革方案。在建立社会主义市场经济体制的过程中，人们往往"抱怨"政府自身的改革太慢，不愿放弃既得的"权"和"利"，怀疑精简是否能真正实行。这有一定的道理，然而，政府自身的改革有很大的难度。我国正处在新旧体制转换的阶段，政府既承担着执行旧体制的任务，又肩负着建立新体制的重担，旧的目前暂时不能全部放弃，否则会乱，新的还不熟悉，无经验，只能试着走。同时，市场权力的转移，要受多种因素的影响、制约，如市场发育的程度、法制完善的程度、授权者的控制能力、被授权者运用权力的能力等。权力的转移要适时、适度，否则也会乱。既要"稳"又要"变"，"变"要具备一定的条件。我们不能要求政府一个晚上就转变了职能，穿上全新的市场"服装"。政府自身的改革也有一个过程，应有一个与建立社会主义市场经济体制相适应的、超前的改革方案，积极、稳妥、有计划、有步骤地进行市场权力的转移。

政府还权于市场是一项复杂的系统工程，人们寄希望于政府加快自身改革，加快职能的转变，以充分发挥市场"看不见的手"的作用，又更好地发挥政府"看得见的手"的作用，推进社会主义市场经济体制的建立。

（该文载于《信息时报》1993 年 5 月 23 日头版头条）

# 中国经济运作模式中的政府作用

改革开放以来，中国由一个落后的农业大国发展成为一个工业化中期国家，各项事业持续大发展，人民生活从贫困迈向总体小康，受到国际社会广泛称赞，有许多学者对其进行了研究。2004 年 5 月 7 日，乔舒·亚库珀·雷默在英国《金融时报》上发文，提出了"北京共识"或"中国模式"的概念，认为"北京共识"的中国经验具有普世价值。全球经济危机引发了人们对自由市场资本主义的一片批评声。英国广播公司在柏林墙倒塌 20 周年时，对 27 个国家的调查结果表明：几乎在世界各地，大多数人都希望政府更积极地监管商业，要求对自由市场资本主义进行监管和改革。同时，国际社会更加聚焦、研究"中国模式"。

如何管理和发展经济是各国政府长期的重要任务。二十世纪六七十年代一些原社会主义国家存在"短缺经济"，先后对计划经济进行改革。我国从 1978 年开始了以市场经济为取向的改革开放。我国经济体制改革过程中，在学习借鉴国际上市场经济科学合理经验及扬弃传统经济管理体制的同时，没有将计划经济与市场经济、政府与市场对立起来，而是探讨如何将两者有机结合，在理论和实践上取得重大进展。经济体制改革经历了改革高度统一集中指令性计划管理—简政放权、实行经济责任制—计划经济为主，市场调节为辅—国家调节市场，市场引导企业—市场配置资源，政府宏观调控的历程，其中进行了三方面有内在紧密联系的改革，一是转变政府经济管理职能，实行科学民主决策，为市场主体服务和创造良好发展环境；二是建立健全现代产权制度，保障所有市场主体的平等法律地位和发展权利；三是建立、完善、发展与社会主义市场经济相适应的价格体系、税收体制、投资体制、就业和分配体制、经济法规等，来规范政府和市场主体的行为，发挥两者的积极性和创造性，从而形成由政府宏观调控、市场配置资源组成的社会主义市场经济运作模式，它将政府调控与市场机制有机结合在一起，政府运用经济手段、法律手段，发挥各种政策的组合效应进行宏观调控，经营者依据宏观调控在市场中调配资源、自主经营，既有经济民主，又有经济集中，在经济民主基础上集中，在经济集中指导下市场主体享有经济自由，这既有利于增强企业活力和竞争力，又有利于保证国家整个经济充满活力、富有效率、持续健康协调发展。中国经济建设的成果及经济的持续发展证明，这种经济运作模式是有效的。

有一种观念认为，政府的宏观调控不是社会主义市场经济体制的组成部分。查尔斯·沃尔夫在他的《市场还是政府》一书中认为：当市场（或非市场）比其他机制成本更低，或成本相同而做得更好时，市场（或非市场）就是有效率的。还认为，经济运作经常是市场与非市场（政府）两者不同组合的选择。若倾向市场一方，非市场应发挥重要作用，若倾向非市场一方，市场应发挥作用。因此，推动经济发展，既要充分发挥市场的基础作用，还应发挥政府的积极作用：

第一，对经济长期发展的指导作用。通过国民经济和社会发展中长期总体规划及产业振兴规划的研究和制定，提出发展的重大战略、基本任务和产业政策，指导和促进国民经济和社会全面发展。

第二，对经济发展的推进作用。这种作用在如下情况特别明显：①我国是一个市场经济欠发达的国家，新市场的培育需要政府推动，如推动资本市场的改革开放和稳定发展，建立多层次资本市场体系，完善资本市场结构，丰富资本市场产品等；②在经济发展的不同阶段，推进经济结构优化升级，转变经济发展方式，如促进经济增长由主要依靠投资、出口拉动转向消费、投资、出口协调拉动，推进自主创新，建设国家创新体系，培育创新型企业等；③消除行政障碍，推进区域经济一体化等。

第三，对庞大建设项目的组织作用。庞大建设项目往往涉及面广、要求高、面临的问题多、难度大，应由政府提供公共物品及社会公共服务，如项目的规划、相关政策法规的制定、项目的招商引资等，有利于项目的启动和顺利实施，节省项目实施的准备成本和协调成本。遵循"企业先行、政府推动、市场运作"的原则，如由广东、新加坡合作，在广州兴建的中新知识城，规划范围 123 平方千米、总人口 50 万，重点发展研发服务、创意等八大支柱产业，建立国家级重点实验室、工业设计谷等十余个重大项目。中新知识城定位为：立足珠三角、辐射华南、面向全球、服务全国、影响东南亚，努力成为中国自主创新的先行区、知识经济的高地、推动珠江三角洲产业转型的强大引擎、中国—东盟区域性创新中心和生态宜居的新城区。这样的建设项目，单纯由企业运作是难以完成的。

第四，对全局性问题及严重危机处理的领导作用。如对全国经济社会发展形势进行分析，作出加强和改善宏观调控的科学决策，以提高经济发展的稳定性、协调性、可持续性；如动员全国民众举国家之力解决严重自然灾害所造成的损失，迅速重建家园；如采取"非常规"举措解决严重经济危机的影响等。

市场和政府都有自身内在的优点和缺点，政府在发挥自己的积极作用时需要警惕、防止如下问题：第一，在解决市场缺陷产生的不公平问题时，谨防产生新的不公平；第二，慎防陷入市场缺陷陷阱，如为恶性欠薪买单等；第三，严防和打击政府部门及工作人员利用掌握的公共物品和公共权力，进行市场交换谋取私利等。

（该文载于《广州日报》2010 年 8 月 9 日网络版）

# 经济预测与国民经济调整

当前，党中央和国务院决定对国民经济实行进一步调整，这是改变经济工作被动局面的根本性措施。调整得越坚决，抓得越紧，就能越快地扭转被动局面。我们认为，在贯彻调整方针的过程中，要十分重视经济预测问题。

## 一、经济预测与有计划、按比例发展规律

所谓预测，就是依据一定的理论和资料，对不确定的因素或未知的事件，进行事先的分析、推断，作出符合客观发展规律的设想，以指导未来的实践活动。而经济预测，就是在正确理论的指导下，运用科学的方法，对影响未来经济发展变化的诸因素，进行调查研究，并对未来经济发展的趋势作出定性和定量的判断，掌握经济发展的客观规律性（客观进程），以指导未来的经济工作。经济预测从范围上讲，可以分为宏观经济预测与微观经济预测。宏观经济预测主要是预测国民生产总值、国民收入、社会购买力、价格、经济结构、消费结构等发展变化的趋势。微观经济预测，着重预测单项量的发展变化，如生产量、销售额、成本、利润等。宏观经济预测比微观经济预测对国民经济的发展，具有更大的作用。因为宏观经济发展决定和制约着微观经济发展，搞好宏观经济预测直接关系到宏观经济发展，这既为微观经济活动创造了一个良好的外部环境和前提条件，又能指导微观经济活动和预测工作。这里，我们着重从宏观经济预测的角度，分析讨论一下经济预测与有计划、按比例发展规律之间的关系。

社会主义生产是社会化的大生产。国民经济发展过程中，各部门在一定的时间和空间内，客观上保持着一定的比例关系，并有一个相应发展的数量概念。这是社会主义经济发展必须遵循的按比例发展规律，也是经济预测的重要理论依据。

第一，国民经济是一个有机的整体，经济事物之间具有极大的相关性，相互影响，相互制约，并要保持一定量的比例关系，这就要求社会劳动在各个经济部门的分配要按一定的比例来进行。因为社会有各种不同的需要量，而且每一种产品都需要有一定的劳动量才能生产出来。社会的各个不同部门的劳动量，是以需要量为转移的，在客观上要保持一定的比例，这种比例规定了每一部门如无一定的劳动量就不可能生产出与需要量相适应的产品。马克思在考察社会再生产实现时明确指出两大部类之间的相关性及其量的关系。在简单再生产的条件下，$I(V+m)=II\ C$。简单再生产的这一实现条件公式，反映了两大部类之间互相提出需求，互相供给产品，因而也是互为市场，互为条件，互相制约的关系。

在扩大再生产的条件下，$I(V+m)>II\ C$ 或 $I\left(V+\dfrac{m}{z}+\dfrac{m}{x}\right)=II\left(c+\dfrac{m}{y}\right)$，扩大再生产的这个实现条件公式，同样反映了两大部类之间互相提出需求，互相提供产品，因而，形成互为市场、互为条件、互相制约的关系；同时，也说明了两大部类任何一个部类的扩大再生产都离不开另一部类，都要以另一部类提供追加的物质资料为条件。因此，在经济发展过程中，各个经济事物之间的相关性，即表现出互为条件、互相制约，客观上应保持着

一定的比例关系；同时，这种比例关系还表现为一定的因果关系，某一经济部门的发展，特别是新生产部门的出现，需要其他经济部门的配合，同时也促进或制约着其他经济部门的发展。而且这种因果关系，不仅有定性关系，还存在着定量关系，表现出一定的数量概念。依据过去和现在经济发展过程中这种相关性所提供的数据和资料，进行理论分析，可以使我们认识和掌握经济事物的内在联系，并依相关原理，推导未来经济发展和变化的趋势。

第二，国民经济运动和发展具有极大的继承性或者说连贯性。国民经济运动和发展往往是很快的。这种运动和发展不管多大、多快，都不能离开原来的生产力水平，也不能割断与原来经济的联系。今天的国民经济规模和状况与过去的国民经济规模和状况，尽管有许多差别，但同时具有极大的连贯性，表现出许多相同的或相通的方面，具有某种类似的经济发展趋势。那么，未来的经济发展与今天的经济规模和状况，同样在许多方面表现出相同或相通，表现出某种相类似的发展趋势，这是经济运动连贯性原则。国民经济发展的这种连贯性不只是某一经济部门发展的连贯性，还包括整个国民经济发展的连贯性。社会主义经济发展要遵循有计划、按比例发展规律，就必须搞好综合平衡。综合平衡就是从社会现有生产、技术条件出发，按照有计划、按比例发展规律和一定时期的方针、政策，正确地组织社会生产和社会需要之间的平衡。在一定的社会条件下，社会拥有的物质资料和劳动力资源是一个定数，而社会需要总是在不断发展变化。这就要正确确定物力、财力、人力在再生产中各个环节、各个部门的分配比例，使各方面协调发展。因此，连贯性的原则，不是某一经济部门脱离其他经济部门，在长期内突出地发展，它是在国民经济综合平衡过程中，在原有基础上的连贯性。整个国民经济综合平衡发展的过程中，有的部门会发展得快些，有的部门会保持原有的速度发展，有的部门会降低发展速度，甚至会出现倒退，表现出非连贯性，然而，整个国民经济都是连贯性地发展。我们运用经济运动和发展这种连贯性原则，去综合观察、分析经济运动和发展变化，并研究发展变化的总趋势及其数量关系，那么就可据以预测未来经济发展的总趋势，在综合平衡的基础上，稳健地发展国民经济。

第三，国民经济运动的发展变化在结构方面客观上存在着一定的经济模式，这种模式反映了经济发展各个方面的比例关系。在社会主义条件下，国民经济的比例关系是分为若干层次的，一是全面性的比例关系，如积累与消费的比例关系、农轻重之间的比例关系等，这种比例关系一旦遭到破坏，将会影响和制约整个国民经济的发展。我们将这种比例关系叫作第一层次比例关系。二是局部性的比例关系，如产业之间的比例、经济地区之间的比例等。这种比例关系尽管最终会影响整个国民经济发展，但在一般情况下，则只是影响和制约部门之间、产业之间、地区之间的平衡发展。我们将这种比例关系叫作第二层次比例关系。三是范围较小的比例关系，如产品之间的比例关系、部门内部或企业之间的比例关系等，这种比例关系并不直接影响和制约整个国民经济发展，它影响的范围比较小，既是大量的，又总是处在不断变化之中的，我们将这种比例关系叫作第三层次比例关系。国民经济的比例关系正是由这三种比例关系构成的。这三种层次的比例关系，都有各自的经济结构和模式，这种结构和模式是客观的，各经济事物都按各自的经济模式运转。经济运转的这种结构和模式是可以被认识和掌握的。

上述经济发展过程中经济事物之间的相关性、经济运动的连贯性、经济发展结构及其模式，决定了有计划、按比例发展规律的客观性质，也是经济发展之所以能够进行科学预测的理论依据。同时也说明，国民经济发展要遵循有计划、按比例发展规律，就一定要进行经济预测。经济预测既是认识和掌握有计划、按比例发展规律的科学工具，也是促进国民经济遵循有计划、按比例发展规律的重要手段。经济预测得越准确，对有计划、按比例发展规律的认识也就越深刻，也就越能促使经济发展遵循有计划、按比例发展规律。

这里需要指出的是，认识各种经济事物的相关性、连贯性以及经济模式，需要掌握大量的过去和现在的资料和数据，这些资料和数据越真实可靠、越充分，对经济事物的相关性、连贯性、经济模式的认识就越深刻，对未来发展变化趋势的推导，才有可信赖的基础。同时，对经济运动要有理论上的分析，要在深刻的经济理论指导下，研究和分析资料和数据。理论分析得越深刻，资料和数据越多，预测也就越准确。资料和数据越充分，就越有利于理论上的分析，越有利于经济预测。因此，经济理论和历史资料、数据是进行经济预测的两项基本投入。

其实，在我们日常的经济工作中，经常进行着各种各样的经济预测。例如，明年的农业收成如何？今后的原材料供应状况怎样？价格如何发展变化？无论是制订国民经济发展规划，还是制订部门、企业生产计划，都在某种程度上进行了一些经济预测。但是，我们这种经济预测缺乏一定的经济理论做指导，也没有采取科学的方法，搞得也不自觉。现在我们所说的经济预测，是在经济理论指导下，系统地应用科学的方法，掌握大量的历史资料和数据，有系统、有组织、有目的、有计划地进行经济预测。现在，在一些经济发达的国家，经济预测已成为发展经济所必需的研究领域，并集中了当代最先进的技术和大批专业人才，建立了专门的预测系统和机构。自从 1969 年设立诺贝尔经济学奖以来，在获奖的资产阶级经济学家中，许多人在经济预测领域作出卓越的成绩，如挪威的弗瑞希、荷兰的丁伯根、美国的保罗·萨缪尔逊和劳伦斯·克莱因等。在进行社会主义现代化建设中，我们也应十分重视经济预测这门科学。

## 二、经济预测与制订国民经济计划

正确制订国民经济计划，是使国民经济遵循有计划、按比例发展规律的客观要求，也是社会主义优越性的具体体现。国民经济计划本身要有科学的预见性，因为计划是未来经济发展的行动纲领，要对未来经济发展作出许多科学的设想。同时，国民经济计划本身就包含了许多调整各种比例关系的内容。制订计划要依据未来社会需要量的变化和发展，重新按比例地分配社会劳动于不同的经济部门中，这就要在一定程度上调整了各种比例关系。制订符合有计划、按比例发展规律的国民经济计划是加强国民经济管理的核心。现在的问题是，国民经济计划究竟如何制订？我们认为，制订计划要研究如下几个问题：

第一，国民经济计划的预期环境。这是确定计划的前提。无论是年度计划还是三年、五年乃至十年的长期计划，都是在计划初期提出来的，用以指导整个计划期的国民经济各项经济活动，使各个部门都能按比例地协调发展。但是，计划执行时将会受到各种因素的影响和制约。这些因素有如下五个方面：一是科学技术发展的因素。特别是某些带头学科的重大突破，促使整个科学技术水平有一个大的提高。这将使某些经济部门乃至整个社会生产力水平提高，原来平衡了的比例关系就会发生许多变化。二是资料开发的因素。新材料、新能源的发现，某些重要资源的开发，农业的丰收或歉收等，会影响国民经济各部门的发展，影响原材料的保证供应程度，以致打破原来的比例关系。三是市场因素。产品价格的变动，社会购买力增长的状况，购买趋向的改变，会使原有的比例关系发生重大变更。四是社会因素。如人口数量的增减，人口构成中年龄、职业的变化，文化水平的提高等，对经济的发展有重大影响。党的路线、方针、政策，有关的经济法律、法令，对国民经济发展也起重要的，甚至是决定性的作用。五是国际政治、军事、经济的因素。这也直接或间接影响了未来经济的发展。这就是说，国民经济的比例关系因为受到各种因素的制约和影响，总是在不断变化的。制订国民经济计划首先要预见到这种变化，并适应这种变化，同时，也正因为我们能预见到这种变化，计划制订和执行时才能较好地控制那些不利因素，充分发挥有利因素，使各种比例关系在整个计划期内能保持相对平衡。这种未来制约和影响计划执行的各种因素，就构成了计划的预期环境。

第二，要研究各种社会需要量。社会对每种产品总是有一个需要量，而每种产品都是由一定的劳动量能生产出来的。我们只有认真研究了社会各种需要量以后，才能依据这种需要量来制订计划，按比例地将社会劳动分配到各个物质生产部门中去。各种社会需要量不是一成不变的、凝固的，而是不断地处于变化之中，而且这种变化往往是很快的。各种社会需要量的变化要受各种因素的影响和制约，如整个经济发展速度、国民经济结构变化、人口数量的增减和人口构成的变化、人们有效需求能力和消费构成变化、对外贸易发展变化、国际市场变化等，都会在不同程度上影响和制约社会需要量。社会需要量的变化不是变幻莫测，而是有规律可循的。因为影响和制约社会需要量的各种因素是可以认识和掌握的，各种因素和各种因素之间，各种因素与社会需要量之间都具有一定的内在联系。因此，要使我们的国民经济计划具有科学性和预见性，不仅要研究社会需要问题，而且要花大力气来研究各种因素和社会多种需要之间的数量关系。作为国民经济计划，首先要研究关系全局的社会需要量，也就是比例关系中的第一层次比例关系所涉及的那些需要量。

第三，要正确地作出战略决策。决策是制订国民经济计划的灵魂。决策的正确与否，关系到整个经济工作的成败。所谓决策，就是为了达到一定的发展目标，依据自身条件和外部的客观情况，运用科学的方法，选择一种最优的行动方案。影响决策正确性的因素是多方面的，一般有经济发展目标、自身条件、外部环境、决策者的主观能力四个方面。而决策过程，就是把未来影响经济发展的各种因素进行充分的、系统的分析、研究、比较之后，将经济目标和各种条件协调起来，拟订几种方案，从中选择一种最优方案的过程。就其重要性来说，决策可分为战略决策和战术决策。在制订国民经济计划前，首先要做好战略决策，它是对未来长期的带有全局性的重大问题作出决定。如果决策失误，按失误的决策所制订的计划，必然不符合未来经济发展状况，就会失去计划的指导作用。影响决策正确性的多种因素中，经济发展的自身条件、外部环境是主要的，是决策的前提。

以上所说的制订国民经济计划之前所要研究的几个问题，都与经济预测有直接的、密切的关系。

本来，社会主义经济的基本特征就是计划性。长期以来尽管每年都有计划，也有长期发展规划，但是，我们所制订的计划往往带有很大的主观随意性，缺乏科学性和预见性。除了在经济工作中长期存在"左倾"错误这个原因外，与我们经济工作不搞经济预测也有直接关系。常常出现这样的情况，当计划制订出来并开始实施时，客观情况就发生了很大变化，计划从一开始就失去了对经济发展的指导作用。特别是长期发展计划，由于没有进行科学的经济预测，计划与实际情况往往大相径庭，变成一纸空文。

也正是由于这些计划缺乏科学性和预见性，从而使有计划、按比例发展规律不能实现，综合平衡受到破坏，造成国民经济比例严重失调。本来，国民经济各种比例关系都是相对的，经常处在变动之中，因而综合平衡也只是相对的。调整经济发展过程中的各种比例关系，不断地进行综合平衡，是计划部门的一项经常性工作。问题是，国民经济各种比例关系既有相互制约、相互影响的一面，也有相互依存、相互联系的一面。当某一部门突出发展以后，必然造成比例关系的失调，它必然会引起许多相关部门发生相应的变化。因此，当某一新的经济现象刚刚出现的时候，我们就要及时进行调查研究，掌握详细的资料，进行经济预测，尽早地修订经济计划，及时调整各种比例关系，使未来经济在新的综合平衡的基础上发展，保持发展的计划性。

### 三、经济预测在当前经济调整中的重要作用

当前，我国国民经济出现总体性的、全局性的比例失调，就是说，不仅是国民经济比例关系中的第二层次、第三层次比例关系失调，而且第一层次比例关系也严重失调。在这种比例关系严重失调的情况下，仅仅用经济手段来进行调整，是难以迅速扭转被动局面的，必须采取相应的行政手段，进行必要的行政干预。当前，党和政府对国民经济实行进一步调整，实际上是以行政干预为主，经济手段与行政干预相结合来进行的。经济预测虽然属于经济手段的范畴，但是，我们认为，搞好经济预测，对当前经济调整有重要作用。

搞好经济预测，能使行政干预建立在科学的基础上，有利于促进任务的顺利实施。在调整期间，国家对经济生活的行政干预，一般是通过国家计划、法令、政策、措施等方式来进行的，用行政的办法规定什么事情能做，什么事情不能做；哪些部门要发展，哪些部门要压缩；违反了，就要绳之以法，或者经济制裁，或者纪律处分。这里，有三个问题需要研究，第一，用行政办法规定什么事情能做或不能做，哪些部门要发展或压缩，科学依据在什么地方？国民经济是一个有机整体，一个部门发展或一个部门压缩，都对整个经济发展产生重大影响。在作出某个部门发展或压缩的决定时，要预测这种决定对整个经济的影响。第二，各种行政干预的具体办法出来后，不仅会对现在的经济活动产生影响，而且主要是对未来的经济发展产生影响。但是，未来经济发展要受各种因素的制约，当通过行政办法规定什么事情能做或不能做的时候，就要预测到未来经济发展情况，及各种影响因素的变化。第三，这种行政干预不是主观臆断，而是要符合客观经济规律的要求，特别是要符合社会主义基本经济规律和有计划、按比例发展规律的要求。在进行行政干预时，要从客观经济规律出发，对未来经济进行预测，使行政干预建立在科学的基础上。这三个问题说明，我们搞好经济预测，不仅要考虑到当前经济建设的现状，而且要预见未来经济发展的趋势和要求。经济预测得愈准确，行政干预愈能建立在科学的基础上，就愈能迅速调整比例关系，指导经济沿着有计划、按比例发展规律的方向发展。行政干预是否具有科学的预见性，是它区别于主观主义瞎指挥的重要标志。

搞好经济预测，有利于压缩基本建设战线，调整基本建设投资方向和结构。压缩基本建设战线，调整基本建设投资方向和结构，是当前经济调整的中心任务。一般来说，通过基本建设形成某种生产能力，要在比较长的时期内，投入比较多的物力、财力、人力，却不能提供任何生产物。而且基本建设工程的用途是特定的，具有单件性质，建设工程地点是固定的。因此，进行任何基本建设工程之前都要进行可行性研究，而可行性研究的前提就是经济预测。这就是说，在确定基本建设工程之前，要对影响工程的各种因素进行全

面、详细、周密的调查，除了研究工程条件、技术条件之外，很重要的一点就是市场研究和经济评价，如原材料、动力有没有保障，产品有没有销路，国内外同类企业目前和潜在的竞争能力，今后市场要求变化和发展趋势，经济效果如何等，不仅要有定性的分析，还要有定量的分析。长期以来，在基本建设中不搞经济预测，更谈不上进行可行性研究，盲目建设，重复建设的现象十分严重。因严重的资源浪费许多企业建成之日，就是亏损之时。党的三中全会后，提出调整方针，指出要大力压缩基本建设战线，但是近一两年来，整个基本建设战线不仅没有压缩，某些方面反而拉长了，而且投资方向和结构又出现新的不合理。一个重要原因就是不搞经济预测。我们搞好经济预测，进行可行性研究，就可以确定基本建设项目究竟可行还是不可行。不可行就要进行压缩，属于在建项目，就要缓建、停建。进行经济预测之后，即使缓建、停建工程涉及有关部门和企业，他们也能心悦诚服，自觉自愿地进行压缩。同时，搞好经济预测，依据未来经济发展的趋势和变化，才能调整好投资方向和结构，将有限的资源用到最需要投资的部门中去。从目前情况来看，经济预测已成了压缩基本建设战线、调整投资方向和结构的一个重要依据。

搞好经济预测，有利于将国家计划、地方计划和企业计划很好地衔接起来，有利于调整产品结构。搞好经济预测，不仅是国家制订计划的重要依据，而且也是地方、企业制订计划的重要依据。长期以来，我们不重视经济预测，也不进行科学的经济预测，国民经济计划缺乏可行性、预见性，没有综合地方和企业的实际情况，起不到指导作用，使国家计划、地方计划和企业计划脱节。搞好经济预测，对调整产品结构也有十分重要的作用。目前，我国产品结构很不合理，长线产品积压，短线产品上不来。本来，产品之间的比例失调，是属于第三层次比例关系，可以通过市场调节的办法来调整。但是，我国目前产品之间比例失调，与整个国民经济总体失调交织在一起，是长期以来比例失调带来的一个严重后果。在经济调整中，哪些产品是长线，长多少，要压缩多少？哪些产品是短线，短多少，要增长多少？这些都需要进行科学的预测。因为，产品孰长孰短，直接受社会需要量的制约，而社会需要量又受多种因素的影响，长线与短线又经常在发生变化。经济预测就是要预测这种社会需要的变化及其发展趋势，并作出量的判断，然后才能采取正确的措施，决定如何取长补短，使产品结构趋于合理，更好地满足社会各种需要。

搞好经济预测，既有利于提高微观经济效果，又有利于提高宏观经济效果。在当前经济调整期间，大力提高经济效果，走出一条发展经济的新路子，是经济调整的一个十分重要且紧迫的任务。过去一段时间，我们比较注意研究和提高微观经济效果，而不大注意研究如何提高宏观经济效果。实际上，宏观经济效果是指国民经济综合平衡所要处理的经济效果，是关系国民经济全局和长远的经济效果。在社会主义计划经济中，宏观经济效果对微观经济效果具有主导的决定性意义，如果宏观范围内计划平衡失调，往往造成上亿元的损失，这绝非企业一级经营不善造成的损失所能比拟的。同时，只有宏观范围的综合平衡搞好了，企业的经营活动才能有一个正常的外部条件，提高微观经济效果才能有保证。因此，在经济调整中，我们要花大力气来研究如何提高宏观经济效果这个问题。

搞好经济预测就是提高宏观经济效果的重要途径。首先，搞好经济预测，有利于搞好国民经济的综合平衡，使国民经济按比例发展。因为经济预测搞好了，有利于按比例分配社会劳动于不同的经济部门中，从而使社会生产力与社会需要互相平衡、互相协调，各种有支付能力的社会需要得到满足，这就能避免发生一方面大量物资、财富闲置积压，另一方面社会需要得不到满足所造成的巨大浪费。其次，搞好经济预测，有利于计划工作作出正确的战略决策，选择最好的途径、方案。因为对未来经济发展趋势和变化、各种有利因素和不利因素进行预测，有利于作出正确的战略决策，选择以最少的劳动消耗来满足同样的社会需要的方案，避免不利的因素，或者是预见不利方面，及早采取相应措施，并能使计划对国民经济发展起到更好的指导作用。再次，搞好经济预测，能够有利于生产力的合理布局。生产力的布局是否合理，对提高宏观经济效果有直接关系。我们搞好经济预测，对全国各地区的自然和社会经济条件在未来经济发展中的作用和变化趋势进行充分研究分析和比较，扬长避短，发展那些最适合自己的，从比较成本看经济效果最大的行业，并在此基础上加强全国的生产协作、经济联合和商品交换，就能大大提高整个国民经济的宏观经济效果。而目前，不少地区只看到眼前某些有利因素，而没有预测到今后的变化，盲目建厂，既破坏了全国的综合平衡，又降低了宏观经济效果，造成了社会劳动的极大浪费。

总之，我们认为，搞好经济预测，对顺利实现经济调整任务有十分重要的作用。应该说，在长期的经济发展过程中，进行国民经济的调整是客观的，不可避免的。我们经常地进行科学的经济预测，在经济发展过程中依据预测到的比例关系的变化和发展趋势，自觉地进行调整，可以使国民经济在发展过程中保持综合平衡，而不至于像目前这样出现全局性的严重失调现象。在发生全局性失调后，我们重视和搞好经济预测，就能更好地调整比例关系，促使国民经济尽快走上健康发展的轨道。

（该文见于《经济研究》编辑部编的《国民经济调整与经济体制改革》，山东人民出版社 1981 年版，与黄学忠共同署名）

# 综观经济调控模式及其实现方式

传统的经济调控模式不能很好地实现经济有效运行和可持续发展的经济目标。为此，需要探求新的经济调控模式。本文结合广东的情况，阐述综观经济调控模式及实现方式。

## 一、传统经济调控模式的缺陷

### 1. 传统经济调控的基本做法

传统经济调控的典型做法是：当社会总需求大于总供给时，通过增加税收，提高利率，使价格上升，减少财政开支，从而减少和抑制社会总需求，同时在减少货币流通总量的情况下，通过对某些产业、产品实行减税、免税、补贴、投资等来增加社会总供给；当社会总需求小于总供给时，则采取与以上相反的措施，以实现社会总供求之间的平衡。这种做法未充分考虑环境、高新技术对经济发展的影响，在经济周期循环中重复出现，不是宏观经济拮据就是微观经济困难，宏观经济效益与微观经济效益处于对立的困境之中。

### 2. 改革传统经济调控模式的几种观点

为了避免上述问题，人们不断探求怎样将宏观经济调控与微观经济搞活结合在一起，概括起来主要有三种观点。

（1）宏观经济调控微观化。有些学者从企业是市场经济的基本单位，是市场活动的主体这个认识出发，认为当今的主要经济问题本质上不是宏观的，而是微观的。必须从微观经济改革中去寻求解决办法，不能停留在宏观调节上，需要直接矫正个别厂商的结构缺陷，政府经济调控方向应趋向微观化，提出总量层次要深入到微观结构层次，形成宏观经济与微观经济的结合。需求经由市场结构变化引导供给结构变化，进一步形成供求结合，同时，在调控方式上运用直接调控与间接调控，形成政府行为与市场行为的结合。

（2）市场与非市场（政府）的组合选择。有些学者从市场缺陷及非市场缺陷出发，认为经济调控应根据静态的近期效率（市场机制更有效）与动态的长期经济增长（非市场机制作用较大）以及公平性进行市场与非市场（政府）组合的选择。选择如果倾向于市场一方，应发挥非市场的主要作用，如建立和维护保证正常发挥市场作用的法律及其环境，必要的服务等；选择如果倾向于非市场一方，由政府配置资源，则应发挥市场的作用。在组合选择中，政府应改善和扩展市场的作用，在政府管理中注入一些市场因素，以缩小非市场缺陷影响的范围，改善政府的功能。

（3）以价格为中心或以货币为中心的宏观经济调控。这类观点基本上与传统宏观经济调控的做法相同，不同的是强调了价格对需求和供给的作用，强调了货币特别是金融技术在整个经济运行中的调控作用。

### 3. 传统做法及改革方案的缺陷

以上几种将宏观经济调控与微观经济搞活相结合的策略，显示了"政府—市场—企业"这一经济调控模式，它的理论背景是宏微观经济学，对宏观经济与微观经济如何结合提出了一些很好的思路。但是，它在理论上和实践上有不足之处。首先，市场是有规则交换行为的总和，"政府—市场—企业"经济调控模式，把企业这一市场活动主体与市场割裂开来，在理论上存在不足。其次，它们仍然将国民经济划分为宏观与微观两大块，在分割状态下的结合往往是市场不足，政府来补，或者反之，是一种补缺式的结合，或是嵌入式、板块式的结合，很难确定和解决结合部的问题。再次，它们往往将经济调控中的企业、居民看成是被动的调控对象，而政府是主动的，是调控主体，其结合必然成为政府自觉行为与企业、居民自发行为的结合。在市场经济的初级阶段，市场，特别是价格的波动是一种"神秘"的力量，这时企业、居民只能被动地适应市场的变动。随着市场经济的发展，人们对市场活动规律的认识加深，特别是信息技术的发展，人们不仅制定了许多"游戏"规则来规范市场行为，同时，企业还采取了许多措施，如通过股权和非股权方式，形成经营网络，在一定范围内建立"有组织的市场"，或称为市场内部化，来提高经营行为的自觉性、主动性，减少盲动性、分散性，对外部环境不是被动地适应，同时对环境产生重大影响。居民对市场和政府的调控也不是盲目从事，而是提高了自觉性，如1998年银行几次降息，并没有带来股市的上扬，需求的旺盛。居民不仅作为消费者还作为投资者对经济运行作出调控。此外，"政府—市场—企业"这一经济调控模式主要提出了一些思路，但都比较原则性，缺乏操作性。因此，在实践中到底怎样办，缺乏一个科学有效的行为框架以及总体的方法和途径。

国民经济运行的整体性和复杂性，决定了经济调控的错综复杂性。广东的一些市、县在深入改革开放，建立社会主义市场经济体制的过程中，根据国民经济发展目标及内容，以产业为中心，形成利益共享，行为联动、互动的经济调控体系，我们称它为综观经济调控模式。本文将围绕该经济模式的架构、中心、实现方式等进行论述。

## 二、综观经济调控模式的架构

1. 调控经济的几种力量

（1）政府在经济调控中起主导作用。广东省市、县政府通过制订国民经济计划，制订财政、货币、产业、区域、收入分配等政策，提供公共服务，直接参与某些大型项目的经济活动，依法维护市场秩序，来谋求和实现总量平衡，货币和物价的稳定，重大经济结构的优化，国际收支的平衡，人民生活水平的提高，推动市、县经济持续发展和增长。

（2）产业协会在经济调控中是政府、企业之间的中介力量。产业协会是企业自愿组织起来的民间组织，其主要职能有：①提出本产业（行业）发展前景的设想，供会员企业制订发展规划参考。②收集、整理并向会员企业提供各种国内外有关信息。③研究制定本产业产品（服务）的统一规格和技术标准。④帮助会员企业开展国内外经济技术交流活动。⑤帮助会员企业培训产业发展需要的人才。⑥对会员企业的经营管理进行帮助、指导。⑦制定产业规章，限制产业内过度竞争，协调会员企业行为，帮助解决企业间的争议和解决违规事件。⑧沟通政府与企业之间的关系，协助政府制订产业发展规划和产业政策。总之，产业协会了解社会（国内外）对本产业产品（劳务）的总需求，能组织、协调本产业会员企业的总供给，实现在高新技术条件下合理的产业规模和企业规模，形成良好的产业产品（劳务）市场的交换关系，推动产业经济的可持续发展。目前，产业协会的职能，在广东部分市、县暂由政府经济管理部门及有关的总公司执行。

（3）企业是经济调控的重要力量。现代社会经济是企业经济，企业是市场活动或交换关系的主体力量，是先进生产力的代表。现代社会的企业不仅是单一单位的，还是多单位的，美国著名学者钱德勒将它称为现代企业。单一单位企业多在某一产业内从事单一产品或多种产品的生产及服务。现代企业的组织结构是网络型的，它不仅以所有权为纽带形成由总部控制若干独立运转子公司的网络，还以经营能力合作建立公司间战略联盟的网络，它能容纳更大的社会生产力。现代企业的经营管理是综观的，劳动分工由单体企业的内部分工，转换成为群体企业的社会分工，经营领域除了在某一产业内从事多产品生产及服务外，往往能在多产业从事多种产品的生产或服务，还能从事产业融合化经营，如电子与机器，电子与家电、通信等的融合。它不仅能从产品的关联还能从产业的关联来合理配置资源，有效运用资源，并形成合理的企业规模，获得规模经济效益。它通过网络组织、综观经营管理，将无序的外部市场变为"有组织的市场"。由经理进行管理协调取代市场协调，将有关经营单位的活动内部化，从而获得更大的生产力、更低的成本，更高的利润。企业不仅满足人们的需求，并且以自己创造性的活动创造新的需求，产生新的供给与需求关系。广东的许多市、县都拥有自己的现代企业（集团公司），如 TCL、格兰仕、格力等，它们是当地经济的主要力量。

（4）居民是市场活动的另一主体，是经济调控的基础力量。居民不仅是消费者，同时还是投资者、生产者。居民作为最终产品的消费者，根据自己的收入、喜好等来决定消费的数量、内容，形成某种消费结构和水平，在一定时期形成一定的社会需求容量及结构，并具有某种发展趋势。居民作为投资者，会根据企业经营的状况及前景、产业发展的前景，将手中可任意支配的货币用来购买股票、债券，或是存入银行。现代社会正向知识经济迈进，家庭不仅是社会的生活单位，而且具有生产功能，家庭企业的兴起，使家庭成为企业网络的一部分。所有这些说明，居民是需求者也是供给者（资金、劳动力、产品及服务），在经济调控中不是被动地受支配，而是经济调控积极的参与者，居民的经济行为越来越摆脱盲目性。广东许多市、县的居民不仅从事家庭农业生产，而且成为股民，或从事个体商业、加工业等。

2. 综观经济调控的模式

经济调控的目的是推动国民经济协调均衡的持续发展。它应在高新科技的基础上，尽力谋求宏观、中观、微观经济的协调发展，经济效益与生态和环境的协调发展，骨干产业（品）、支柱产业（品）与其他产业（品）的协调发展。

市场是交换关系的总和，政府、企业、居民是参与市场活动或构成市场交换关系的三个行为主体，它们形成企业之间、企业与居民之间、政府与企业及居民之间（如政府采购、发行债券、公共投资等）几种基本交换关系，通过交换的方式、结果在经济活动中作出各自的反应，从而形成四种基本的经济调控力量，即政府、产业协会、企业、居民，它们围绕经济发展的内容及目标，对经济活动及其发展过程进行调控，形成一定的经济调控结构，综观经济调控结构如图 2－3 所示：

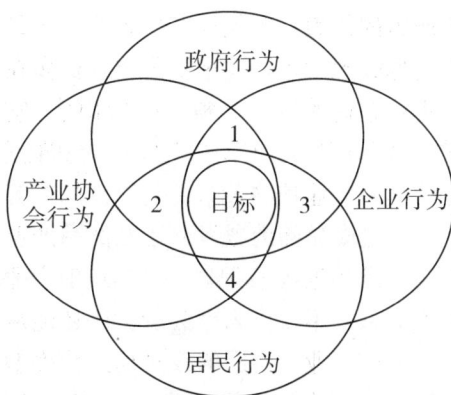

**图 2－3　综观经济调控结构**

注：1. 图中圆重叠交叉的部分表示政府、产业协会、企业、居民行为的串联互动。
　　2. 图中的 1、2、3、4 表示政府、产业协会、企业、居民共同利益的分享。

3. 综观经济调控的特征

综观经济调控结构是一个串联互动、利益与共的经济调控体系，它不是针对经济活动某一环节进行的调节，而是针对经济全过程进行的调节。珠海市斗门区在发展淡水养虾时，利用得天独厚的自然条件，政府扶持农业部门示范开办虾苗场，为养虾专业户提供良种虾苗，并进行养虾技术指导，使活虾一年四季都可以上市，同时扶持销售大户，建立专业销售公司，进行活虾的包装、保鲜、保质，增加鲜虾的附加值，不和养虾专业户争利益。该区的活虾不仅畅销国内，还出口俄罗斯、日本、美国，政府通过税收增加了财政收入。斗门区在开垦和利用荒山种植荔枝时，实行财政补贴，集体承包，个人种植，最后通过政府收税的办法来发展果林业。开始财政拨出 1 000 多万元，购买了 100 多万株优良荔枝树苗，无偿提供给种植户，每株还发给 2 元钱的幼苗管理费，三年后荔枝挂果，每株平均产量约 100 斤，每株收 10 元税，财政投资的钱基本上一次收回。荔枝挂果平均 10～15 年，如果仍按每株 10 元计算，总收入是投资的 10 多倍。他们在经济调控中不是收费，而是通过扶持、示范帮助农户、企业增加收入，从而增加税收，形成串联互动、利益与共的良性循环。

## 三、产业——综观经济调控的核心

1. 几种力量如何对产业进行调控

广东一些市、县政府在经济调控过程中，根据本地及国内外资源、国内外需求等，制订产业发展规划，并结合经济政策、经济法规、行政管理等手段，制定和实施产业结构政策、产业组织政策、产业技术政策、产业布局政策、产业发展与环境保护政策，推进当地经济的产业结构不断合理化、高级化，以实现当地经济的发展目标。

产业协会在经济调控过程中根据所在产业的特点及与其他产业的关联度，组织实施政府的产业规划和产业政策，具体地分析、计量产业的市场结构，规范产业内企业的市场行为，评价产业市场效果，维持产业市场的有效竞争，提高资源配置的效率，推动产业发展，并处理好产业发展与环境保护的关系。

企业在经济调控过程中实行综观经营管理，正确地制定和实施产业产品及市场发展战略，开发产业新产品、新技术、新设备、新材料，在高新技术的基础上，以差异化产品、低寿命周期成本，创造新的需求，开拓新的市场，满足国内外消费者的新需求，不断寻求规模经济效益，并处理好生产与环境保护的关系。

居民在经济调控过程中不仅是商品的消费者，还是商品的鉴别者，其不仅鉴别、监督商品的使用功能、美学功能及其质量，还考虑使用成本、使用中和使用后对环境的影响，处理好消费行为与环境保护的关系。居民作为投资者，还会根据产业产品及市场的发展前景、企业经营的好坏及发展前景，来决定自己的投资行为。

广东省江门市新会区在发展现代农业时，以高新技术为先导，推动农业产业的企业化、规模化、市场化。政府制订了1995—2000年农业产业化的发展规划，根据其自然条件现已建立起以水产、畜牧为主的粮、虾、鱼、蔬菜、畜牧、丰产林、甘蔗、海洋捕捞八大农业支柱产业商品基地，仅鱼类的年产值就达5亿元，改变了全市传统农业生产的格局，使全市农业产业结构面貌一新。其间，他们采用股份制鼓励农业资源向有经营管理才能的农户、农民转移，优化农业资源的配置，不仅形成了近6 000个规模生产的农业生产专业户（养虾专业户在目前生产技术条件下的最优经济规模是看管30亩的水面），同时，还建立了一批农业生产企业。

2. 综观经济调控以产业为核心的依据

国民经济活动的内容、效益以产业为核心展开，它有如下几个方面的表现：

（1）社会总供给与总需求平衡的核心是结构平衡，即供给结构与需求结构的平衡，它直接体现为产业（产品）结构的合理化、高级化。

（2）国民经济的增长率取决于产业的增长率、贡献率。1994—1996年高新技术产业对美国国内生产总值的贡献达27%，房地产业为14%，汽车产业为4%。

（3）社会经济资源以产业为核心进行合理配置。不同的产业对国民经济增长的贡献不同，因此需要对社会的自然资源、劳动力资源、货币资源、科技资源等重新进行配置，以求有限资源的优化组合和合理利用。

以上理由足以证明，产业是经济调控的核心内容，它可用图2-4表示。

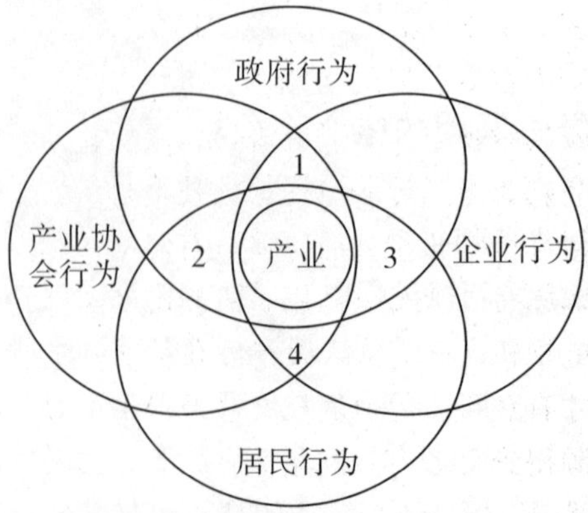

图2-4 以产业为核心经济调控

## 四、综观经济调控的实现方式

**1. 决定实现方式的因素**

综观经济调控的实现方式具有整体性、系统性、协调性的特征，这是由于：

（1）它由国民经济发展的整体性和复杂性所决定。国民经济的发展、运行涉及社会再生产的各个方面，多元的经济形式，多种经济活动主体，它们在利益、行为上即存在差别又具有一致性，要实现有效的经济调控必须适应国民经济发展和运行的复杂性的要求。

（2）它由各种经济调控手段的个性所决定。经济政策、经济法规、行政管理等手段在作用过程、作用范围上各不相同，每一种手段只能发挥某一方面的作用，不可能对复杂的整体进行全面有效的调控，必须汇成一体，取长补短，相辅相成，才能发挥整体的调控功能。

（3）由各种经济调控手段的共性所决定。各种调控手段的目标具有一致性，即实现社会总供求的平衡，实现社会资源优化配置和经济可持续发展，以及经济利益的合理化。各种调控手段作用的对象具有共同性，即产业的高级化、合理化。因此，各种调控手段之间存在着内在的联系，它们互相影响，彼此渗透，一种调控手段作用的发挥，离不开其他调控手段的配合，如经济政策手段的运用，离不开其他调控手段的保证作用；行政、法律手段作用的发挥，必须以经济手段的作用为基础。

**2. 几种主要的实现方式**

综观经济调控的实现方式多种多样，归纳起来有如下几种主要形式：

（1）目标体系调控实现方式。经济发展目标是一个复杂的体系。政府有国民经济发展目标、经济结构优化目标、综合实力目标、环保目标等；产业协会有市场结构目标、市场行为目标、市场效益目标等；企业有市场目标、发展目标、利益目标、贡献目标等；居民有生活质量目标、收入目标、发展目标、生态目标、贡献目标等。这些目标相互衔接、配合，形成经济调控目标体系，围绕目标体系及经济发展的现状（如需求不足或供给不足）以及发展的方向采取调控措施进行调控。

（2）主体行为联动调控实现方式。政府、产业协会、企业、居民是经济调控的四种基本力量。它们根据当地经济发展的内容和目标、目标发展和变革的内容及方向，确定各自应有的行动步骤、行为方式，并预测行为的后果对当地经济发展和产业发展的影响。同时，还要考虑各调控主体行为在方向上的一致性，行为方式、内容上的协调性，行动时间上的衔接与配合。例如发展高清晰度的数码电视机，政府制订有关的发展规划和促进其发展的政策、法规；产业协会则要考虑数码电视机的技术标准，以及与电视节目传送的技术联系；电视机生产企业进行具体的研制；居民要具有使用数码电视机的经济及技术条件和意愿。同时，他们还要考虑原有生产条件运用、更新的成本及时间，原有电视机的使用及淘汰的费用及时间，数码电视机的生产成本及产品价格，生产规模的形成，数码电视机市场的形成及规模等。这样才有利于数码电视机产业及产品的发展，使其供给与需求在基本平衡中不断发展，又使资源得到合理有效利用。

（3）再生产过程调控实现方式。社会经济活动由许多过程构成，如社会再生产过程、企业再生产过程、流通过程、消费过程、分配过程、资金流转过程等。每个过程都各有特殊的环节、阶段，如社会再生产过程包括生产、交换、分配、消费四个环节，企业再生产过程包括购、销、运、存等环节。经济活动分阶段、环节有助于提高阶段、环节个体活动的效率，降低成本。如果各个阶段、环节自我封闭，各自为政而不是相互协调合作，就可能破坏整个过程的运行，降低整体的效率、效益，到头来各阶段、环节也无效率、效益可言。通过对过程的综观调控，将过程各阶段和环节衔接起来，将不同过程互相渗透，这不仅有利于资源的优化配置，而且可取得速度经济效益。

（4）功能组合调控实现方式。具体的经济调控手段有许多，各种调控手段具有不同的具体功能，有的侧重于社会总供给调节，有的侧重于经济利益调节，有的侧重于资源优化调节，有的侧重于长期调节，有的侧重于短期调节，有的发挥作用迅速，有的发挥作用缓慢等。为了有效地实现经济调控目标，可以将功能大体相同的调控手段组合起来，或者以某种功能调控手段为主，其他功能调控手段为辅进行组合，以着重解决某方面的突出问题。

以上几种调控实现方式紧密联系，经济调控主体围绕经济发展目标和调控目标，在经济运行的整个过程中，有效地、综合地运用各种调控手段，从而形成和发挥综合功能和作用。

**3. 运用调控实现方式的要求**

综观经济调控实现方式是一个完整的体系，为了取得较佳的调控效果，在实践中要十分注意如下几点要求：

（1）综观经济调控实现方式要以总体的调控目标为主导。总量平衡和结构合理才能稳定大局，对个体和个量起指导作用，使其不迷失方向、偏离目标，才能使经济调控的各种方式合理组合，并有效实施。

（2）充分考虑各种方式的利弊，实行优化组合。各种经济调控实现方式，力求在作用方向上一致，在时间上配合，在力度上适当，在作用的性质上互补，以求取长补短，相得益彰。

（3）经济调控实现方式的运用要有正确的操作。经济运行和经济调控，由于过渡性原因（旧的在改革，新的在建立但不完善）、缺陷性原因（新的有缺欠，易出偏差）、运筹性原因（经验不足、行为惯性，出现主观上的失误），往往出现这样或那样的问题及"两难"状况。为此，需要搞好政策操作（制定、实施、修改各种经济政策）、参数操作（经济参数的确定和变动）、行政法律操作（处理解决经济活动中各种违纪违法问题）。正确操作要目标正确、参数真实、力度适当、坚持到底。同时，要求操作者廉洁奉公，有事业心、责任感、精通业务，敢于同不良行为做斗争。

## 五、综观经济调控中的变革与创新

市场经济的发展有不同阶段，产业发展有不同结构，企业的发展有不同经营管理形态，居民需求的变化有不同水准等。不同阶段、不同结构、不同形态、不同水准，会呈现出不同规律、不同方式、不同要求。加之国内外经济环境的变化、工作中的失误、调控组合方式的缺陷等，要求在经济调控中，不能一成不变地延用老思想、老方法，须进行必要的变革与创新。

政府的变革与创新对改善经济调控具有决定性作用。政府承担着管理社会经济发展的重大责任，经济管理体制的变更和创新，将有利于进一步解放和发展社会生产力。在建立具有中国特色社会主义市场经济体制的时候，在国家总体方针、政策、法规指导下，广东一些市、县还根据各地具体的经济发展水平和结构状况，建立和形成具有本地特征的社会主义市场经济管理，形成反映本地实际，进一步解放和发展本地社会生产力，推动经济发展的经济政策、地方法规，以及行政管理的调控体系。经济体制的变革与创新必然要求政府机构、职能、人员构成及素质的变革与创新，以便与新体制相适应，并推动新体制的实施和完善，否则新体制难以建立和发展。同时，没有政府自身的变革与创新，也难以推动和维持社会的变革与创新。

产业协会的变革与创新对经济调控的实现具有重要作用，并对发展社会生产力起重要作用。迈克尔·波特在他的《竞争战略》一书中，从市场和技术特征角度出发，将产业划分为分散型产业、初现型产业、成熟型产业、世界型产业、衰退型产业。在分散型产业里竞争激烈，没有市场领袖，然而，连锁经营的产生带来了分散型产业的市场结构及市场行为的巨大变革与创新，它从组织形态、市场行为（包括竞争策略、商品价格等）方面改变了分散型产业的面貌。产业协会不仅要推动产业在市场结构、市场行为方面的变革与创新，与其他产业进行关联和融合，还应改善产业协会协调、指挥、监督的方法。目前，广东的一些市、县的产业管理的职能多由政府的职能管理部门承担，他们转变职能，在政府经济规划指导下，对产业发展进行扶持、示范、监督、控制，协调产业内与产业外的关系。这在目前是推动产业发展的有力措施，长远看，按大市场小政府的要求，还须进一步改革，以利于社会生产力的进一步发展。

企业的变革与创新有丰富的内容，它包括企业组织形态的创新、产品及产业创新、生产经营过程创新、营销策略创新、管理方式创新、经营形态创新等，通过变革与创新能容纳更多的社会生产力。它以网络组织形式和网络经营方式，不仅在国内，也能在全球范围内谋求经营资源的优化组合，寻找最有利的目标市场，形成合理的企业生命周期、产业生命周期、产品生命周期的经营格局，拥有巨大的经营实力和能力，不断获得新的利润增长点。为此，广东的许多企业建立了创新创业管理体制，即使在研究经营管理问题时也不忘寻找创新创业机会。制订和实施创新创业计划，把创新创业纳入正常的经营活动，并正确对待和奖励创新创业者。

居民也应不断变革与创新，成为社会新生产力的劳动者，以适应经济调控的要求。当今知识经济时代已现峥嵘，开拓创新不仅是社会进步和经济发展的动力，也是个人事业成功的必由之路。个人作为消费者，要具有知识经济时代的消费观念及能力，成为知识型消费者。个人作为生产者，知识经济时代的生产，既是物质生产过程，又是智力生产过程，财富的创造不以体力为基础，而是以脑力为主，生产者要有学习、创新和运用知识的能力，做知识型生产者。广东的居民在这方面已经作出了巨大的努力，并取得了显著成效。

综观经济调控要求的变革与创新，不只是调控某一主体的变革与创新，它与经济结构一样是联动的，相互协调配合的，它是调控主体系统的变革与创新。广东的变革与创新与经济调控体系相互推动，不断提高经济调控的水平，提高经济调控的效率，推动了广东经济的可持续发展。

（该文见于魏双凤、黄灼明、陈钦凤主编的《综观经济学专题讲座》，香港中国文化馆 2005 年版）

# 重构市场经济秩序的综观监管结构

近些年，国家加大了整顿、规范市场经济秩序的力度，特别是近两年以食品安全为重点的市场经济秩序的整治，力度更是空前。但是，不道德生产经营、违法违规行为仍接连不断发生，有的后果十分严重，引起人们广泛的关注、议论和思考。在经济转型时期，如何协同经济发展和科技创新，加强管理创新，建构市场经济秩序标本兼治的综观监管结构，这对于我国社会经济的转型，社会经济协调、均衡、可持续发展，提高国民的幸福感具有十分重要的意义。

## 一、市场经济秩序中不道德和违法违规行为的表现和特征

产业经济学告诉我们：市场行为包括商家的生产经营行为和监管部门对市场结构和生产经营活动的监管行为。市场经济秩序由商家的生产经营行为和监管部门的监管行为来维护，任何一方的行为出现违规、缺失，都会引起市场经济秩序的混乱，给市场经济活动的正常开展和人们的正常生活带来极大危害，与其应承担的社会责任背道而驰。

某些商家生产经营中的不道德和违法违规行为可谓五花八门。

生产环节中不道德和违法违规行为有：①生产假冒名牌产品。据报道，前不久重庆市查处了一起5名犯罪嫌疑人在一处停尸房里"制造"瓶装酒，将其变成名酒"飞天茅台"的案件。②生产伪劣商品。有的公司使用非食用物质和滥用食品添加剂生产"墨汁粉条"；用泥巴和面粉制成伪劣产品"黑胡椒"；各地反复出现"地沟油"等。③生产有毒食品。如瘦肉精猪肉、三聚氰胺奶、兽药豆芽菜、工业盐加"敌百虫"腌死猪肉的"毒腊味"等。

在流通领域除了销售假冒伪劣和有毒商品外，销售环节中还有一些不道德和违法违规行为：①价格欺诈。国家发展和改革委员会2011年4月28日公布了部分价格欺诈的典型案件。有的百货公司，在优惠促销活动中，标示打折销售，经查优惠折扣售价高于原价。②囤积居奇，倒买倒卖，哄抬物价。如接二连三出现的"姜你军""蒜你狠""豆你玩"等。③商务部市场秩序司在调查中发现许多违法违规行为，有的商家以各种名目的附加条件索取额外收入，有的强迫中转，有的层层加收手续费，有的串通商定垄断价格等。

监管部门应该对市场结构和生产经营活动进行监管，现在我们对市场经济秩序的监管，主要是对生产经营活动进行监管，对市场结构中的垄断行为却缺少监管。在监管中存在的不道德和违法违规行为有：①以权谋私。有的监管人员为不法生产经营活动通风报信、"保驾护航"，从中谋取私利。有的执法人员就像领工资那样，每月从走私者那里领取"报酬"。②非法罚款。有些执法人员采用"五花八门""稀奇古怪"的招数进行"罚款"。据中央电视台财经频道2012年5月11日报道，全国每年公路罚款可能高达4 000亿元。③监管人员不作为，放任纵容不道德及违法违规生产经营行为。有的建材市场出售的钢材，90%为劣质产品，市场监管人员推脱：有人愿意买，无人投诉，我们就不好检查。此外，中介机构本应发挥专业监督和服务功能，然而有的中介机构和专业人员违反职业操

守，谋取私利，出具虚假文物鉴定、财务审计报告、环评报告等。

当今，不道德和违法违规行为有以下几个特点：

第一，专业化、规模化。不道德和违法违规生产经营行为，除了传统的隐蔽性等特征之外，现在，其生产经营各环节更加专业化、规模化。假茅台酒"飞天茅台"的基酒购买、灌装、包装、运输、销售各环节都实现了"专业经营"和"规模生产"。善于仿造名酒包装的"印刷专家"可在一个月内仿造 20 000 个名酒包装盒和瓶盖，"飞天茅台"的包装就是由他"研发"的。造酒"高手"曾在大型酒厂工作过 20 年，经验丰富，还在大型酒厂任过质量检验科长，让假"成真"。生产假茅台酒的幕后老板通过关系购买大量基酒，并通过各种关系寻找销售人，最后卖给不知情者。

第二，滥用"高科技"。以往，有的制假者在宣传产品时多为"本产品采用国外先进技术制造"，现在则主要是滥用"高科技"，特别是在农业和食品生产领域。据广州从事糕点食品生产几十年的中国食品工业协会专家委员会委员张雪清介绍，改革开放以前，制作月饼完全不需要使用任何添加剂，甚至连保鲜剂都不需要，保质三四个月都没有问题。现在一块小小的月饼，生产过程中使用的食品添加剂却可能多达十几种。目前，添加在月饼中的食品添加剂五花八门，除了防腐剂，还有增稠剂、膨松剂、乳化剂、稳定剂、抗结剂、甜味剂、抗氧化剂、着色剂、水分保持剂等几十种。光是月饼使用的香精就有几十种，如葡萄油香精、香芋油香精、芒果油香精、绿茶油香精等。有的企业不在质量上下功夫，却在添加剂上下功夫，在制作月饼的主要原材料中掺杂一些其他东西。滥用"高科技"可能对经济活动及正常经济秩序造成重大损害。

第三，"权力创收"。以往，人们认为市场经济秩序出问题是监管不力、不到位，现在是有的行政管理部门及工作人员违法行政，搞"权力创收"，直接扰乱市场经济秩序。央视记者的采访告诉我们：全国每年 4 000 亿元的公路罚款，囊括了你想象不到的"非法罚款"：有"落井下石"式罚款，一货车出现故障在公路休息区正常修理，被路政部门要求"一小时罚 300 元"；有不明来由的"打劫"式罚款，在有的地方，交警硬塞给司机一张只有罚款数额的罚单；还有针对所有货车"雁过拔毛"式的罚款等。这绝不是个人行为，而是某地政府部门的"组织行为"，它践踏了社会法治秩序，玷污了"依法行政"。

## 二、对不道德及违法违规行为"理由"的述评

人们对接二连三及反复出现的不道德及违法违规行为进行了广泛的谴责，许多事件受到了行政和法律的严肃处理。然而，在分析事件的原因时，有些理由（观点）不得不引起人们的深思，下面略举几例：

第一，泛泛而论，"人人都是经济人的年代，追求利润最大化符合经济人的本质特征"。

"人性假设"的理论很多。经济学的人性假设有古典理性经济人、新古典有限理性经济人、广义利己利他结合经济人、社会主义市场经济人等假设；管理心理学的人性假设有经济人、社会人、自我实现人、复杂人等假设；政治学的人性假设有政治人（政治市场中的经济人）、道德人、政治理性人等假设。

经济学的经济人假设首先由亚当·斯密提出，他认为在参与社会分工和商品生产及价值规律指导下，人具有完全理性，可以作出让自己利益最大化的选择，在利己的同时，不

越界、不损害他人权益，在良好制度保证下，追求个人利益最大化的行为能增进社会总福利。经济理论界长期研究的成果告诉我们：

（1）在追求个人利益最大化时，要以不损害他人利益为边界，不能不择手段地损人利己，不能损害国家利益和公众利益。

（2）在追求个人利益最大化时，客观上能增进社会总福利，以不破坏人们的生存环境，损害人们的身心健康，浪费社会资源和财富为限度。

（3）在追求个人利益最大化时，应在法制和规则约束下，合乎道德伦理，遵纪守法。

我们在宣传和介绍经济人假设时，需完整准确地诠释其思想内容，介绍研究成果，不能认为经济学可以"不讲道德"，把经济学与伦理道德分割对立起来。温家宝总理在剑桥大学讲演中说："真正的经济学理论，决不会同最高的伦理道德准则产生冲突。经济学应该代表公正和诚信，平等地促进所有人，包括最弱势人群的福祉。"在当今时代，我们不能把经济人仅仅理解为"实利人"，甚至把人当作"经济动物"。现今，在部分人群中将"追求利润最大化符合经济人的本质特征"作为理论依据，误认为最大限度地追求个人利益时，可以不择手段地走捷径、快速"致富"。这在一定范围内形成只要能快速实现个人利益最大化，侵犯他人及国家利益"无所谓"的"群体快速致富心理"。周诚的《"经济人"的概念及其秉性》一文认为：让"唯利是图""损人利己"大行其道，是理论界的失职。

第二，"原材料及人力成本上涨是导致企业违规操作的原因之一"。

企业在经济发展方式转型、市场结构发生变化、国内外经营环境急剧变化、市场竞争异常激烈的情况下，经常会遇到这样或那样的困难、挑战，乃至面临危机威胁企业的生存发展，"原材料及人力成本上涨"就是其中之一。

企业日常经营中，影响成本的主要因素有物价、工资、折旧等。如果企业属于分散型产业，如食品业、纺织业、服装业、玩具业等，企业生产经营的产品又处于成熟期或衰退期，企业将面临如下问题：分散型产业的进入壁垒低，基本上没有"领袖企业"，价格竞争激烈；成熟期产品一般工艺技术比较成熟，价格竞争十分激烈，产品利润率降低乃至微薄；衰退期产品更是面临亏损和被市场淘汰的危险。在产品"同质化"的情况下，竞争可能更加惨烈。这样，企业在价格竞争的压力下，对成本的变动，特别是原材料和工资的上涨就异常敏感。

分散型产业的产品处于成熟期或衰退期，且产品面临"同质化"问题，必须采取有效措施增收节支。一方面加强管理降低成本。企业成本管理学告诉我们，降低成本的途径很多，如提高劳动生产率、节约原材料消耗、减少生产损失、控制费用支出等。我们还可以采用流程改造、平衡计分法（BSC）、业务外包等现代管理办法，综合地从生产经营战略、策略变革及生产经营流程改造等方面来降低成本。另一方面，在上述经营情势下，虽然降低成本对企业而言就是在增加利润，但很难改变原有经营态势被动的局面，还必须进行生产经营转型和变革来增加收入和利润，因此需要：①开拓新市场。空间范围由竞争激烈的本地市场，转向全国或国外市场；顾客对象，通过市场细分，发现和开发新的消费群体。②开发新产品。企业可以从产品科学合理合法的构成、结构、功能等方面进行创新，这样企业就可能独树一帜，避开价格竞争，获得新的利润增长点。③重构价值链。在企业所处产业内对企业内部后勤、生产作业、外部后勤、市场销售、服务，以及采购、技术开发、人力资源管理、企业基础设施建设等活动进行改革重组，形成新的经营能力，产生新的竞争优势，获得利润持续增长能力。企业生产经营方式的转型实际上是企业的再次创业，这是企业再生、长寿之道。

上述情况表明，企业解决成本上涨的方法与途径有很多，而将"原材料及人力成本上涨"当作"导致企业违规操作的原因之一"，让人们看到某些企业伦理道德的缺失。企业伦理学最早出现于美国，20世纪40年代以前，在以卖方市场为主的情况下，企业追求利润最大化时，几乎不存在伦理问题；20世纪40年代至20世纪70年代，在买方市场情况下，出现不正当竞争，欺骗消费者等不道德行为，公众对企业提出了社会责任问题；20世纪70年代以来，企业伦理道德受到公众和企业重视，要求企业在遵循基本经济原则时，应义利统一、承担社会责任，在许多情况下不是一种财富最大化行为，而是利他和自我约束。我国对企业伦理道德的研究始于20世纪80年代，欧阳润平的研究表明：我国近代民办企业伦理，以义利共求为特征；计划经济时期的企业伦理，以重义轻利为特征；20世纪80年代以来的企业伦理，普遍存在重利轻义。

义利统一是企业伦理道德的基本原理之一，企业追求盈利的生产经营活动不应超越法律和道德的界限。现在，有的企业的不道德及违法违规行为已经达到肆无忌惮乃至"疯狂"的程度，引起公众极大的担忧、愤怒、谴责，重建企业伦理道德刻不容缓。

第三，将"监管制度不完善、机制不健全"作为护身符。

这是一个绝妙的"理由"，它至少有以下几点"好处"：①利于免责。在"不完善""不健全"的情况下，就"无法可依"，"已经尽力了，但无能为力"，因此监管机构及监管者无责任可言，至多高姿态地负个"领导责任"。②具有广泛的适用性。适合于各行各业监管的不作为、缺位。③便于置身事外。等立法机构将制度完善了、机制搞健全了，问题就可以解决了，因此，公众应该理解、等待。

我们不能将"不完善、不健全"当作护身符，将监管中存在的问题和责任都用"不完善、不健全"来解释。监管中的不道德及违法违规行为表明，有的监管机构和监管人员追求个人利益最大化，权力逐利化，以公权力谋取私利，知法犯法。

我国经济从整体而言处于转型期，监管中存在宏观调控能力强，微观监管能力弱；重科技创新，监管理念、模式、方法创新不足；经济发展快及重视经济转型，监管转型慢。这给监管部门及监管人员提出了更高要求，这是监管部门的职责。

### 三、创建转型期市场经济秩序的综观监管结构

近些年，市场经济秩序中存在的诸多问题，从性质而言，有见利忘义、道德缺失、科技滥用、监管缺位等；从时间而言，有经济转型之前遗留的问题，有经济转型面临的问题，还有未来发展要解决的问题。为此，要创建新的综观监管结构。

第一，监管与经济应协同发展。

根据经济发展的不同阶段及市场结构的变化，调整和变革原有的监督制度、法律法规、组织结构，是监管机构的重要任务。

有一种较为普遍的观点认为：只要经济发展了，一切问题都会迎刃而解。这种观念以为经济发展了，相应的监管体制、制度、方法自然而然就会应运而生。

首先，在经济发展的不同阶段，会出现一些新的企业形态及经营方式，要求有相应的监管以保证和促进其健康顺利发展。网络营销形成的网购，开始时采用"放任自由"的方

式，任其"自由"发展，当网购这种交换形式发展到一定规模时，会出现良莠不齐、无序竞争等问题，这时就需要出台相关规定，对网购进行科学和严格的监管。

其次，经济发展过程中会出现商家原有的经营管理方式已不适合企业经营的发展与有效监管，需要采用新的方式，形成新的市场结构，应制定反映新市场结构的法律及规定，以便于监管，提高监管效果。牛奶制品行业的"牧户＋公司"，开始时是十分有效的经营管理方式，当牧户激增，在引进优良奶牛必须用优质牧草喂养，牛奶又分散挤存的情况下，很难保证全部奶源的质量，就容易出问题，原来有效的经营管理方式可能成为问题的根源，必须变革，否则，静态不合理的经营组织结构，会经常带来动态（突发性、周期性）的问题，给监管带来巨大困扰。农产品供应链中存在的"两头哭，中间笑"的问题，除了"农—超"对接之外，还可以由农村集体经济组织直接组织"产—消"对接。这必须要有新的有关规定及条件，同时，当这种交换方式成为农产品的主导经营方式时，又要防止经济垄断行为的产生，要抑制其追求垄断的欲望，把垄断形成的影响限制在最低。

通过以上变革，从监管组织机构方面，形成一个以法律监督为主，具有"硬监管"特征，纵横结合的综观监管组织系统，如图2-5所示：

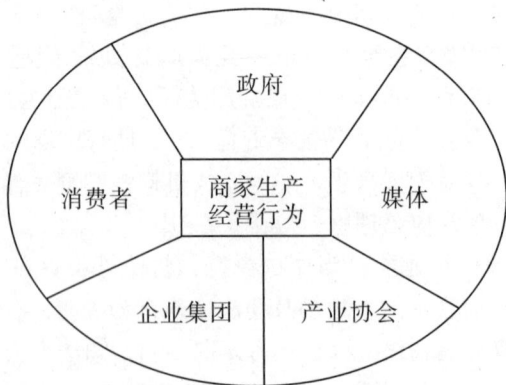

图2-5  综观监管组织系统

对商家的生产经营行为，政府制定监管法律法规并按责任制依法实施监管；消费者通过消费者协会实行普遍性监督；发挥媒体、网络的舆论监督作用，不少问题由媒体曝光，它是民主监督的重要力量；产业协会是合法的民间监管组织，产业协会除了为会员企业服务，还应对会员企业进行必要的监督，促使其依法办事，而不是为了协会利益，将协会变成与国家和消费者利益"对着干"的利益集团；企业集团对所属子公司有责任监管其依法经营，并负有相关失察的责任。

第二，社会道德及科学技术与经济发展相适应。

社会经济发展离不开社会道德及科学技术的发展，同时，社会道德、科学技术是人们内在的软性自律监管，它与法律的刚性监管同是综观监管体系的重要组成部分，同时，它们又是法律的依据和重要内容。

社会道德让人们认识什么是真善美，什么是假恶丑。企业树立社会道德，"不扶自直，不镂自雕"，有助于企业及其成员树立自尊心、廉耻心及责任感、义务感，自觉规范生产经营行为，正确处理内部与外部利益相关者的利益关系、义利关系，并依法经营。道德中的诚信、不侵犯他人利益等内容，本身就是法律的重要内容。不知廉耻者不畏惧法律，受罚后会认为是运气不好，事后，变本加厉地挽回"经济损失"。

科学技术帮助人们认识客观规律。在生产经营中我们应该科学地运用科学技术，不可滥用。产品是科学技术的结晶，在食品生产中对科学技术的运用，应有利于人们的身体健康，而不是相反。科学技术标准往往是法律的重要依据，科学技术的掌握有利于保障产品质量，防止科学技术的滥用。

我们需要建立一个长效的社会道德、科学技术的教育体系。这个体系中，家庭教育是基础，学校教育是主体，媒体宣传教育是主导，需从内容、方法等方面形成体系，坚持不懈、与时俱进。我们在批判道德缺失的时候，应该看到道德教育的缺失。

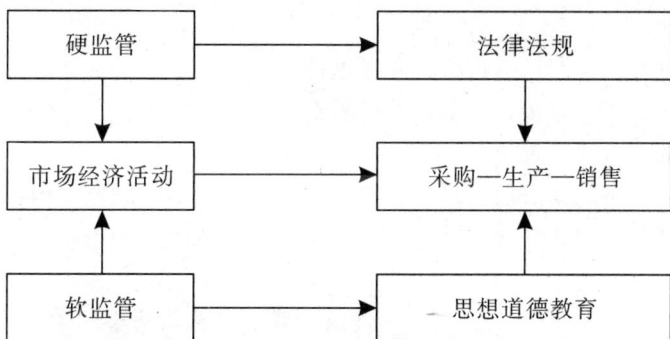

图 2-6　综观监管方式体系

第三，加强监管机构的建设。

政府对市场经营行为的监管起决定性作用，加强其自身建设关系监管工作全局的成效，在不断根据市场结构变化修改完善相关法律法规的同时，需注重自身的重建：

（1）行政监管组织的自身变革。行政监管部门自身应解决好监管中"职权分裂"的问题。经济发展初期，由于企业数量少，经济规模小，监管任务小，多采用"综合部门"进行监管，当经济发展到一定规模时，要求监管分工细化。然而，分工越细，则要求协调越严密，不然，就可能出现职权分裂的问题，既解决一个问题或作出一个决策，需要两个或多个管理职权才能实现。可以采用"大部制"进行综合性监管执法，还可借用企业"矩形组织"的办法形成综合性监管职权，从而组成纵横联系，信息、人员可以流动，机动灵活，有职有责有权的监管机构。

（2）加强监管人员的道德及责任制建设。我国唐代《反经》的作者赵蕤在"量才篇"中指出："道德仁义定而天下正"；在"君德篇"中又指出："理国之本，刑与德。二者相须而行，相待而成也"，并认为"人君之盛事"应名声与德行相符；在"臣行篇"中指出："依文奉法，任官职事，不受赠遗，食饮节俭，如此者，贞臣也。""专权擅势，以轻为重；私门成党，以富其家；擅矫主命，以自显贵，如此者，贼臣也。"西汉大臣公孙弘说："天下未有不能自理而能理人者也。此百代不易之道。"监管者的监管行为应该是依法的"治理"，而不是"不作为""以罚代管""违法致乱"。

我们应在制度上多下功夫，随着社会经济的发展变化，不断地改善法规和制度。《反经》中指出："今时移而法不变，务易而事以古，是则法与时诡，而事与务易，是以法立而时益乱，务无而事益废"，意思是形势变了，制度却没有跟着变，原来再好的制度，也会使形势陷于混乱。

（3）改革监管方法和思路。制度"用得其道则天下理，用失其道而天下乱"。应废除"形式主义"的花架子，探究适合经济转型的新监管思路和方法，如集成式、网络式等，建立新的综观监管结构。

## 四、结论

结合以上论述，我们可以得出如下几点结论：

第一，在对市场结构和商家生产经营行为中不道德及违法违规行为进行监管时，不能将道德与法规对立起来，只强调某一方面的作用，应加强道德软监管和法规硬监管的建设，两者相辅相成。

第二，商家良好的生产经营行为，除了道德、法规建设之外，还应加强社会主义市场经济理论的研究、教育、宣传。高等学校的教育、媒体的宣传在其中的作用十分重要，理应承担好其神圣的职责。

第三，当社会经济向新阶段演进时，应重构纵横结合的综观监管组织系统，以及自律与强制结合的综观监管方式系统，并将两个系统融合，从而建构市场经济秩序标本兼治的综观监管体系。

（该文载于《南国商学院学刊》2012年第1期）

# 第三章 区域经济发展模式

## 珠三角地区科学发展主导模式探讨

珠三角地区科学发展的主导模式是什么？为什么要选择这种模式？相应的管理体制机制是什么？这是遵照《珠江三角洲地区改革发展规划纲要（2008—2020年）》（以下简称《规划纲要》）中提出的任务和要求，探索珠三角地区科学发展模式，推进体制机制创新，在理论上要回答，在实践中要解决的问题。

### 一、珠三角地区科学发展的主导模式

《现代汉语词典》中对"模式"的解释是：某事物标准的形式或行为样式。它是在一定理论指导和环境下，某事物稳定的结构形式及活动程序，它是事物活动规律的反映。模式具有可操作性，它的表述具有简明性。不同的事物各有相应的运动模式，反映事物本质的科学模式有利于事物的顺利发展。

《规划纲要》规定珠三角地区要实现的任务有两个紧密相连的方面，一是要实现的经济社会任务，如构建现代产业体系、自主创新等；二是探索实现经济社会任务的方法，如探索科学发展模式、推进体制机制创新等。珠三角地区经济社会发展涉及很多方面，相应的发展模式有许多，如转变经济发展方式的模式、城市及城市群发展的模式、企业转型的模式、自主创新的模式、区域经济一体化发展的模式等，明确珠三角地区经济发展的主导模式至关重要。

转变经济发展方式能否作为珠三角地区科学发展的主导模式？不少人认为，"作为科学发展模式的试验区，珠三角边区首先要在经济发展模式上有根本的转变，改变过去主要靠要素推动，出口带动的粗放式增长，要向内源型带动转化，强化自主创新，使经济的开放更加国际化……"。从经济发展阶段的规律性要求来看，上述观点是正确的，也符合模式的定义。但是，人们看到上述模式在珠三角地区的运行中，"存在城市无序竞争，产业同构低效，市场分割严重，城际交通滞后等问题"。现实中存在的问题告诉我们：转变经济发展方式要解决的主要问题是提升经济"质量"，区域经济发展模式要解决的主要问题是，经济在一定"空间"均衡协调可持续发展。转变经济发展方式与区域经济发展模式有一定的联系，但性质不同，不能相互取代。

区域经济中有两个核心的东西，即存在着两个区域化空间和两种资源，一是经济区域化空间及经济资源，二是行政区域化空间及行政资源。在经济圈内两者的关系是，经济区

域化空间要求有相应的行政区域化空间，当行政区域化空间小于经济区域化空间时，就会阻碍区域经济的形成和发展，阻碍区域经济发展方式的转变，阻碍区域自主创新的成效等。珠三角区域经济发展过程中出现的重复建设、恶性竞争、资源浪费、环境污染等问题，主要原因是行政区域化空间小于经济区域化空间而形成的行政障碍，它是发展区域经济要解决的主要矛盾或关键问题。为此，珠三角区域经济一体化科学发展模式是我们要探索的主导模式。

此前广东对珠三角区域经济一体化科学发展模式进行了卓有成效的理论探索和实践，可表述为"一体化：同城化、均等化、错位化"，或称为"一体三化"。一体化是珠三角区域经济的标准形式或稳定的结构形式，同城化、均等化、错位化是实现一体化的行为样式或基本方式。它的指导思想是科学发展观，《规划纲要》规定珠三角地区要实现的经济社会任务，是"一体三化"模式的背景、环境。

珠三角地区科学发展模式是一个综观模式体系，我们要把握好主导模式才能解决好实现区域经济一体化面临的主要矛盾，否则，珠三角地区的经济发展方式转变、现代产业体系的形成、城市群的打造等都会受到阻碍。

## 二、珠三角地区科学发展主导模式的实践创新

珠三角地区经济社会发展中实施的同城化、均等化、错位化是为了实现一体化。

同城化的意思是，在地缘相邻城市区域内，能协调经济社会政策，制定和实施共同的经济社会政策，真正清除行政障碍，投资、贸易、工作、生活如同在同一个城市，实现区域经济完全一体化。

《规划纲要》决定"以广州、佛山同城化为示范"。根据事情性质相同，水平相近，以及事情的轻重缓急和先易后难等，两市采取对接、联手、互认、共建等方法实施同城化：两市地界约200千米，有55个交通网节点，目前已对接30多个，待对接的还有20多个；两市交界地区共同规划共建基础设施和服务设施；对跨界河涌联手截污治污，联手对河流及大气环境进行监测，监控污染的排放和治理工作；两市共同打造"广佛价格"，促进两市水、电、气、油同网同价，完善广佛年票互通，建立两市价格监督检查协调机制；两市边界的学生拟就近入学，学籍互认，市属高等院校（广州市9所，佛山市3所）定向互招，办学审批互认；两市19家医院门诊和住院的医学检验（包括肝功能、肾功能、血细胞分析等）和医学影像检查（包括X线、CT、MRI检查等）互认、通用等。

广佛两市的经济合作早已进入两市内商品自由贸易和经济项目合作的以生产要素自由流动为特征的阶段，在进入两市经济全面合作时，遇到如何消除行政区域化空间的行政障碍，即如何进行两市经济政策协调的问题。上述同城化的内容和措施主要是两市经济社会若干方面政策的协调，还未进入两市经济完全一体化阶段，即制定和实施两市经济社会共同政策的阶段。

均等化是指区域内的公共资源要均衡配置。均等化实质上是经济区域成员权力、责任、利益对等，它是推动区域经济社会发展的动力。

珠三角地区运用多种方式实现均等化。《中共广东省委广东省人民政府关于加快建设现代产业体系的决定》中规定，"统筹协调和大力推进区域一体化的大交通运输体系，重大基础设施、资源能源、环保、电力、信息等网络系统建设，实现产业同布、市场同体、

"交通同管、电力同网、信息同享、环保同治"等。

城乡经济社会发展的均等化，是珠三角地区经济社会发展一体化的根本要求和基本方向。区域经济的发展应在城乡规划、产业布局、基础设施建设等方面有突破，促进公共资源在城乡之间均衡配置，推进城乡经济社会发展融合；在城乡公共服务一体化上有突破，逐步建立城乡统一的公共服务体系，在基本文化权利、基础教育、基本生活保障、基本医疗卫生等方面推进城乡基本公共服务均等化。

错位化是指区域内各城市不搞结构与档次趋同，相互冲突的重复建设，在区域内合理分工，密切协作，形成合理的产业研发链、产业制造链、产业供应链、产业服务链，从而获得区域规模经济效益。

《规划纲要》中规定："积极推动广佛肇（广州、佛山、肇庆），深莞惠（深圳、东莞、惠州），珠中江（珠海、中山、江门）经济圈建设"，并以主体功能区的方式，实行错位发展。第一层次的广州和深圳，广州作为"国家级中心城市"，是珠三角地区的中心，主要功能是全面提升科学发展实力，大力提高自主创新能力，着力产业结构的优化升级，加快构建现代产业体系，重点发展现代服务业，增强中心城市的综合服务功能；深圳重点发展高新技术产业，推动研发中心和品牌运营中心的建设。第二层次的佛山、东莞、中山、珠海重点推动新兴产业和战略产业建设，珠海建设成珠江口西岸的核心城市。第三层次的惠州、江门、肇庆接受产业转移，围绕第一和第二层次地区的主导产业，形成特色鲜明的配套产业基地。

同城化、均等化、错位化三者的功能虽各不相同，但相辅相成，为珠三角区域经济一体化各尽其能。

## 三、珠三角地区实现科学发展的体制机制创新

珠三角地区在"勇于推进体制机制创新"时，需要借鉴别人的经验，但必须建立符合自己特点的体制机制。

欧盟是人们公认的国际性区域经济一体化成功典范。欧盟是一个超国家的共同管理机构，其权力由成员国让渡，是一种横向管理体制，它没有纵向的行政管理机构，其机制主要是横向协调，不仅在立法和决策层要协调各成员国的权力和利益，在执行层还要协调成员国的政策。欧盟虽然有较健全的横向协调体制机制，但这种体制机制在理论上，存在"协调成本"较高的问题。

20世纪90年代，中央政府为了推动我国区域经济的发展，先后出台了浦东新区、滨海新区、长江三角洲地区、北部湾经济区、海西经济区，以及珠三角地区等国家层面的规划或指导意见。上述地区经济涉及的行政区域化空间大致可以分为三类：一是跨省的经济区，如长江三角洲地区、海西经济区。它们类似跨国的欧盟，但在管理体制机制方面，纵向的"上面"有中央政府的管理，它是一国之内的纵横管理体制，这种体制从理论上，比欧盟单一的横向管理体制效率高。同欧盟一样，它必须成立超省级的共同管理机构，以加强横向协调。二是在一市内的经济开发新区，如天津市的滨海新区、上海市的浦东新区。它们在市内某一特定地区，虽然地跨市内若干行政区，但一般比较集中，开发任务"简明"，适于重组一个新的行政区域空间，建立一个市政府的派出机构进行集中管理，如天津建立的"滨海新区管理委员会"，它是以纵向管理为主的体制。三是在一省之内跨市的

经济区域，如北部湾经济区、珠三角地区。珠三角地区的管理体制与长江三角洲地区虽同为纵横结合体制，但珠三角地区的纵横结合度高，在省内两者融为一体，中央政府可以通过广东省，对管辖区内的珠三角地区进行更及时、更具体的指导、监督。因此，这种体制优于欧盟，也优于长江三角洲地区。

珠三角区域经济管理体制的特点在于珠三角地区不必在现有行政架构之外新成立一个独立的行政管理机构，也可以不增加或少增加管理人员，就能对珠三角地区进行有效管理。纵向，省市只需成立领导小组及其办公室，以便强力推进《规划纲要》的全面贯彻落实，省市有关职能部门负责相关工作，不必另外成立专业委员会。横向，只需在三个次级经济圈建立联席会议制度，加强双边或多边协调。这种高度融合的纵横体制有如下几个优点：第一，有利于强有力地推进《规划纲要》的全面贯彻落实；第二，有利于珠三角地区改革发展和与全省其他地区的统筹协调；第三，有利于珠三角地区与大珠三角及泛珠三角地区的统筹协调；第四，有利于加强与中央相关部委的直接沟通、衔接等。省领导及有关职能部门在召开全省有关工作会议时，可以同时安排珠三角地区的有关工作，也可以单独召开珠三角地区九市或次级经济圈有关市的会议，安排检查有关工作。因此，这种体制与其他区域经济管理体制相比，决策力，执行力、协调力强，管理成本低，效率高。

珠三角地区同时建立了有效的横向协调机制，主要方式包括：第一，规划协调。广东省正在抓紧编制基础设施、产业布局、城乡规划、环境保护、公共服务五个一体化发展规划，以构建城市规划统筹协调，基础设施共建共享，产业发展合作共赢，公共事务协作管理的一体化发展格局。第二，联席会议协调。珠三角地区的次级经济圈都已经建立了相应的联席会议制度，加强横向协调。如珠海、中山、江门建立环境保护合作联席会议制度，原则上每半年召开一次会议（或在三市任何一方提出重大事项要协商时召开），三地轮流做东道主召集，联席会议设立办公室，负责执行联席会议作出的决定，推进合作协议的具体落实。第三，区域政策协调。2009 年 5 月 26 日，珠海、中山、江门三市环保局负责人在珠海签署《珠中江环境保护区域合作协议》，根据协议，三市将加强引用水源保护及共同保护跨市河流水质，在统一标准、统一行动、统一考核的前提下做到统筹规划、联合保护、相互监督；三市将建立跨界环境违法案件区域移送机制，打击跨界环境违法行为等。

## 四、结论

探索区域经济科学发展模式，对于国民经济从"行政地方型经济"转型为"跨行政地域的区域型经济"，以获取区域规模经济效益和新的经济增长点，具有十分重要的意义。上述对区域经济科学发展模式的探讨，可以作出如下结论：

第一，区域经济的发展具有很大的综合性，涉及众多经济活动的运作模式，而区域经济发展模式则是主导模式，其他经济活动则是区域经济发展的环境、条件、任务，其发展模式不能取代区域经济的发展模式。

第二，区域经济发展总体上可以分为两个大的阶段，一是以区域内商品自由贸易及区域经济项目合作为主的要素自由流动阶段。它以市场力量为主，一国市场环境下，非经济区域也可以办到。二是以区域内全面经济合作及经济完全一体化为主的经济政策协调和制定实施区域共同经济政策阶段。它必须以政府力量为主，才能清除行政壁垒，真正成为区域经济，获得区域经济的规模经济效益。

第三，区域经济管理有一些共同的东西，如横向协调，可以学习借鉴，但区域经济的行政区域化空间有不同类型，不同类型的行政区域化空间应根据自身特点选择适当的管理体制机制，不能照搬照套别人的成功经验，以提高区域经济的自组力，提高区域经济管理的效益。

（该文载于《探求》2010 年第 1 期）

# 大珠三角城市群经济圈区域化行政资源的整合

大珠三角城市群经济圈存在经济区域化和行政区域化两个空间，相应地存在经济资源和行政资源两种资源。人们比较注重经济区域化空间的经济资源整合，而忽视行政区域化空间的行政资源整合。怎样适时搞好两者之间的有效结合，这是一个值得人们高度重视和深入探讨的重要问题。

## 一、大珠三角区域化行政资源整合的必然性

大珠三角城市群经济圈主要是指广州市、深圳市、珠海市、佛山市等 26 个市、县和香港、澳门这一地域。它是大珠三角城市之间产业和贸易联系而形成的一种地域经济，是大珠三角地域内经济活动空间的一体化，是大珠三角中城市经济的外部化或城市外部经济的内部化，它使大珠三角中的城市经济活动都可以宏观化、体系化、规模化，有利于降低城市经济的组织成本和营运成本，提高在国际市场上的竞争能力。

过去 20 多年，在香港的带动下，珠三角的经济迅速发展。现今，大珠三角的 GDP 总值达 3 000 亿美元，是全球最大的轻工业生产基地，其生产规模超过美国东岸和欧洲。它与长三角城市群、京津唐环渤海湾城市群一起，成为中国经济发展的主力军。

大珠三角城市群经济圈存在两个区域化空间。一是经济区域化空间，它是由工业化、城市化推动下形成的以产业链为纽带的城镇群经济体系；二是行政区域化空间，它是由行政区划确定的权力范围，它拥有一定的经济管理权力，行使一定的行政职能。经济区域化空间中的企业，在市场机制的作用下，依据供求关系，突破城市的行政区划空间，进行经济资源的组合，建立起城市间的产业贸易链，要求形成统一的区域化市场，以求企业经营的发展。行政区域化空间中的城市，各有自己的行政管辖范围，拥有相应的行政权力和利益，各城市的行政空间是分割的，中心城市对城市外部的经济辐射作用，会受到该城市行政管辖范围的限制。在行政区域化空间小于经济区域化空间时，行政区域化空间会阻碍经济区域化空间中资源的流动，阻碍统一市场的形成和发育。因此，经济区域化空间，客观上要求有与之相适应的行政区域化空间，当行政区域化空间不利于经济区域化空间发展时，应该对行政区域化空间中的行政资源，即对体现经济管理权力的经济制度、经济政策、经济法规进行整合。

城市群经济圈形成和发展的规律是：单中心城市经济圈→多中心大城市经济圈→大城市经济带。多年来，由于香港制造业向内地特别是向珠三角地区转移，在工业化的推动下，珠三角的城镇群迅速崛起，在大珠三角城市群经济圈中形成了广佛经济圈、港深经济圈、澳珠经济圈等多中心的格局。当城市拥有了一定的经济力量时，就会强化行政职能，各自为政，在规划城市经济发展时，经济圈内就会出现重复投资、产业结构趋同等现象，造成城市间的恶性竞争和资源浪费。同时还会筑起行政壁垒，搞地方保护，排斥外地产品和服务，知识产权得不到有效保护，制假售假难以有效打击，形成不平等竞争。城市间"小而全""大而全"无重点的发展，会使城市群的功能布局和设置不合理，严重阻碍城

市群功能的发展，难以"充分发挥城市集群发展成本低、土地占用面积小、基础设施配套好、产业结构互补性强、市场竞争力和生产集约能力高，能加速实现社会公平等优势"，难以获得城市群的集聚效应，即专业化效率、集聚创新、城市群规模经济、集群竞争力等。因此，城市群经济圈发展到多中心大城市经济圈的阶段，进行有效的行政区域化空间的行政资源整合，是城市群经济圈进一步发展的必然要求。

粤港澳三地的特殊状况，更要求大珠三角城市群经济圈搞好行政区域化空间的行政资源整合，否则，大珠三角城市群经济圈难以真正形成和迅速发展。在"一国两制"的原则下，粤港澳涉及经济特区、特别行政区、其他地区三种体制，存在着人民币、港币、澳门币三种货币，它与在同一体制和经济环境下的城市群经济圈相比，信息沟通、司法协助、统一管理、产业协调、制止重复建设、消除地方壁垒更困难。

上述分析说明，一定的经济区域化空间，需要有相应的行政区域化空间，这样才可能消除行政壁垒，形成统一的区域化市场，否则，经济资源的流动不可能畅通，城市间的优势难以互补。因此，当行政区域化空间小于经济区域化空间时，就有必要进行区域化空间的行政资源整合。这种整合，主要是城市经济管理职能的整合，或者是某些经济管理权力的整合，是某些经济管理制度、经济政策、经济法规的创新和协调。城市政府的经济管理权力，及其经济管理制度、政策、规定是社会经济发展的重要因素，是经济发展的重要社会资源。行政区域化空间整合，也可称为区域化空间行政资源整合。通过行政资源整合，使行政资源与经济资源相辅相成，使上层建筑适应生产力发展的要求，促进生产力的发展，推动统一市场的发育，以利于更好地发挥市场功能。

## 二、大珠三角不同发展阶段的行政资源整合

城市间经济合作中的行政资源整合，在城市间经济合作发展的不同阶段有所不同。

粤港经济合作对于大珠三角城市群经济圈的产生和发展而言，已经由生长期进入发展期。

2003 年 6 月 29 日，《内地与香港关于建立更紧密经贸关系的安排》（CEPA），签署之前的那段时期，可称为大珠三角城市群经济圈的生长期，就经济圈的发展阶段而言，它处于单中心城市经济圈发展阶段。

香港由于城市空间和资源的限制，工业化的进程难以由轻型化向重型化发展，工业化要求的城市化进程同样受到极大制约。20 世纪 80 年代中期以后，香港 85% 以上的制造业转移到珠三角地区。香港在内地投资设厂 60 000 多家，其中有 53 000 家在珠三角地区。香港对珠三角地区的经济辐射，在事实上已经形成了以香港为龙头的大珠三角城市群经济圈。这时，推动大珠三角经济迅速发展的行政资源整合，主要通过国家的外资法和国际贸易的政策法规。它们变革了珠三角城市过去的经济管理职能，规范了对外经济管理的权力和行为，适应和推动了大珠三角城市群经济圈的快速增长。

当某经济合作体从生长期进入发展期时，由于生长期合作的成功，必然产生加深合作的要求。这时，合作双方一般要考虑和解决好如下问题：重新对环境、产业结构及前景进行分析，确定加深合作的目标、方向；搞好双方的重新定位，以及协同行动的内容；进一步消除合作的障碍，完善协调机制等。城市群经济圈区域经济合作的扩大和加深，要求城市间行政资源整合的扩大和加深，以便两者能互相适应。

以粤港经济合作为代表的大珠三角城市间的经济合作，在1998年左右，以香港的制造业完成向内地特别是向珠三角转移及香港正式转型为服务型都市为标志，粤港的经济合作就进入新的发展时期。虽然，粤港注意到了这种发展趋势，通过粤港合作联席会议的方式来解决进一步合作中遇到的问题，但由于未能进一步有效整合区域化行政资源，上述经济合作由生长期进入发展期的问题，不能得到很好的解决，加之，粤港经济合作在进入发展期时，作为大珠三角城市群经济圈的发展形态，已经由单中心城市经济圈发展成为多中心大城市经济圈，多中心又难免出现恶性竞争，在行政区域化空间不适应经济区域化空间发展的情况下，粤港经济合作未能阔步向前。

CEPA的签署，整合两地的行政资源和经济资源，从根本上解决了大珠三角城市群经济圈中两个空间相适应的问题，迅速开创了粤港经济合作的新局面。2003年8月5日，粤港双方在香港召开了第六次粤港合作联席会议，共同制定了大珠三角未来发展的宏伟蓝图：

（1）粤港双方共同确定了大珠三角的经济发展战略。这个战略的目标是，争取在今后10年至20年，努力将大珠三角建设成为世界上最具活力的经济中心之一。

（2）定位了大珠三角城市群经济圈内增长极的功能，以及增长极之间的产业贸易关系。广东发展成为世界上最重要的制造业基地之一，香港发展成为世界上最重要的以现代物流业和金融业为主的服务业中心之一。共同营造大珠三角制造业和服务业并举的格局，提高整体国际竞争力。

（3）商定了加强合作的近期内容，进一步消除合作的障碍。粤港双方在服务业、港口、跨界大型基础项目、机场、旅游、高新技术、教育、知识产权等12个方面商定了近期合作要点，双方优势互补，两地资源整合，协调共建，共同开发。在合作要点内容中，不仅有具体建设项目，还有消除市场进入障碍的内容，如香港居民到广东建立个体工商户视同广东省居民办理有关手续等。

（4）迅速提高了大珠三角城市群经济圈的聚集力和辐射力。2003年10月24日，粤港同赴韩日联合推介大珠三角取得了丰硕的成果，签约的外商投资项目达320个，投资总额34.4亿美元，其中，外资总额29.8亿美元。在大珠三角的推动下，泛珠三角（又称9＋2，即广东、福建、海南、江西、湖南、广西、贵州、云南、四川，加香港、澳门）已成热门话题，泛珠三角中有的省主动提出接受珠三角地区向其进行产业转移，泛珠三角的交通、高新科技、通信等方面的合作又会上新台阶。

以上事实说明：大珠三角城市群经济圈区域化空间的行政资源整合，使大珠三角和粤港经济合作迈向新阶段。合作形态由前店后厂转向厂店合一，经济圈特征由轻型化外向型转向重型化国际型，城市经济功能由分散无重点转向合理布局等。

## 三、大珠三角区域化行政资源整合的层次和原则

整合大珠三角城市群经济圈区域化行政资源的方向是建立统一的大市场，使大珠三角的市场结构更加完善，市场产品更加丰富，货物贸易市场、服务贸易市场得到充实、提高、完善。同时，使大珠三角形成统一的市场监管体系、统一的社会信用体系，更好地发展市场功能的作用。

大珠三角存在的三种体制，使其在实际上存在着三种不同管理经济的行政权力。按照

权限范围，大珠三角行政区域化空间的整合有三个层次。

（1）中央政府对大珠三角经济活动的制度安排和政策规定。CEPA反映了中国作为主权国家与香港作为单独关税区之间的经贸关系。CEPA的基本目标是逐步取消货物贸易的关税和非关税壁垒，逐步实现服务贸易自由化，促进贸易投资便利化，以提高内地与香港之间的经贸合作水平，实现共同发展。2003年9月29日，在香港又签署了CEPA六个附件，它是国务院17个部委与香港方面共同商讨的具体细则。CEPA六个附件的内容包括：与香港货物贸易零关税的安排；货物贸易零关税的具体内容；内地与香港两地海关对零关税货物实物监管的具体办法；开放18个服务贸易的具体内容；配合18个服务贸易具体内容对香港公司的具体界定；贸易投资便利的具体内容。中央政府与香港特区政府将成立一个联合指导委员会，作为常设机构来指导和落实CEPA的各项措施。CEPA的签署和实施，不仅为大珠三角也为内地与香港的经济合作，打开了广阔的空间。

（2）在中央政府授权范围内，大珠三角中合作双方的行政区域化空间整合。广东与香港对经济合作的行政资源进行整合时，作出了一些政策规定及安排，如开通口岸，香港永久性居民中的中国公民可凭本人香港身份证和特区护照到经营场所所在地的工商部门申领个体工商户营业执照，广东省内居民个人赴香港旅游的试点和全面推开的安排等。这些政策规定和安排，使办事程序更方便，办事手续更简化，使人流、物流更通畅。

（3）某经济合作主体在自己权限范围内对行政资源的整合。这种整合主要是行政区划的调整，它包括区域范围及层次的变更、建制变更、行政中心的迁移、区域边界和隶属关系的变更。如广东省将番禺等市划归广州市，并将番禺市改为区制；将三水等市划归佛山市，并将三水等市改为区制。这样有利于扩大城市的经济空间和行政空间，促进大城市的发育和提升，形成规模不同、联系紧密、功能互补的城市群体，从而建立以高密度为特征的大城市群，以产业链为纽带的城市带，以区域发展中心为特征的城市圈，推动大珠三角经济的快速发展。

行政区域化空间行政资源的整合一般都遵循如下原则：

平等互利。经济圈中的城市不论大小都是平等的，经济合作的各主体追求的不是某一方利益的最大化，而是共同利益的最大化。不是只关心自己的利弊，同时也应关注他方的利弊，搞好权力和利益的协调、平衡，以求共赢，这是推动经济圈顺利发展的动力。

信息共享。经济合作中有关信息的获得是一种权力，经济圈中的有关信息应该共享，如经济圈市场的供求状况、产业链状况、市场监管状况等。信息共享，有利于相互了解、相互激发，协调决策，避免道德公害等。

整体开发。经济圈中的城市必须建立整体的发展观，不仅依据经济圈中城市功能的布局进行重点投资，还需共同加速区域交通、通信等基础设施网络的建设。同时，还应改变地上、空中处处设卡的管理办法，采用区域交通、通信协调及共同管理的办法，使之既便利又保障各方权益。

## 四、结论

大珠三角城市群经济圈形成和发展的过程，及其相应行政区域化空间行政资源整合的实践，给予我们一些有益的启示。

（1）城市及区域经济的当政者应树立科学的发展观。当政者都希望所在城市经济能很快发展。然而，城市经济、区域经济的发展具有一定的规律性，在"超常规""跨越式"发展时，不能只热衷于"政绩工程"，而应依据城市、区域的自然、人口、科技、经济发展水平、社会发育程度、制度等条件，与外部经济的从属结构，及物流、能流、人流、资金流、信息流、技术流等状况，来搞好城市、区域经济结构、经济规模、经济时序的组合。不发达地区特别要注意的是：越不发达或贫困，非经济因素作用的强度会越大，如社会发育程度、人们的思想观念、当地的政策制度等，因此，不发达地区的发展，不仅要有资金、科技、物资启动，同时，还需要有思想、政策、制度的启动。

（2）城市群经济圈同时存在着相互制约和促进的经济空间和行政空间。城市群经济圈的经济空间在市场机制的作用下，往往大于行政空间。在行政区划的限制下，行政空间是分割的，往往小于经济空间。当行政空间与经济空间重合时，行政机制对经济的组织及推动作用，会促进区域经济的发展；当行政空间小于经济空间时，也会因为行政机制对经济的组织及推动作用，阻碍区域经济的发展。因此，在整合区域经济资源时，必须同时整合行政资源，以利于区域经济的发展。

（3）城市群经济圈发展的不同阶段，经济空间与行政空间的整合是动态的。城市群经济圈经济空间的发展，不仅是经济圈空间的扩大，还是经济圈市场发育的提升，市场结构、市场行为、市场效果、市场组织等会发生变化。它使统一的区域市场的内容更丰富，结构更完善，同时，要求市场监管体系更完备、更有力、更科学。当城市群经济圈市场发育更完善、更成熟时、如果不及时进行行政区域化空间行政资源的重新整合，就会阻碍城市群经济圈的顺利发展。这就需要区域经济的当政者能及时把握这种变化，推动行政区域化空间行政资源的整合，否则，就会延缓市场的成长、成熟。

（该文载于《南方经济》2004 年第 2 期）

# 论泛珠三角区域经济合作自组力

泛珠三角作为跨省区而又相邻的经济区域，在资源、经济发展程度、经济结构及经济管理体制等方面存在较大差异，如何"打破地区封锁"，"创造公平、开放的市场环境"，依靠哪些力量来推进区域经济合作，实现统一的大市场，这对泛珠三角经济发展意义重大。

## 一、泛珠三角区域经济合作的内容及形成障碍

2004年6月3日签署的《泛珠三角区域合作框架协议》，标志着泛珠三角区域经济合作正式启动，旨在优势互补、平等互利的前提下，提高区域对内外的开放水平，提高资源配置效率和经济运行质量，以合作促进经济社会共同发展，提高整体竞争力。

区域经济合作是指政府之间在经济领域里，通过政策协调，取消歧视性经济障碍，实现自由贸易和经济联合发展的过程。

**区域经济合作内容表**

| 经济合作层次 | 取消区域内贸易壁垒 | 消除区域内要素自由流动障碍 | 区域内经济政策协调 | 区域内共同经济政策 |
|---|---|---|---|---|
| 区域内商品自由贸易 | √ | | | |
| 区域经济项目合作 | √ | √ | | |
| 区域经济全面合作 | √ | √ | √ | √ |
| 区域经济完全一体化 | √ | √ | √ | √ |

区域经济合作包括两个方面的基本内容：一是消除商品、要素自由流动的障碍；二是缩小区域内的经济差距，促进经济社会共同发展。泛珠三角实行经济合作创建统一市场的首要任务是消除商品、要素自由流动的障碍。当前存在着许多障碍，归纳起来大致有如下三类：

第一，省区边界性障碍。泛珠三角省区的行政区划由于存在着特别行政区、经济特区、其他地区三种体制，其他地区和经济特区与香港、澳门相互间的商品、人员要进行过境检查，如进行海关检查、移民检查、身份（护照）与安全检查、税收检查等。这需要对过境检查进行合理改革、简化手续，以减少边界性障碍和造成的损失。

第二，省区技术性障碍。泛珠三角省区之间存在着大量不同的技术标准、技术规程，形成经济合作的技术性障碍。例如不同的产品安全标准、技术规范、环保标准；歧视性的公共采购政策（包括公共物品采购和公共工程招标）；某些被封闭的服务市场（如通信、广播电视、运输等）；买卖股票和债券的限制；不统一的知识产权管理规则；不同税收和行政收费标准；存在人民币、港币、澳门币三种不同货币和各种管理规则的不一致等。

第三，省区结构性障碍。泛珠三角内的各省区由于历史的客观基础和现实的主观行为，各种经济活动各自形成一定结构的经济系统，如产业结构、产品结构、技术结构、投资结构、流通结构、消费结构、企业组织结构、城乡结构等，需要在区域内进行经济结构或经济系统的对接，建立和加强区域内产业贸易的联系，以利于经济合作机制的有效运行和提高统一市场的规模经济效应。

泛珠三角与欧盟有许多类似的地方，欧盟在建立欧共体统一市场时也存在着边界性、技术性等障碍。1986年欧共体执委会对建立统一大市场给欧共体带来的利益进行研究，得出了两点结论：一是建成内部大市场，将给欧共体当时的12个国家带来2 000亿欧洲货币单位或更多的潜在经济利益（按1988年的价格水平计算），其中，消除边界手续和行政管理带来的总效益为130亿~240亿欧洲货币单位，开放公共采购市场带来的潜在收益估计为215亿欧洲货币单位，制造业从生产规模经济中可获得600亿欧洲货币单位以上的成本节约，从消除成员国各种管理规则和标准的差异中，欧共体服务业总受益可达352亿欧洲货币单位以上。二是在中期内还可带来若干预期效果：使欧共体的国内生产总值增长5%，新增200万~500万就业机会，消费物价平均下降6.1%，减少的公共预算开支相当于国内生产总值的2.2%，消除欧共体内部各种障碍带来的费用节约将使工业产值净增3.5%，欧共体工业从促进规模经济中节约的费用大约相当于国内生产总值的2%等。

打破地区封锁、消除障碍、建立统一大市场，将会赢得规模经济利益，赢得共同提高竞争力和促进经济社会共同繁荣发展的机会。

## 二、泛珠三角区域经济合作的区域经济政策

区域经济政策是政府采取的一整套影响不同区域经济活动的措施、标准、规则的总称，其目的是弥补市场机制在空间上的失灵，谋求区域经济协调、均衡、可持续发展。

区域经济政策从行政区划的角度可分为三个层次：一是中央政府从全国角度出发制定的区域经济政策，如我国东中西部等的区域经济政策；二是地方政府从本地区出发制定的区域经济政策，如山区、高原、平原地区等的区域经济政策；三是跨行政区划经济合作区域制定的区域共同经济政策，它包括经济合作区域成员经济政策的互认和经济合作区域成员经济活动共同遵守的标准、规则，以及促进经济合作区域经济发展的措施。中央政府和地方政府的区域经济政策是在权力管辖范围内，经济圈与行政圈合一的情况下，针对不同条件、水平、特性的地区，采取的差别政策。区域共同经济政策则是超行政权力的，区域经济合作成员在行政圈不一致的情况下，为共建区域统一市场实施经济合作。

泛珠三角在经济合作中为什么要实施区域共同经济政策，其原因有如下几点：

第一，统一市场要求消除行政壁垒，消除边界性、技术性等障碍，消除非市场缺陷及政策的排他性，便于商品、要素的自由流动，充分发挥市场配置资源的作用，获得更大规模经济的条件及大规模经营的效益。

第二，经济活动聚集力带来的累积效应，导致区域经济在空间上的两极分化。市场自身的力量解决不了经济发展不平衡的问题，需要依赖区域共同政策来维护区域内的公平、团结和区域内的公众普遍受益。

第三，区域经济合作的各政府成员，为了加快本地社会经济的发展，往往追求局部的和短期的利益，忽略区域经济结构整体的优化，从而提高区域经济发展的成本。

第四，区域经济合作的共同行动会带来社会经济结构和市场条件的变化，如产业结构、产品结构等的变化，公路、桥梁的修建与走向等，给各成员带来的成本和利益不同，带来的发展机遇也不同。

上述原因说明，区域经济合作的过程中，要注意效益与公平的统一，在充分发挥市场机制作用的同时，政府要创造良好的市场环境，成员的经济行动和政策要符合区域经济合作的整体目标、宗旨、原则和要求。

区域共同经济政策从政策制定、贯彻主体的角度，可分为如下几部分：

一是中央政府制定的区域经济政策，如西部开发政策、振兴东北老工业基地政策、支援少数民族地区政策等。中央政府有关的区域政策，经济合作区域必须共同贯彻执行。

二是经济合作区域各成员互认的经济政策。经济合作区域中的各成员往往都有一些反映自身特征的经济政策。在不违背区域经济合作宗旨、原则、要求、目标和不损害民众利益的前提下，依据相互承认原则，使某些有差异的政策在区域内通行，成为区域共同政策，如工业制品和农产品的质量标准、检验检测标准。

三是经济合作区域有选择的统一经济政策。如市场商品准入票证制度，对不良商品实行共同报货制度，劳动力职业技能培训、技工教育、职业技能鉴定和资格认证制度等。这类政策制度在经济合作区域内统一实施，不存在各省区之间的差异。

四是经济合作区域内的区域政策。经济合作区域内各成员经济发展水平不同，对省区内划分不同区域的标准不同，为了谋求经济合作区域的均衡发展，需要用统一的标准来划分基础工业区、现代制造业区、新兴工业区、农业区、欠发达区等，并制定相应政策，如资金援助政策、技术援助政策、税收优惠政策等。这类政策要求经济合作区域内各成员要将自己的某些经济管理权力转让给区域合作的工作机构。

区域共同政策是一个政策体系，一方面，它贯彻执行中央政府的区域政策，使其得到更有效的落实，另一方面，它要形成各成员共同遵循的经济政策，否则，区域经济合作充其量是一个"自由贸易区"，很难实现合作的宗旨、目标。从这一点而言，区域共同经济政策决定着区域经济合作的成败，决定着区域经济合作的层次，决定着统一市场形成和发育的程度。为此，应建立区域经济合作政策委员会，建全区域共同政策的制定和完善机制，区域共同政策实施的协调机制、监督机制及仲裁机制，同时还应建立经济合作区域发展基金，以利于区域共同政策的贯彻实施，以增强区域经济合作成员的凝聚力，推动经济协调、均衡、可持续发展。

## 三、泛珠三角区域经济合作的自组力

泛珠三角区域经济合作和创建统一市场，必须要形成和增强区域经济合作的自组力，即自动运行和自我发展的能力。这种力量不是单一的，它是多种力量的有效组合，组合中有三种基本力量：

第一，经济合作区域的产业贸易关联力。这主要是指经济合作区域内产业贸易关联的紧密程度或强度。关联度越强，统一市场的自组力、自我运作力越强。这种力量主要通过企业经营、城市公共服务来实现或显示出来。它是自组力的市场力和内推力。

城市是区域经济的发展极。它通过服务，提供公共物品，以及资源禀赋和区位优势，使其具有一定的聚集力和辐射力。城市的服务能力越强、水平越高，聚集力和扩散力就越强，对周边的影响越大，从而形成"中心—外围"结构，形成产业集群和城市集群，产生城市间紧密的产业贸易链。

第二，经济合作区域的自我运作力。这是指经济合作区域内各成员集体的自我管理能力。由于产业贸易链的形成缓慢，仅仅依赖经济合作区域内产业贸易关联力推动统一市场的建立和发展，需要的时间长、成本高，加之市场机制在空间上失灵，经济合作区域必须要具有自我管理的能力，即规划、开发、协调、控制的能力。

经济合作区域的自我管理能力，来源于各成员经济管理权力的让渡或授予，使其能遵照区域经济合作的宗旨、原则、要求处理区域经济合作、建立统一市场面临的共同问题，使经济合作区域成为一个准经济实体，成立经济合作区域管理组织。

经济合作区域管理组织不具有政权性质，不具有政治功能，与正式的经济管理权力组织相比具有以下几个特点：首先，区域重大经济活动的决策，不是以正式组织权力和命令去实现的，而是以双边、多边会谈，交涉，协调来进行，各成员具有平等的权利和地位。其次，区域管理组织机构的人员由成员委派，机构对成员不具有完全的控制力，它主要通过有激励和约束力的区域共同政策行使管理权力。再次，区域中的成员可自主行动，并可从区域中获得经济发展的资源，但应对区域统一市场的发育、区域产业贸易链的形成和发展做贡献。最后，区域中的成员是动态的，某成员可以参与一个或多个区域的经济活动，也可离开某一经济合作区域，但不能损害原来区域的权益。它不是由政治、所有权来维系的，而是由地缘、资源、利益、诚信来维系的。

第三，经济合作区域的纵向行政调控力。这是中央政府调控全国经济活动的权力，是省市政府根据中央政策调控本地经济活动的权力。这种权力决定了某经济合作区域的产生，该区域经济活动的方向，区域经济合作管理的职能、权力等。就泛珠三角而言，它要得到中央政府的认可，重大问题就要向中央政府报告。如果没有中央政府的特区政策，很难产生粤港经济合作，如果没有CEPA，就很难产生大珠三角、泛珠三角的区域经济合作。纵向行政调控力是区域经济自组力的强大推动力。

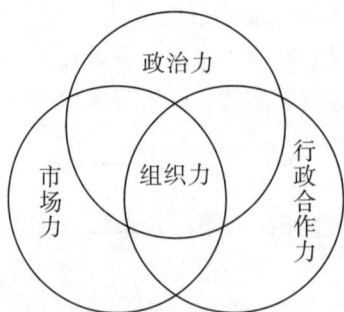

图3-1 经济合作区域自组力组合

三种基本力量说明经济合作区域的自组力是市场力和纵向政治力及横向行政合作力的有机结合（如图3-1所示），自组力的强弱和有效性来自于三种基本力量的强弱及组合的合理性、科学性。当整个经济发展到一定阶段时，如当人均GDP达到1 000美元时，增大经济规模，客观上要求突破原来的行政区划，在更大范围内配置资源。同时，当"卖方市场""短缺经济"转向"买方市场""丰裕经济"时，各地的同质性数量型规模经营必然要转向异质性差异型规模经营，为了避免同质性的恶性竞争，实现规模经济，也需要在更大范围内进行产业、产品的调整、布局。

这就是说，当生产力发展到一定水平时，必然要求生产关系作出适当调整、变革，经济合作区域自组力正是其客观体现或产物。泛珠三角经济合作区域自组力的形成和增强，要求改革单一的纵向国民经济管理体制，这对推进区域经济一体化，建立和发展区域统一市场具有决定性意义。

## 四、结论

泛珠三角经济合作的顺利发展有许多问题需要在实践中大胆探索、创新。

第一，泛珠三角的区域经济合作，开局十分成功，2004 年举办的首届泛珠三角区域经贸合作洽谈会签约达 2 926 亿元，第二届又有很大的增长。经济项目的投资、合作有助于资源的流动、组合，并促进区域成员经济政策的调整。与投资活动相比，须加大形成区域共同经济政策的力度，以提高区域经济运行质量和整体竞争力。

第二，泛珠三角建立统一市场和经济合作的进程中，必须增强自组力，建立和完善区域共同经济政策（这实际上是行政资源的整合），否则就无力在泛珠三角区域有效地推进经济结构变革。

第三，泛珠三角区域经济合作的工作机构和工作制度，是我国经济管理体制中的新生事物，它的职能、机制需要健全、完善。同时，它要求中央、地方政府的经济管理体制也要作出相应的调整，从而形成我国纵横结合的新经济管理体制。

泛珠三角区域经济合作层次、水平的提升，统一市场的形成，是一个十分艰巨的过程，任重道远。

（该文载于《国际经贸探索》2005 年第 6 期）

# 综观整合两种资源　增强泛珠三角整体国际竞争力

国际经济发展的许多事实告诉我们：一个国家（特别是幅员辽阔的国家）内，区域经济的国际竞争力，是一国国际竞争力的重要表现，是企业国际竞争力的后盾，也是区域经济迅速发展的推动力。因此，尽快提升区域经济的国际竞争力，就显得格外重要。

本文以泛珠三角为研究对象，运用综观经济理论，论述如何通过整合区域化经济和行政两种资源，加快提升泛珠三角整体国际竞争力。

## 一、综观整合泛珠三角两种资源的重要意义

### 1. 泛珠三角的界定

泛珠三角是指包括广东、福建、海南、广西、湖南、江西、云南、贵州、四川九个省、自治区和香港、澳门在内的这一地域（简称 9 + 2），它是由地域间产业和贸易联系而形成的一种地域经济。九省的外贸出口和实际利用外资均占全国比重的30％以上。

泛珠三角在客观上形成了各具不同发展层次的国际竞争优势，香港是国际性大都市，是泛珠三角走向世界及参与国际科技经济合作的龙头。澳门与欧盟各国关系密切，是参与国际经济合作与竞争的重要桥梁。珠三角地区是世界最重要的制造基地之一，是内地参与国际经济技术合作及科研成果产业化的"孵化器"。广东周边和珠江上游各省区资源丰富，具有强劲的发展后劲和深厚的国际竞争潜力。这些优势需要很好的整合，以利于泛珠三角成为中国乃至亚洲最具影响力和竞争力的经济区域。

### 2. 两个区域化空间和两种资源

泛珠三角存在着两个区域化空间及两种资源。一是经济区域化空间及经济资源。经济区域化空间是由于地缘、文化等相近，在工业化、城市化推动下，形成的以产业链为纽带的城镇群、企业群经济体系。在这一经济体系中，作为经济资源的资金、技术、劳动力的流动量远比体系外大，频率也比体系外高。二是行政区域化空间及行政资源。行政区域化空间是由各行政区域划组合而成的行政权力管辖范围。行政资源是指在行使行政职能、运用管理权力时所遵循的经济管理制度、政策、规定及其管理的能力。人们往往不把经济管理制度、政策、法规及其管理能力当作"资源"，认为它是经济活动"外在"的一种强制力。生产力经济理论成果告诉我们：

$$生产力 = （劳动对象 + 劳动工具 + 劳动力）×科学技术×科学管理$$

管理学、制度经济学又告诉我们：管理不仅指计划、组织、指挥、协调、控制等活动，还包括上述管理活动所遵循的制度、政策、法规。管理融入生产、交换、分配、消费活动过程之中，它使资金、技术、劳动力合理组合、有效利用，从而放大社会生产力。因此，经济管理制度、政策、法规及其管理能力是社会经济发展的重要因素，是经济发展"内在"的行政资源。

泛珠三角中的经济区域化空间与行政区域化空间存在着不一致。经济区域化空间，在市场机制的作用下，企业依据供求关系和价值规律，突破省市行政区域划空间，进行经济资源的流动组合，建立起省市间的产业贸易链，形成统一的区域化市场。行政区域化空间的省市，各有自己的行政管辖范围，拥有相应的行政权力和利益。各省市行政空间是分割的，中心城市向外部的经济辐射作用，会受到行政管辖范围的限制，面对行政空间筑起的行政壁垒，市场的力量就显得软弱无力。

3. 综观整合两种资源的意义

泛珠三角中的经济区域化空间要求有相应的行政区域化空间。当行政区域化空间小于经济区域化空间时，就会阻碍经济圈的形成和发展。有的人只强调市场的作用，只注重经济圈中经济资源的流动和整合，反对政府干预；有的人虽然认为区域经济的协调发展需要政府的干预，但他们注重或强调的是经济圈外的上级政府，特别是中央政府的纵向行政干预，而忽视经济圈内横向行政资源的整合。在以市场为目标导向的前提下，发挥纵向行政资源的作用，同时搞好横向行政资源的整合，既有利于经济圈内省际市际行政主体在经济管理权力或经济管理体制、制度、政策、法规的协调与创新，又有利于增强经济圈的自组力，有利于提高经济圈整体的国际竞争力。

（1）它有利于优化泛珠三角出口商品结构，形成经济圈内有国际竞争力的出口商品结构体系。满足国际市场多种需求的出口商品结构，包括出口商品的品种结构及质量档次结构等。如果出口商品结构只依赖外经贸企业去调整，所花的时间长、成本高；如果在经济圈内进行产业转移（这是不同地区经济发展中一种带规律性的现象）、产业互补，以及产业提升和技术创新，根据各方优势，形成出口商品结构合理的分工、协作，这有利于扩大出口。泛珠三角中，广西、湖南主动承接广东出口产业的转移，这既有利于广西、湖南形成新的出口产业，或壮大、提升原来的出口产业，又有利于广东承接国际上对广东的产业转移，改变和提升广东的出口产业结构，从而壮大整个经济圈的出口产业，改善经济圈的出口商品结构。

（2）有利于降低泛珠三角出口商品成本，提高国际市场竞争的比较优势。商品价格是国际竞争的重要因素。泛珠三角中的资源互补，有助于降低出口商品的生产成本。贵州有丰富的煤炭资源和水能资源，电价低，但自身缺乏消费市场，一直产生不了明显的经济效益。广东经济快速发展对电的需求量大，电价高，据统计，仅 2002 年一年，广东接收黔电不仅使贵州每年可实现增值税至少 5 000 万元，还为广东直接减少电力投资 30 亿元，并为企业降低用电成本 2 亿元左右。泛珠三角内的优势对接，有助于降低出口商品的流转成本。

（3）有利于泛珠三角外经贸企业的资产组合，将企业做强做大。泛珠三角外经贸企业与国际相比，经营规模都很小，外经贸企业特别是国有外贸公司，由于体制和经营观念的障碍，很少进行跨省的资产组合。泛珠三角内两种资源的整合，为外经贸企业跨省的投资提供了大好时机及条件。广西有作为"海上胡志明小道"起点的防城港市，利用港口优势，加快完善临海工业区的基础设施建设，以便吸引更多的广东企业落户，为广东商品进入东盟提供便捷的海上通道。这极有利于外经贸企业跨省的直接投资，形成集团化经营；也有利于跨省的联盟、外包，进行网络化经营，把泛珠三角的外经贸企业做强做大，使国际竞争能力得到增强。

总之，泛珠三角在我国成为 WTO 正式成员及中国—东盟构建"10 + 1"自由贸易区的推进下，面临着国际经贸的巨大商机，如东盟国家的木材、海产、水果、大米、橡胶等资源，质优价廉，可以大量进口，泛珠三角的服装、食品、饮料、电器、陶瓷、小型车辆等轻工产品又是东盟国家所缺，可以大量出口。因此，泛珠三角内两种资源的整合，将有力地推动该区域，由一省一区国际经贸的"单冠军"，成为泛珠三角的"团体冠军"。

## 二、泛珠三角两种资源整合的综观分析模型

1. 综观整合两种资源的"三势"综观分析模型

泛珠三角经济、行政资源的整合，是一个开放、演化、创新的动态过程，它不仅要考虑横向的空间因素，还要考虑纵向的时间因素；不仅要考虑人财物的因素，还要考虑制度、政策的因素，从中找到某种适于区域经济全面、协调、可持续发展的战略结构，这就需要有一个适合的分析框架或模型。为此，笔者提出区域经济发展趋势、区域经济自身优势、区域经济外部形势的"三势"综观分析模型，如图 3-2 所示：

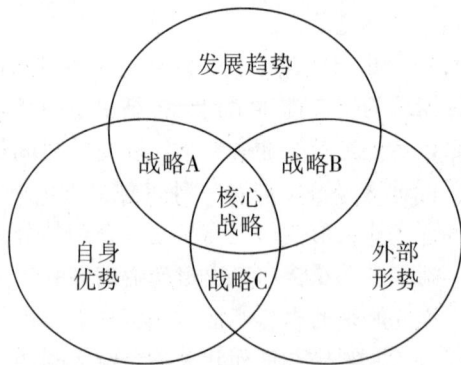

图 3-2  "三势"综观分析模型

2. 区域经济发展趋势的几个方面

区域经济自身优势及外部形势人们比较熟悉，这里着重介绍区域经济发展趋势。区域经济发展趋势主要指区域经济发展的阶段、周期、进程，至少包括以下几个方面：

（1）当地经济发展的阶段。人们用不同标准从不同角度对各国或各地区的经济发展阶段进行分类。罗斯托将经济发展分为五个阶段：①传统社会阶段，处于这个阶段的地区缺乏大幅度提高生产力水平的能力，教育及其他方面的社会间接投资水平低；②具备起飞先决条件阶段，这时开始将现代科学成就用于农业等方面，交通、通信、电力、教育、卫生等事业开始发展，但规模尚小；③起飞阶段，人力资源和社会资本得到开发，经济稳定增长，农业和工业开始现代化；④逐步成熟阶段，社会经济保持持续发展，现代化技术扩展到一切领域，经济开始卷入国际舞台；⑤高水平大规模消费阶段，主要经济服务部门转向提供耐用消费品和服务。按照罗斯托的分类，在泛珠三角中，香港、澳门大致处于第 5 阶段，广东处于第 3 阶段，其他省大致处于第 2 阶段，有些省的部分地区甚至处于第 1 阶段。

在不同的经济发展阶段及其发展趋势，不仅财政收支、物价指数、货币供应量不同，国际收支状况也不同；不仅产业结构不同，经济增长形态也不同。处于第 1、2 阶段的地

区，经济增长以数量型为主；处于第 3 阶段的地区，以结构型为主；处于第 4、5 阶段的地区，以质量型为主。因此，不同阶段出口商品的结构也不同。与此同时，经济管理的制度、政策也随之不同，经济不发达地区在发展资本密集产业的同时，多以鼓励劳动密集型产业的政策为主，经济发达地区则以鼓励技术密集型产业的政策为主。

（2）城市发展的生命周期。区域经济从某种意义上讲是指城市及城市群经济，城市及城市群的经济状况及水平反映了地区经济的状况及水平。

城市是地区经济的增长极，是对外经贸的平台。城市的发展有其生命周期，大致可分为初生期、成长期、成熟期、衰退期几个典型阶段。初生期，城市和农村、工业与农业交错，呈现城市中的农村，农村中的城市的景象。城市基础设施很差，城市经济以农业为主。成长期，城市迅速扩大，基础设施逐步完备，城市经济以工业为主，城市的生产功能、服务功能、创新功能、管理功能显现。成熟期，城市经济往往形成以金融、商贸、信息、中介为主的中心层，以工业区为主的基础层，以第二产业和第一产业为主的外围层，基础设施更加完善，显示出城市的综合功能。衰退期，表明城市基础设施陈旧老化，产业结构不合理，产品、技术落后，管理制度、政策落后，城市缺乏生机、活力，对城市周边的经济缺乏辐射、推动作用。

泛珠三角中的珠三角地区，对外经贸事业的发展，推动了珠三角地区的城市化，涌现了一群新兴城市，朝气蓬勃的城市群又促进了对外经贸事业的迅速发展，并成为全球重要的制造基地之一。泛珠三角中有的城镇处于衰老期，缺乏生机与活力，城市功能衰退、软弱，必须在经济管理体制、政策上大力进行变革与创新，不仅要清除政策障碍，更要清除思想障碍，以利于工业化、城市化的发展。

（3）经济合作的发展进程。经济圈不只有市场发挥作用的纯自然经济，它还有政府参与的合作经济。省际、城际之间的经济合作一般有如下几个阶段：一是初生期，这个时期主要是寻找合作伙伴，商定合作双方应起的作用、初始合作的内容，以及合作双方付出的成本和可能的收益。二是生长期，主要是实施初始合作的方案，及时发现和解决合作中出现的问题。三是发展期，这时要重新对环境、产业结构及前景进行分析，确定加深合作的目标、方向，确定双方的重新定位及协同行动的内容，进一步消除合作的障碍，完善协调机制等。

区域经济合作的进行，同时也是城市群经济圈形成和发展的过程。城市群经济圈形成和发展的规律是：单中心城市经济圈→多中心大城市经济圈→大城市经济带。不同的发展阶段面临着不同的问题，其两种资源的整合也有所不同。

"九五"以来，广东与八省区的合作项目超过 8 000 个，合同协议金额累计达 5 500 亿元。然而，泛珠三角经济圈中，省与省之间有组织的经济合作仍处于初生期阶段。2003 年 8 月召开了九省区计委联谊会，打算在 2004 年由计委层面向省政府层面递进，并通过泛珠三角合作论坛、泛珠三角经贸洽谈会来落实区内合作项目及政策协调。泛珠三角在经济圈的形成和发展中则处于单中心城市经济圈阶段，即大珠三角作为泛珠三角中处于龙头地位的核心地区，对泛珠三角中其他区域有较大的吸引力和辐射力。然而在大珠三角中，粤港经济合作进入发展期，在粤港经济合作生长的后期（1998 年前后），大珠三角已形成广佛、港深、澳珠多中心大城市经济圈竞争的格局，需要对粤港经济合作的政策、法规进行及时的调整、整合，否则会产生恶性竞争，在大珠三角内出现重复投资、产业结构趋同，甚至会筑起行政壁垒，搞地方保护主义，形成不公平竞争。2003 年 6 月 29 日签署的《内地与香港关于建立更紧密经贸关系的安排》（CEPA），很好地解决了上述问题，开创了粤港经济合作及大珠三角经济圈迅速发展的新局面。

3. "三势"之间关系构成的几种战略

区域经济的发展趋势、自身优势、外部形势三者之间的关系是动态的、复杂的，区域经济在不同的发展阶段，面临着不同的外部环境。不同发展阶段的区域经济，应拥有相应经济实力和管理能力，在不同的外部环境中，区域经济的优势会变换。"三势"之间的关系构成如下战略：

战略A，主要是区域经济发展趋势与自身优势相互关系的战略，如资金战略、技术发展战略、资产重组战略等。

战略B，主要是区域经济发展趋势与外部形势相互关系的战略，如区位资源优势战略、产品和技术转移战略等。

战略C，主要是区域经济自身优势与外部形势相互关系的战略，如国际贸易的产品战略、价格战略、促销战略、渠道战略等。

核心战略，主要是在战略A、B、C中，影响区域经济全局发展的战略。在经济圈中的欠发达地区多实施战略B，中等发达地区多实施战略A，较发达地区多实施战略C，依具体情况而定。

## 三、泛珠三角两种资源综观整合的形态

1. 经济资源综观整合的形态

搞好泛珠三角两种资源的整合，还应研究其整合的形态，及应遵循的原则，以利于形成泛珠三角具有国际竞争力的经济体系。泛珠三角的经济资源整合有以下三种形态：

（1）"中心—周边"的经济资源整合。这是就泛珠三角全局、整体的经济资源整合。泛珠三角内大珠三角是中心，其他地区是周边。这一层次的经济资源整合或经济合作的内容主要是对经济圈发展起重要作用的项目，如大型桥梁、主干道公路、干线铁路、机场、大型电站、通信网络等。为了更紧密地把泛珠三角与东盟联结在一起，省区间的陆地通道正在加快对接。

（2）亚"中心—周边"的经济资源整合。这是省内中心城市及周边的经济资源整合，它主要是省内大中城市之间的公路、铁路、水路、通信网络等政府间联手的公共基础投资，以及反映当地资源及产业优势的企业群的培育、壮大，这多为省际及省内企业投资。

（3）次亚"中心—周边"的经济资源整合。这是省内中小城镇与周边的经济资源整合。它主要是与主干线、干线对接的公路、桥梁、通信等公共设施的投资，以及企业群及为龙头企业、主导产品提供原材料、半成品，以及配套服务的企业投资。

一种层次的"中心—周边"经济资源整合，中心对周边辐射的范围、能力及深度有限。多层次的"中心—周边"经济资源整合体系，有利于强化极化效应，推动经济圈的均衡协调发展，降低不平衡程度。以上几个层次的经济资源整合，在泛珠三角中，形成以国内外市场为导向的纵横衔接的综观产业贸易链及企业群，有助于泛珠三角内优势互补、相互协调、共同发展，提高整体的国际竞争力。

2. 行政资源综观整合的形态

（1）纵向的行政资源整合。这是中央政府对泛珠三角行政资源的协调，及泛珠三角内

省级政府对市级政府、市级政府对区（镇）级政府行政资源的整合。它是垂直行政关系下对行政资源的整合。这种整合主要有两个方面的内容：一是协调经济圈内的行政关系，或经济管理权力的关系。CEPA 反映的是中国作为主权国家与香港作为单独关税区之间的经贸关系，整合了内地与香港的行政资源和经济资源，不仅迅速开创了粤港经济合作的新局面，也为泛珠三角的形成打开了广阔的空间。二是行政区划的调整。它包括区域范围及层次的变更、建制变更、行政中心的迁移、区域边界和隶属关系的变更。如广东省将番禺等市划归广州市，并将市制改为区制，这有利于扩大城市的经济空间和行政空间，促进大中城市的发育和提升，并利于形成规模不同、功能互补的城市群，提高区域经济的国际竞争力。

（2）横向的行政资源整合。这是在上级政府授权范围内，泛珠三角合作各方的行政区域化空间的整合。它主要有两种形式：一是合作双方的"双边"行政资源整合，主要解决合作双方经济政策、规模如何协调的问题。2004 年 2 月 22 日，广西壮族自治区党委、区政府五套班子组成代表团，到广东进行为期七天的交流商谈。广西壮族自治区区政府提出"五大联手"推进合作取得实质性进展，如提出"支持和鼓励民营企业参与两省区国有企业的产权改革和资产重组"等。二是合作各方的"多边"行政资源整合，主要是制定出整个泛珠三角的基本目标、共同遵循的"游戏规则"，以利于在泛珠三角内拆除行政障碍，打击制假售假，保护知识产权，形成平等竞争，以提高国际竞争力的整体合力。

纵向行政权力是泛珠三角行政资源整合的"外力"，横向行政权力是泛珠三角行政资源整合的"内力"。在泛珠三角这样一个面积达 199.56 万平方千米，人口达 4.54 亿人，生产总值（未含港澳）占全国的 1/3，跨东中西部的广大地区，经济圈的发展如果只依赖"外力"而不发挥"内力"是难以想象的。因此，在充分发挥"外力"主导作用的前提下，充分发挥"内力"的积极作用，这样才能形成泛珠三角的自组机制，增强泛珠三角的自组力，以尽快形成强大的国际竞争力。

### 四、泛珠三角两种资源综观整合的原则

泛珠三角两种资源的整合，一般有如下原则需要合作各方遵守：

（1）平等互利。泛珠三角内的各省区的范围不论大或小，经济不论发达或欠发达，资源不论丰富或匮乏，都是平等的。合作的各省区追求的不是某一方面利益的最大化，而是共同利益的最大化，不只是关心自己的利弊，同时也应关注他方的利弊，搞好权力和利益的协调、平衡，以求共赢，这是推动经济圈顺利发展、提高区域整体国际竞争力的动力。

（2）共同开发。泛珠三角中合作各方必须建立整体发展观，不仅关注各省区自身建设、投资，还需共同加速省区际交通、通信等基础设施网络的建设，并改变以往地上、空中处处设卡的管理办法，采用区域交通、通信协调及共同管理，以保障泛珠三角国际经贸活动通道的畅通。

（3）协调竞争。在国际经贸活动中，泛珠三角应协调对外竞争的战略、策略，特别是专门从事外经贸活动的企业，应协调国际竞争的产品策略、价格策略、促销策略、渠道策略，不要为了局部的利益去损害整体的利益。同时，应共享国际经贸和市场信息，以利于相互了解、相互激励、协调决策。

## 五、结论

我国的东中西部经济发展存在着不均衡，为了均衡发展，我们曾采取过直接提供物资、资金的扶贫形式，进而为投资施以"造血"式支援，现在则转变支援方式，将其纳入某一经济圈体系，这是一个伟大的实战，它需要勇气、智慧、毅力，也需要理论的探索和创新。前面的论述说明：泛珠三角形成和发展的过程，同时也是其经济资源和行政资源整合的过程，两者相辅相成，为此，我们可以得出以下几点结论：

（1）提高区域经济整体的国际竞争力，要有科学的发展观。为此，经济圈内的各经济主体（城市、企业等），需依据自己的发展趋势、自身优势、外部形势，来制定国际经贸的发展战略和策略，推进这些战略、策略的组合。

（2）提高区域经济整体的国际竞争力，经济圈内的经济区域化空间和行政区域化空间必须重合，相互适应。因此，应进行经济资源和行政资源的综观整合，形成纵横协调、时空融合，有利于形成国际经贸的产业贸易链结构体系，增强区域经济国际竞争力的自组力。

（3）提高区域经济整体的国际竞争力，在整合经济资源和行政资源时，应以国际市场为导向。因此，在从事国际经贸活动时，要用全球视野去考虑和实施技术、人才、资金的集聚和辐射，以及思想观念、思维习惯、经济政策、管理制度等的转移，以加快经济国际化的步伐。

（该文载于《广西经济管理干部学院学报》2005 年第 1 期）

# 发展以高新科技为导向的外向集群型经济

## ——广东经济发展新模式探讨

广东经济正处于起飞阶段，如何寻求新的经济发展模式，加快经济发展，前人从各个方面提出了许多有价值的理论和方法。笔者认为，发展以高新科技为导向的外向集群型经济宜为广东新的经济发展战略模式。为此，需要探讨广东外向集群型经济的由来，发展外向集群型经济面临的问题以及推动其发展的体制和改革创新。这种探讨对我国处于经济起飞阶段的其他地区也有某种参考价值。

### 一、广东外向集群型经济的形成

集群（cluster）是指许多相同或相互关联的公司及各类机构，通过一段时间的持续互动，在某地区集中而形成的发展共同体。它们包括某些相似或相关的工业公司、商业企业、金融机构、政府有关部门、中介机构、研究机构和大学等。因此，它突出地表现为产业集群及城市集群，具有显著的区域特征，如美国硅谷的 IT 产业、意大利阿雷佐和瓦伦萨的珠宝行业、德国索根林的刀具制造行业等。集群型经济由企业、机构、居民、生产要素等集中产生聚集效应，带来经济利益和成本节约。它主要来自专业化利益、专门信息和知识外溢利益、规模经济利益、关联创新利益、市场发育和运行效率利益、充分利用城市公共物品和基础设施的利益等，有利于做大做强优势企业，提高集群竞争力，加快经济发展。集群，现已成为许多国家和地区经济发展的一个主要特征，当今世界许多地区已进入经济马赛克（各种不同产业集群区）的时代。

不少专家学者在探讨发掘广东经济发展新优势和新模式时，提出了许多观点：向省内欠发达地区转移中低端产业，解决珠三角与粤北、粤西之间发展不平衡问题；调整产业结构，发展"临港型"（靠近港口）重化工业，解决产业结构升级问题；政府高层部门应在长远发展、客观规划方面做些工作；改进城市化的规划、布局，提高城市化水平和档次；做强做大企业，搞活小企业；创造以混合所有制经济为基础的新制度型优势；解决教育与人才问题等。

上述看法都很正确，很有价值，但没有真正反映广东经济发展的基本状态，比较零散，缺乏高度的概括，很难成为"发展模式"。

广东经济发展的基本状态是产业和城镇集群，它是广东经济发展新模式的主要依据。改革开放以来，广东经济已经形成了"外向、轻型、集群"的经济状态：以深圳、东莞、惠州、广州为主体的电子信息产业走廊，经济规模近 4 000 亿元，是全国规模最大的电子信息产业集群区；佛山、中山、江门、珠海等地的电器机械产业集群，经济规模达 1 000 亿元；广州、惠州、茂名、韶关的重化工产业群已经显现；珠三角地区中的许多市、县、镇成为传统产业（陶瓷、服装、家具等）的集群地。广东全省已经形成了 30 多个有一定规模的专业产业区，特别是珠三角地区的 400 多个建制镇中，以产业集群为特征的专业镇占了1/4。据不完全统计，广东 1 551 个建制镇中，经济规模达到 20 亿元的有 130 多个，规模大的达到 100 亿至 150 亿元。中山市古镇灯饰企业有 2 500 家，是世界四大灯饰专业市场之一；大沥铝材产量占全国产量的 40%；江门恩平麦克风占全国销量 70% 以上；西樵纺织企业近 2 000 家，年交易额近 200 亿元。广东的大型企业在全国 500 强中并未名列前茅，然而，广东的 GDP 总量、出口总额已在全国各省市中名列前茅，其主要原因在于集群型经济。2004 年，广东省实现国内生产总值 16 040 亿元，其中八成由珠三角地区实现，相当于全国 GDP 总量的 1/10。这说明集群所产生的聚集效应对促进广东经济发展和提升区域国际竞争力发挥了十分重要的作用。

广东集群型经济的形成似乎带有某种"自发性"，然而它具有其自身的必然性。广东经济发展中的产业集群及城镇集群与国际上的产业转移有关，特别是与香港的制造业向珠三角的转移直接相关。20 世纪 80 年代中期以前，香港制造业的产值一直居世界第一位，并且以轻工业为主，以国际市场为导向。纺织及成衣、电子、塑料、钟表、电器、玩具、珠宝首饰等轻工业占香港制造业的 90% 以上，其产品 90% 以上靠国际市场销售。香港在工业化及城市化的进程中受空间和资源的限制，20 世纪 80 年代中期以后，制造业向内地转移，由于政策、地缘、廉价土地、劳动力等原因，85% 以上的制造业转移到珠三角地区。香港在内地投资设厂 60 000 多家，其中 53 000 家在珠三角地区。广东在承接香港制造业的转移时，根据外向、轻型的特点，采取两个主要措施：一是在珠三角的农村建立开发区、工业区，集中相关产业；二是大兴交通和通信，在珠三角建立四通八达的公路交通网络及通信网络。前者为产业集群打下了坚实基础，后者不仅适应了产品出口的需要，还有力地推动了珠三角城镇群的兴起，从而形成了城市间距离不超过 10 千米的城镇群。产业集群与城市群两相辉映，互相推动，使之具有较强的聚集能力和较大的聚集效应，形成了广东独特的集群型经济。

目前，广东正在大力推动集群型经济的快速发展。一方面，大力进行产业集群的重构、提升：传统产业在向粤北、粤西、西部转移的同时，进行高新技术的改造，并优化产业结构，整合产业链，加速传统产业的提升提速，接受世界新一轮产业转移，加快重化工产业群和高端产业群，以及服务产业的发展。另一方面，大力推动城镇群的快速发展，已经制订了《珠江三角洲城镇群协调发展规划（2004—2020）》，并通过立法来保障其实施，要将珠三角地区建设成为世界级的制造业基地和充满生机与活力的城镇群。

## 二、广东发展集群型经济面临的问题

改革开放以来，广东经济快速发展中形成某些产业集群和城镇群，取得可观的集群经济效益，但在进一步发展集群型经济时，面临着许多问题，需要以改革开放的精神创造性地解决。以外向、轻型为特征的产业集群，发展中面临着如下几个主要问题：

第一，劳动密集的低附加值产业面临国内外激烈的竞争。广东的传统产业集群、电子信息产业集群、电器机械产业集群从总体而言，属于劳动密集型，有的是劳动密集型产品，有的是劳动密集型生产环节，竞争异常激烈，主要有三个方面：一是广东产业集群内的激烈竞争。由于条块分割的经济体制，珠三角地区各市、县经济结构趋同现象比较严重。广州、深圳、珠海、佛山、江门等 7 市 40 类大产业中，排在前 6 位的大体是电器、服装、电子、纺织、食品加工、非金属制品。佛山市内，在市区之间不到 50 平方千米的地区间，有 250 多家陶瓷生产企业。城市之间、企业之间常发生恶性竞争。二是电子信息等高端产业与长三角的竞争十分激烈。三是中低端产业与国内其他地区和东南亚地区的竞争也很激烈。加之，不少产业的科研力量不足，技术创新能力弱，有的还停留在模仿阶段。因此，在承接国外产业转移，国内发达地区向欠发达地区转移传统产业的过程中，珠三角地区如果不进行产业调整、升级，这种竞争会更加激烈，集群的优势和聚集效应会耗尽。

第二，传统产业市场由卖方市场转向买方市场。在20世纪90年代以前，珠三角地区兴起了一大批经济结构趋同的产业，并获得可观的产业集群效应的经济性。20世纪90年代中期以后，由于经济持续快速发展，中国的市场日益发育成熟，许多产品由卖方市场转向买方市场，由同质性的数量型规模经营转向异质性的差异型规模经营。广东在20世纪80年代形成的大批产业正日趋成熟和老化，加之，珠三角地区在20世纪中期引进的100多万台技术设备，经过10多年的运转已经老化。至此，经济结构趋同的产业集群，其集群效应的经济性逐渐减弱，其非经济性（不经济）逐步显现。现时，珠三角产业集群的改造和重构已刻不容缓。

第三，珠三角企业快速成长受到多种因素的制约。珠三角在经济转型过程中催生出的一大批民营企业，经过20多年的拼搏，许多企业进入快速成长阶段，受到来自主客观方面的制约。一是"开发区""工业园"的建设范围有限，厂房密集，难以在原址扩大生产规模，异地建厂必然增加投资费用和投产后的管理成本。二是企业自我积累的资金有限，筹集投资需要的资金有一定困难，不利于企业迅速壮大。三是由于市场发育不充分和缺乏产业发展的协调，企业在扩张时搞"小而全""大而全"，形成企业间的重复投资，阻碍了产业链的延伸，损害了集群的经济性。四是企业的快速成长使企业的组织架构由单一单位变成多单位，企业业务功能由单一的生产或贸易变为生产、贸易等多功能。有的创业者不能很好适应这种变化，初次创业时赚了不少钱，生意做大了，效益反而差了。

第四，经济起飞带来产业的变革和扩张。2003年广东的人均GDP约2 000美元，正处于经济起飞或加快发展阶段。美国的经济学家罗斯托认为："起飞被定义为一场工业革命，一个或几个制造业部门的迅速增长是经济转变的强有力的、核心的引擎。它的动力来自它的影响力的倍数。"这场工业革命，就产业变革而言，它将由发展轻工业为主，转向发展重化工业、高附加值加工业为主，如造船、汽车、石化等。重化工业对经济发展的拉动作用比较大，其拉动效应可分为直接拉动效应（对本产业内的拉动）和间接拉动效应（对关联产业的拉动）。以汽车为例，整车对汽车轮胎、玻璃、车灯、空调、仪表、零件、装饰等有很大的直接拉动作用，仅对零部件的拉动比例可达到1∶1.7。间接拉动作用也很大，如对钢材、橡胶、汽油、运输、修理、停车场、保险等的拉动。这需要根据重化工业的特点，建立和发展重化工业集群。

### 三、推动广东集群型经济发展的体制和政策创新

进入21世纪以来，广东省大力组织、推进以高新科技为导向的外向集群型经济的发展，并以科学的发展观，依据本省、全国、世界经济可持续发展的阶段及其发展趋势的客观要求，寻求新的发展优势，争取在新一轮经济高速发展中继续走在全国的前面。

有一种较为普遍的观点：广东25年来主要依靠的政策优势、毗邻港澳的地缘优势、廉价的土地和劳动力等比较优势、对外开放的先发优势等正在丧失。如果仅就广东这一狭

小的范围和静态观而言，上述观点有一定道理，若从全国、世界范围和动态观而言，我们会发现，广东原有的许多优势正在扩展，变得更强大了。泛珠三角的形成及发展，使广东外向型经济口岸的地缘从港澳扩大到广西、云南，同时又可以从其他七省获得相对低廉的劳动力和丰富的电力资源等。"走出去"的战略，还可以从世界各地获得广阔的市场、资金、技术等（这些都能从区位理论、资源禀赋理论得到解释），广东在新的聚集和扩散中获得了新的优势。原有的政策优势正在丧失，这已成为共识。如果说以往的政策优势是中央给予的，那么今后的政策优势则需要广东在继续发挥"思想比较解放的优势"的基础上，根据集群型经济的特点，创造新的体制、政策优势，推动集群型经济的新发展，以先发优势走在全国前列。

新的经济发展形态需要有相应的新的组织、制度、方法。集群型经济新发展体制、政策的创新涉及面很广，下面着重论述几点：

第一，加强发展集群型经济的横向协同。不同的经济形态要求有相应的管理方式或经济管理体制。在计划经济时期，我国的管理体制从形态上讲是以纵向管理为主的管理体制，这种体制虽然在改革开放中在培育和发挥市场的积极作用方面有了很大的改变，但其纵向形态却没有根本的改变。当一个国家或一个地区的经济，由分散经营管理的企业成为在某一地区集中的、生产贸易链紧密联系的产业集群；当分散的城市在工业化、产业集群的推动下，在更大地区范围内形成城市间的产业贸易链，形成城镇群时，生产要素及商品的流动规模大而且频繁，城镇的基础设施相互延伸，环境对经济可持续发展的影响面增大，经济权力和利益相互交错。这时，仅靠纵向权力来协调显得不够用，需要形成纵横结合的新体制来适应集群型经济这一新的情况。在以纵向为主的同时，充分发挥横向协同的作用，如制定城镇间横向协同的原则、要求，城镇社会经济发展的计划应该有协同的内容、措施，并对城镇社会经济协同的情况、结果进行监督、考核等。

第二，深化城镇建设的投资体制改革。城镇建设需要大量资金，广东的民营经济经过20多年的发展已有相当的实力，加快城镇建设正是民营资本一条很好的投资出路。现在城镇的许多基础设施项目向民营资本开放，但在具体实施过程中，传统管理体制的惯性仍在运行。有的地方，在搞城镇建设时，要求民营企业为地方建设做贡献，向所辖范围内的民营企业"分配"或要求民营企业"认领"城镇建设项目，这不利于加快城镇建设。城镇建设投资体制的改革，不仅是"准入"，还有管理行为的改变，应该引入市场机制，做到公开、公平、公正，广招投资主体。

第三，健全产业协会的功能。产业集群需要较好地发挥产业协会的作用。产业协会是企业自愿组织起来的民间组织，其主要职能有：①提出本产业（行业）发展前景的设想，供会员企业制订发展规划参考。②收集、整理并向会员企业提供各种国内外有关信息。③研究制定本产业产品（服务）的统一规格和技术标准。④帮助会员企业开展国内外经济技术交流活动。⑤帮助会员企业培训产业发展需要的人才。⑥对会员企业的经营管理进行帮助、指导。⑦制定产业规章，限制产业内过度竞争，协调会员企业行为，帮助解决企业间的争议和解决违规事件。⑧沟通政府与企业之间的关系，协助政府制订产业发展规划和产业政策。

目前，有的地方由政府经济管理部门来执行产业协会的工作，有的产业协会由某一个或几个企业牵头成立，只是个空架子，基本未开展产业协会的工作，各地虽然有工商联合会，但不能取代产业协会的工作。政府、工商联合会应大力推进产业协会的组建，发挥产业协会的功能，以利于产业集群的发展，获取更大的集群经济效益。

第四，制定和推行产业集群的科技创新政策。高新科技是推动产业集群重组、提升的关键因素。推动广东集群型经济的发展，有必要制定重化工产业集群的技术政策、高端产业集群的技术引进政策、传统产业集群的技术设备更新政策、产业集群技术创新的奖励政策、产业集群科研经费的政府支持政策等，以加快广东产业集群的科技进步。

## 四、结论

广东外向集群型经济的形成和推进为广东经济的加速发展开辟了一条新的道路，可获得新的竞争优势，从中我们可以得到一些有益的启示或理论上的概括：

第一，集群型经济是一种综合经济。当今，企业的创新，需要其他企业及社会的配合；市场的竞争，不仅是单个企业之间的竞争，更是企业联盟、企业群体之间的竞争；各种经济要素是非常重要的，但决定性因素是如何将各种资源有效集中、组合起来，创造新的价值，产业集群和城镇群 z 正是当代经济这种发展趋势的产物。产业集群和城镇集群综合了各种要素及功能，集群中的成员之间相互积极配合，作出的贡献相互补充、完善、共同进化，从而获得产业聚集经济利益（企业、产业聚集）、社会聚集经济利益（公共服务水平高，技术创新能力强）、居民聚集经济利益（就业、消费）和综合聚集经济利益。

第二，集群型经济是一个发展演化的生命系统。从横向（空间）研究，产业集群和城镇群按不同的标准有各种分类，从纵向（时间）研究，产业、城镇、产业集群、城镇群都有着自己的生命周期，它们在发展的不同时间，面临的外部环境不同，自己原有的优势会发生变化，有的已经基本丧失，有的还在起作用但力度已经减弱，然而，在吸收新的要素，进行要素新的组合和提升后，又可使企业、产业、城镇、产业集群、城镇群获得新生，又可使原来的某些优势得到充实、扩大，并可创造出新的优势，推动经济新的发展。

第三，遵循客观规律不断提高驾驭集群型经济的能力。产业集群、城镇群都有自身发展的轨迹，在它们发展的不同阶段，显示出集群型经济不同的内在要求和运行特点，因此，要求我们在体制机制、指导方针、政策措施、领导方式上作出调整、变革、创新，不断调整生产关系与生产力、上层建筑与经济基础的关系，不断提高驾驭集群型经济的能力。

（该文载于《广东外语外贸大学学报》2005 年第 4 期）

# 小康社会城镇化建设的内在要求与有效路径

城镇化建设是全面建成小康社会的重要内容和举措，是全面达成小康消费需求的根本途径，它统筹城市建设和新农村建设，不仅能提高消费对经济增长的拉动力，还能发挥投资对经济增长的推动力。采用什么理念、模式展开城镇化建设，新农村建设与城镇化建设必须统筹互动，这是有效开展城镇化建设中，在理论上和实践中需要深入探讨和着力解决的问题。

## 一、小康社会城镇化建设的内在要求

充分认清小康社会城镇化建设的功能，明确小康社会城镇化建设发展的内在要求，是有效进行城镇化建设的认识前提。

城镇化是工业化的产物，也是农业现代化的产物，它是人口由农村向城镇转移的过程，又是第二、三产业在城镇聚集的过程。这种转移和聚集对整个经济发展，扩大我国的生产消费、公共消费、生活消费等内需，实现小康消费需求具有十分重要的意义。

第一，有利于农业现代化建设。农业生产在科学化、机械化、信息化的推动下，农业产业由劳动密集型，向技术、资金、知识密集型转变，促进农村经济发展，使农村出现大量剩余劳动力。剩余劳动力如果大量滞留农村，造成人力资源的巨大浪费，会阻碍农业现代化的发展。

第二，有利于工业化建设。改革开放以来，在我国工业化进程中，大量的农村劳动力转移到城镇，它满足了工业化对劳动力的需求，提高了劳动生产率，降低了生产成本，促进了我国经济的发展，尤其是在我国出口战略中立下丰功伟绩。

第三，有利于商业和公共服务业的发展。人口的大量聚集，必然对衣食住行、文教卫生、休闲娱乐等提出巨大需求，从而促进商业、服务业、金融业、房地产业，文化教育、体育娱乐、医疗卫生等的迅速发展，以满足人们小康社会生活、休闲、发展的消费需求。

第四，有利于促进基础设施建设。第一、二、三产业的发展，推动生产要素、生活资料的流动，为了提高人流、物流、信息流的效率，又会推动公路、铁路、桥梁、机场、电信、网络等基础设施的建设，以及汽车、飞机、轮船、手机、通信卫星等相关设备和工具的发展。

第五，有利于区域经济均衡发展。通过科学规划城市群规模和城镇布局，统筹城乡产业发展的协调互动，促进城乡要素平等交换和公共资源均衡配置，有利于缩小城乡区域发展差距和城乡居民收入差距。

城镇化建设对经济发展的作用是综合、综观的，它是全面建成小康社会的重要内容和举措，它要求统筹第一、二、三产业的发展，城乡基础设施建设，公共服务的均等化，投资的推动力和需求的拉动力均衡互动，这是小康社会城镇化建设发展规律性的反映。如果只重视第二、三产业的基本建设（如工厂、设备等），忽视第一产业的基本建设（如农田、水利、机械、种子等）；只重视城市的公共基础设施建设，忽视农村的公共基础设施建设（如自来水、煤气、电力、电信、邮政、互联网、公路等）；只重视城市的公用事业，忽视农村的公共服务（如教育、医疗、卫生等）；只注重投资（或是需求）的作用，忽视需求（或是投资）的作用等，违背小康社会城镇化建设的内在要求，城镇化的发展可能走上歧途，加大城乡区域发展的差距，带来发展中的不平衡、不协调、不可持续发展的问题。

## 二、小康社会城镇化建设的理念

我国的小康社会城镇化建设，是新型城镇化建设，它应该有相应的城镇化建设理念。

城镇化的核心是"人的城镇化"，我们需从全面建成小康社会的视角诠释"人的城镇化"。"人的城镇化"不纯粹是城镇人口的增加，它首先是城镇劳动力资源的增长，是城镇生产力的提升、增强。从城市人口学理论的角度，城镇化是农业人口转化为城镇人口的过程，在判断城镇化的水平时，通常以城镇常住人口（非户籍人口）占全部人口的比率来衡量。我们还需要从城市经济学理论的角度，审视从农业转移过来的人口，即怎样将第一产业的农业劳动力，转化为工业、商业、服务业等二、三产业的劳动力，没有这种转化，就不可能形成新的生产力，不可能给城镇带来新的活力。这需要城镇具有较强的吸引力，有良好的创业环境，支持鼓励创业，有相应的就业岗位，并进行岗前培训，这是农业转移人口的立脚点，也是城镇各行各业蓬勃发展的重要人力资源。城镇化除了接纳农业人口，还需根据城镇的特征、发展阶段，广纳天下人才，构建城镇较为合理的人才结构，适应城镇转变经济发展方式的要求，推动城镇化建设的发展。提高城镇化比重，要避免城镇化快于工业化带来的不良后果，盲目地增加城镇人口会造成城镇的畸形发展，会带来贫困、治安混乱、环境破坏等一系列的社会问题。

从社会学的角度，城镇化是由农村生活方式转化为城市生活方式的过程。因此，"人的城镇化"就不只是引进的"特殊人才"能过上城市生活，应该是转入的农业人口也能过上城镇小康生活，能享受平等的公共服务。进城的农民工由农业劳动者转变为工商服务业劳动者后，理应与城镇居民一样，获得住房、交通、医疗、卫生、教育等公共产品及服务，否则，农民工"非市民化"的城镇化，就不是真正小康社会的城镇化。小康社会城镇化建设还必须包括实现城乡公共服务均等化，包括农村居民也能够过上城镇居民的生活，享有与城镇居民均等的各种公共服务。这有助于缓解和避免大量农村人口涌入城镇，避免城镇人口过快过量增长而"不堪重负"，也有利于缩小和消除城乡差距。为此，"人的城镇化"过程，应是城镇化建设和新农村建设均衡发展的过程。如果只注重城镇的"人"，忽略农村的"人"，其后果必然是拉大城乡差距和贫富差距，没有"农村人"的"小康"，就没有"全国人"的"小康"，这是中国特色社会主义城镇化建设的本质所在。

小康社会城镇化建设要有新的规划理念。关于城镇建设规划的理论有很多，如城市空间结构理论、城市规模理论、城市发展理论、生态城市理论、智能城市理论、城市管理理论等。人们在城镇建设规划中，力避历史教训，追求新的城镇建设规划理念：一是树立"零污染"的城市建设规划理念，建设生态城市、智力城市，力戒重走"先污染后治理"的老路。在制订城市建设的产业发展规划时，注重环境保护，修复生态环境，增强生态产品生产能力，开发环保技术，发展绿色产业及智能产业。二是树立综合、综观发展的城市规划理念，建设宜居城市，不搞盲目追求城市雄伟壮丽景观的"形象工程"。城市地理学理论认为：城镇建设与发展是城镇空间纵（空中、地面、地下）横（周边）扩展的过程，以纵向为主，纵横结合。在建设宜居城市中，须尊重自然，保护耕地，尊重历史，保护文化古迹，尊重人文风俗，保护优良社区传统；须着力满足居民的小康消费需求，能提供创业、就业机会，解决中低收入人群的住房问题，供给清洁的饮用水、干净的空气、绿色的能源、便利的交通、良好的教育，以及舒适的休闲环境、安全的社会秩序等。三是树立城镇化建设长中短期规划结合的理念，科学、有序、高效地展开城镇化建设。城镇生命周期理论告诉我们，城镇的产生发展是一个长期过程，它往往会经历初生期、成长期、成熟期、衰退期几个时期。一个城镇的形成不可能一蹴而就，也不应"后任不理前政""朝令夕改"，搞"政绩形象工程"，将城镇建设成"四不像"。城镇建设规划可采用"滚动式计划法"，提高城镇建设规划的科学性、连续性、创新性，通过立法加以确定和实施。

城镇化建设须创新建设思路，进行开放式、创业性开发建设，采用政府扶持、市场运作的方式，有效发挥政府、市场在城镇化建设中的作用。小康社会城镇化建设中的乡镇、村镇建设，假若只是以政府为主导进行扶贫式开发，会增加地方政府的财政支付压力，不可持续。须发挥市场主体的作用，进行开放式、创业性开发建设。聚集于城镇的经济要素，容易形成城镇内外的规模经济效应，有利于吸引国内外企业或个人投资，实行土地、资金、技术多种股份组合，实现投入要素的增值，减轻政府的财政支付压力，加快城镇化建设。

## 三、小康社会城镇化建设的有效模式

十八大确定了"科学规划城市群规模和布局，增强中小城市和小城镇建设"，"城镇化和新农村建设良性互动"的城镇化建设发展战略。

城镇如何建设发展？综观城市建设发展的历史经验，国际上形成了三类城镇化建设发展的有效模式，一是卫星城发展模式，二是集约化城市改造模式，三是混合式小新城建设模式。

卫星城发展模式。这种模式又称为"城内工作城外生活"模式，即在中心城区工作，在邻近的小城市或城郊的小城镇居住生活，多被特大或超大城市采用，它们往往是国家的政治或经济中心，如美国的首都华盛顿，德国的国际金融中心法兰克福等，在中心城市的周边有若干卫星城。据称，法兰克福的四周有20多个卫星小城市，形成以中心城市为轴心的城市群。这种城市群有如下特点：①卫星城以宜居为主。卫星城作为生活区，它以商业和轻工业为主导产业，着重为居民提供房价、租金较低的住房，优美的自然生活环境，良好的公共服务和商业服务等，以解除中心城市因过度"拥挤"而形成的"大城市病"。②发达的交通系统。卫星城与中心城市一般相距30千米左右，发达的城市交通系统是"城内工作城外生活"模式的前提。采用卫星城发展的超大城市，都有发达的公共交通系统，如纵横交错的地铁、公交、机场，以私人汽车作为交通工具的公路交通系统十分发达，每栋高层办公楼、住宅都有地下停车场，并靠近地铁、公路。公路系统成放射形和方格形结合，普通道路单向行驶，主要干道双向行驶，主路交界处以圆形、方形广场形成环岛连接，有若干超大型规范的、现代化的停车场等。

集约化城市改造模式。卫星城发展模式是中心城市向外扩张，采用外延式发展，集约化城市改造模式则是城市通过内部改造、转型，来提升、发展城市，属于内含式发展，采用这种模式的多为发展较为成熟的大中城市。它一般有以下几个特征：①产业转型。运用高新科技改造传统高资源（原材料、能源、劳动力等）消耗、高污染产业，发展现代高新科技产业、现代服务业，使城市经济由"灰色"转向"绿色"，经过高新科技将劳动密集型产业改造成为资本、技术密集型产业，减少的劳动力由劳动密集型的服务业吸收，可保障劳动者转移就业后的收入，使其过上小康生活。②改造旧城区。城市经济转型过程中，往往存在大面积的荒废厂房、仓库，可改造成具有居住、商业、教育、休闲等功能的综合功能区；对具有就业功能，其他功能不齐全的工业区，在周边区域完善居住、商业、教育、娱乐等功能，并加强公共交通建设，形成可以不使用私人小汽车的"公交社区"。③提高城市土地利用率。城市的发展特别要注意不能以牺牲优质农田为代价，一味向外横向扩张，可通过纵向发展提高城市土地利用率，可通过建高楼大厦、空中立交等向上发展，可通过修建地铁、地下商业街等向下发展。同时，可建设大桥、隧道、交通网络等与周边城市连接，发挥城市的聚集及扩散功能。

混合式小新城建设模式。它主要是县城、乡镇、有条件的村（或合并村）的村镇建设。混合式小新城建设对推进农业现代化、建设新农村、发展农民生活城市化，具有十分重要的作用。混合式小新城建设一般须注意如下条件：①地理条件比较优越。地处平原，或交通便利，与公路网、铁路网连接，利于生产力要素流动。②产业集群。必须要有产业支撑，能以具有特色、优势的第一（或二、三）产业的企业集群推动创业，带动就业。③解决好失地农民的问题。这是混合式小新城建设的必要条件，只有在保障失地农民利益的前提下，才可能顺利开展新城镇建设，如对农民的失地给予合理补偿；对失地农民进行培训，帮助就业，提供住房，使其能安居乐业。政府扶持、市场运作是国际上混合式小新城较为普遍的做法。政府做好城镇建设规划，规划好产业结构、住宅区的商业及公共服务、交通等基础设施的布局。住宅区往往以初中校区为核心，以交通干道为边界，在万人左右的住宅区内，具有一所初中，两所小学，若干所幼儿园；人均 10 多平方米的绿地及公园；区内合理分布以日用食品和用品为主的超级市场、商业街。城镇中心区设立中心车站，建立大型商业设施，如密集的百货大楼、星级酒店等。实施规划时，政府扶持和市场运作相结合：国家为地方政府购买土地提供财政补贴，地方政府从农民手中买下土地，交开发公司开发，开发公司将开发的土地和建筑物出售给公司或个人，收回国家投资，公司或个人进一步进行建设或经营。

我国小康社会城镇化建设是一项巨大而又复杂的工程，要实现又好又快的建设，既要我们付出艰苦的努力，又要我们在学习他人经验的基础上，根据时代发展趋势，创新和发展有中国特色的城镇化建设理论和方式。

## 四、结论

第一，城镇化的核心是"人的城镇化"，所有的城镇居民都应享有公共服务的平等权利，一部分人享有，另一部分人不享有，这不是真正小康社会的城镇化。同时，应注意过度的城镇化，会造成"城市病"，拉大贫富差距。

第二，城镇的建设发展具有生命周期性，不同发展阶段的城镇，应根据自身特点、发展趋势，选择适宜的发展建设模式，以避免巨大损失。

第三，小康社会城镇化建设与新农村建设相辅相成，新农村建设中的小城镇建设，是小康社会城镇化建设的组成部分，城镇化建设与新农村建设协调互动、均衡发展，是全面建成小康社会的内在要求。

（该文载于《南国商学院学刊》2014 年）

# 第二编　企业综观经营管理

> "一个不能经营管理好自己的人，不可能经营管理好家庭、企业、城市、国家。"

**【本编主要内容】**

- 综观经营管理的含义，企业发展不同阶段的管理体制创新，对管理者监督的新制度安排，企业加强管理的盲点；
- 企业转型与再造企业"基因"，创新创业型管理，向知识型管理蜕变；
- 跨国经营管理的含义，国际企业家，发展不同阶段的跨国经营管理；
- 再次创业与企业成长，再次创业中的陷阱，企业集团的孕育，企业成长与企业家类型的蜕变，"三势"决策模型；
- 现代信息技术主导企业经营模式变革，打造中高端技术制造企业，企业综观智能经营管理。

# 第四章　企业经营管理的演进

## 国有企业经营管理的演变

改革开放以来，在中国社会的历史性变迁中，国有企业在组织结构、领导体制、经营机制、管理形态等方面发生了一系列的巨大变革。企业由"小而全""大而全"转向专业化、联合化，由单一单位、单一功能，变为多单位、多功能，由国内经营到跨国经营，企业面貌焕然一新，有力地推动着中国经济稳步向前发展。

### 一、国有企业经营管理形态演变的过程

20世纪50年代以来，中国国有企业经营管理形态的演变大致经历了模仿→探索→倒退→转型→创新几个时期。改革开放至今，其演变过程有以下几个阶段：

1978—1984年，是企业管理恢复整顿时期，经过"文化大革命"，企业管理几乎陷于瘫痪，这段时间，主要是搞好企业的计划管理、质量管理、经济核算工作，加强劳动纪律，健全财务会计制度，整顿劳动组织等，改革企业的领导体制，实行厂长（经理）负责制，实行以提高经济效益为中心的"责、权、效、利"相结合的经营责任制和岗位经济责任制，这时国有企业基本上属于产供销、人财物由国家统一分配的计划经济体制下的生产型管理。

1985—1991年，这是国有企业经营管理转型时期，在恢复整顿的基础上，推动现代管理方法，如目标管理、市场预测、决策技术、价值工程、系统管理、电子计算机（微机）辅助企业管理等，并进一步实行承包经营责任制，把企业推向市场，国有企业经营管理由生产型转向生产经营型，企业由吃国家的"大锅饭"转向自负盈亏，由片面追求产值、速度转向以提高经济效益为中心，由只着眼于内部管理转向内部管理与外部环境的结合。

1992年至今，国有企业经营管理进入创新时期，在社会主义市场经济目标模式指导下，国有企业正在进行制度创新，转换经营机制，建立现代企业制度。企业不仅从事商品经营，运用信息技术建立企业内计算机网络，加入企业间计算机网络，还加入国际互联网络，形成计算机化企业，实行经营管理的计算机化运作。国有企业经营管理由生产经营型转向创新创业型，进入了一个崭新的发展时期。

## 二、国有企业经营管理形态变革的原因

国有企业经营管理的变革，一是受外部环境变化的影响，二是由于自身变化的要求。自十一届三中全会以来，国家对国有企业进行了一系列的改革，1978—1980年扩大企业自主权，1981—1982年试行经济责任制，1983年至今以建立现代企业制度为目标深化企业改革。目前正在深入进行五项企业改革：①股份制试点；②现代企业制度试点；③企业集团试点；④优化资本结构试点；⑤资本营运城市试点。这些改革从搞活每个企业转向搞好整个国有经济，从放权让利转向制度创新，从单纯抓企业改革转向企业改革与配套改革同步推进，从分别抓单项工作转向"三改一加强"，从分散经营转向实施大公司战略，以上改革直接促使国有企业经营管理发生变革。另外，广泛的经济、政治、文化体制改革，促使中国社会迈向服务型经济社会，这些不仅再造了新的社会经济环境，也再造了国有企业，在不断寻求市场力量和组织力量的适应、平衡、协调中，企业受到这两种力量的推动、制约，必然形成新的经营机制和新的管理体系。

20世纪60年代以来，席卷全球的新科技革命，给国有企业经营管理带来革命性的变化。首先，它促使企业组织形态发生变革，企业内计算机网络的建立，减少了中间管理层次，使企业组织形态由"金字塔型"变为"网络型"。其次，它促使形成更有效的生产经营管理系统，改变传统的贸易方式，可在互联网上进行交易，进行"网上营销"或"电子贸易"。再次，它促使企业经营资源发生变化，当今世界正在由工业社会的工业经济迅猛地向信息社会的知识经济发展，推动经济迅速增长的主要经济资源由资本、劳动力等转为知识，工业时代的大机器、大生产的体制转向前信息社会的智能机器、质量生产体制。总之，高新科技的飞速发展及其产业化，把企业的经营管理推向更高发展阶段，引起经营管理的深刻变革。

改革开放以来，国有企业自身发生了天翻地覆的变化，许多国有企业在自身发展中，由单一单位企业变为多单位企业，由单一的生产或贸易功能变为集生产、开发、贸易、金融等多功能，由生产经营单一产业的产品转变为生产经营多产业的相关产品，由国内经营到跨国经营，企业资产由单一所有制变为混合所有制，从而在组织结构、管理体制、经营领域、经营方式、管理方式等方面都发生了显著变化。

## 三、国有企业经营管理形态发展的趋势

在国家"抓大放小"政策的指导下，国有企业经营管理体制有以下几个明显的发展趋势：

### 1. 统分结合的经营管理体制

统分结合的经营管理体制是一种集中规划、综观调控、分权决策、分散经营的体制。公司总部制订战略规划、经营法规、管理政策，协调和监督各事业部及直属子公司的经营管理活动；并为未来的经营管理活动分配资源，实施战略管理，成为投资、控制中心。各事业部协调监督各次级事业部及直属子公司的经营管理活动，分配经营资源，实施次级战略管理，成为次级投资、控制中心及责任中心。各子公司根据自己的职能（如生产、销售、开发、服务等）成为利润、责任、成本中心，独立经营、自负盈亏。这种体制有利于

保持和发挥大企业的综合力量及整体功能，又使企业中的"小单位"能够反应迅速、行动敏捷，适应市场变化，促进企业的发展、进步。

### 2. 产产结合的经营格局

产产结合是产业、产品的结合。根据产业及产品关联的经济性，企业不仅要考虑某种产品的市场需求与供给、企业的市场占有率、产品生命周期、产业内的集中度、竞争战略、产业的发展前景，还要考虑产业间产品联系、劳务联系、市场技术联系、价格联系、投资联系等，为企业的产品经营寻找广阔的天地，创造光明的前景。

### 3. 守创结合的管理形态

企业管理有两种类型：一是"守业型"管理，即企业的组织、生产任务、经营领域基本不变，在原来的管理体系不变的情况下进行管理；二是"创业型"管理，即对组织结构、生产内容、经营领域动态变化的管理。大公司往往由若干子公司组成，子公司的主要任务是直接取得良好经济效益，谋求的是企业短期利益，基本上属于"守业型"管理，总部的主要任务是不断寻求企业新的增长点，不断创业，并组织指导各子公司进行组织、产品、生产方式、管理方式等的不断创新，谋求的是企业的长远利益，属于"创业型"管理。守创结合，有利于促进企业的发展。

### 4. 软硬结合的管理方式

企业管理既要重视"硬件"（战略、结构、制度），又要重视"软件"（技能、人员、作风、共同价值观），它们都是企业宝贵的知识资本，"硬件"和"软件"要有机结合，在硬的基础上以软为主，并适当将硬件软化，如建立各种小组，给各部门较多的自主权，将刚性的组织结构软化；在制定各种科学合理的规章制度的同时，重视管理者与下属的思想交流和感情关系；经营战略由稳定性转向灵活性；建立有企业个性的企业文化；实施 CI战略，树立良好的企业形象等。软硬结合的管理方式有利于充分发挥企业知识资源的作用。

### 5. 企社结合的管理架构

企业管理跨出企业的范围走向社会，实行多种形式的社会化管理，是现代企业经营管理的一大特征。经济的信息化、市场化、全球化，使产品生产突破了个别企业的界限，这就需要社会上的专业管理服务架构（如咨询公司、预测公司、科技信息服务公司、会计事务所、审计事务所、律师事务所等）的支援，协助企业搞好某方面的管理工作，企业可以充分利用社会上的管理资源，实现企业管理资源与社会管理资源的有效结合，谋求企业管理资源的优化，帮助企业改善管理素质，提高管理水平。

国有企业经营管理的发展趋势表明，未来的企业经营管理更具有整体性、系统性、协调性，更注重经营管理的整体合力和管理效益。

（该文载于《公司秘书》1998 年第 4 期）

# 论现代外贸企业的科学管理制度

我国现今的外贸企业与十年前相比，在所有权结构、组织形态、经营机制、经营方式等方面，都发生了根本性变化。从而，使外贸企业的管理制度、方法发生了一系列的变革，原有科学管理的理论、方法难以解决现代外贸企业面临的管理问题，需要形成新的科学管理体系。这是建立现代外贸企业制度亟待解决的重要问题。

1992 年以来，在社会主义市场经济目标模式指导下，外贸企业进行制度创新，企业基本制度向公司制转化，企业组织结构由独立企业（单一单位企业）转向集团企业（多单位企业），财会制度与国际惯例接轨，全面转换经营机制，建立现代企业制度，使外贸企业的经营管理进入了一个崭新的历史阶段。在加强出口产品质量，改善出口商品结构，完善责任制、核算制的同时，建立企业文化、发展公共关系，企业的审计、会计、信息等转向社会化管理，外贸企业的管理制度正由传统的常规型管理转向创新创业型管理。

## 一、创立现代外贸企业综观管理体系

科学管理是建立现代外贸企业制度的重要内容。现在的问题是怎样界定"科学管理"。目前最有代表性的提法是"外抓市场，内抓现场"，或是以人为中心，抓好四大管理（质量、资金、成本、营销）等。显然，这并未超出独立企业现场业务管理的范畴，不能解决现代外贸企业面临的管理问题，不能满足建立现代外贸企业制度的要求。

人们一般将企业的进化过程划分为三个历史阶段。第一是原始企业阶段，产业革命以前，以手工业工厂为主要形态，属于企业雏形时期。第二是近代企业阶段，产业革命至第二次世界大战结束，以单厂形态为主，这在企业进化史上是一次质的飞跃。第三是现代企业阶段，第二次世界大战结束以来，企业大型化、联合化、跨国化，以多单位为主要形态，这是企业进化史上又一次质的飞跃。

对于什么是现代外贸企业，人们众说纷纭。有的人从股份制企业发展的完善程度认为：现代公司制企业是现代企业，即公司发展为现代公司。公司制从 16 世纪末、17 世纪初诞生，发展到今日已日趋成熟完善，它主要协调企业财产所有者、经营者的权益及其相互关系。它没有从企业的本质、机能去研究和界定什么是现代企业，即没有从企业是一个拥有特定生产资料，能创造物质和精神财富，并使财产增值的由人机结构组成的社会经济实体，具有生产、营销、财务、人事、开发的经营机能，有计划、组织、指挥、协调、控制的管理机能去研究、说明什么是现代企业。

美国企业经营史学家，哈佛大学商学院的钱德勒教授在他的《看得见的手》一书中，从企业的本质、机能的角度分析研究了美国企业的发展历史后指出："由一组支薪的中、高层经理人员所管理的多单位企业，即可适当地被视为现代企业。"现代企业有如下几个基本点：

第一，现代企业控制了许多在不同地点、从事不同类型的产品和服务等活动的经营单位，每一经营单位有一套自己的会计账簿、账目，与公司总部分开，它们作为独立企业运转。

第二，现代企业接管了协调生产、销售的功能，获得了原先由市场执行的功能。

第三，只有当管理上的协调比市场机制能带来更大的生产力、低成本和高利润时，多单位企业才能取代传统的小公司，并将几个经营单位的活动内部化。

第四，一群经理结合在一起，执行市场机制的功能，控制各单位的活动，他们的主要目标不是追求短期的利润最大化，而是谋求公司长期稳定的发展。

钱德勒的研究成果表明：只有多单位、经理群的企业才能称得上是现代外贸企业，否则，就不能称为现代外贸企业，即使是公司制企业。这里要说明的是，现代外贸企业并不排斥公司制，而是相反。

多单位企业比单一单位企业具有不可比拟的优越性：它能将科研、采购、生产、运输、销售、再生产过程结合为一体，形成多功能一体化优势，获得规模经济效益，增强竞争能力；便于"一业为主，多种经营"，一个单位经营失利，不会引起整个企业倒闭，具有较强的承担和分散风险的能力；适于以自身实力开展国际贸易，进行对外直接投资，实行跨国经营；运用产品生命周期、产业生命周期、企业生命周期，进行产品、产业、企业提升等。因而，它要求有不同于独立外贸企业管理的"科学管理"，或称为综观管理，即一群经理在复杂多变的情景中，用管理协调代替市场协调，将分离的独立单位黏合起来，对多单位企业进行立体、动态的管理，如图4-1所示：

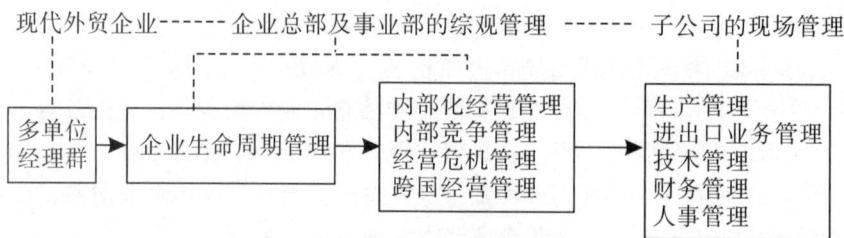

图4-1　多单位外贸企业的科学管理

企业生命周期管理。企业是具有生命的机体，其生命周期可以划分为初生、成长、成熟、衰老四个典型的时期，每个时期经营目标、组织规模、经营策略各异，要求有不同的管理体制、人才结构、管理方式等，这都不同于各经营单位的现场管理。

内部化经营管理。多单位企业内部化经营管理的主要方式有生产布局合理化、成熟企业活跃化、财务决算集团化、市场营销一体化。在多单位企业里，各种经营资源在各经营单位合理配置、流动与转让，通过管理协调把各部门之间的社会分工变为单位企业的内部分工，把很大一部分的国内外贸易变为多单位企业的内部交易，从而减少交易成本和信息成本，更好地利用设备、提高人员生产效率，降低生产成本，使资金的流动稳定可靠，加快资金周转，减少资金成本，同时，可以在国内外市场统一调配商品，选择开拓最有利的国内外市场，使企业的经营管理既具有统一性，又具有灵活性，比单一单位企业经营更有效。

内部竞争管理。人们比较重视企业外部的竞争及管理，忽视内部的竞争与管理。由于横向机构的划分、纵向的职务安排、工作内容及手段的变化，企业内部客观上存在着竞争，需要科学地给予管理。一个内部缺乏活力的企业不可能在外部市场竞争中取胜。搞好内部竞争管理使企业充满活力，是我国现代外贸企业要解决好的一个新课题。对于内部竞争，企业可以采用目标激励竞争管理法、能力挑战竞争管理法、组织创新竞争管理法等进行科学管理，以发挥巨大的动力功能和优化功能。

经营危机管理。不仅是我国的企业，综观美、日、英各国企业，在企业生命周期的各个发展阶段，由于产品（劳务）不适应市场需求和市场竞争，组织机构臃肿、官僚主义严重；管理松懈、成本高、效率低；领导人决策失误，领导班子不健全等而产生危机，出现衰退亏损，面临破产、倒闭的严重威胁。外贸企业的经营危机有多种表现形态，如动态危机与静态危机、主观危机与客观危机、策略危机与运作危机、生产危机、销售危机、劳务危机、财务危机等。经营危机管理是特殊情况下的经营管理，要选择好时机，在危机管理的危机阶段、稳定阶段、转机阶段采用科学的非常规的办法才可能解决危机，使企业走向新生。

跨国经营管理。由于科学技术和经济国际化的推动，以及自身发展的需要，现代外贸企业必然由进出口贸易走向对外直接投资，实行跨国经营，从而形成跨国公司。跨国公司与国内公司相比，不单纯是经营规模和市场范围的扩大，它的经营属性也发生了显著变化，企业的组织形态要由国内组织结构转向全球性组织结构，经营管理要实行当地化策略，要处理各种国际经营风险等，这些都需要有新的管理理论和方法。

## 二、加速现代外贸企业管理制度转型

改革开放以来，我国市场经济、科学技术迅速发展，推动了大量生产和销售的发展，由于交通、通信的大大改善，促进了大量生产与销售的结合。我国的外贸企业通过建立出口商品生产基地，将职能部门转为经济实体，划小核算单位，通过与工、农、技、运、银等联合，以及通过企业兼并、划转或合作投资等途径形成了一大批多单位外贸企业。有些企业虽然在组织形态上由单一单位变为多单位，然而在管理制度上并没有什么变化，基本上是原来的那一套"科学管理"。

我国现代外贸企业管理的基本框架：集团总部—工厂（子公司）—生产车间（业务部门），集团之上还有政府主管部门。经营决策集中在集团总部，子公司负责经营管理活动，第一线的生产经营单位无决策权。第一手的信息经过部门经理—子公司主管副总经理—总经理—集团主管部门—集团副总经理，作出决策后再通过以上渠道传达下去。传递路线长，管理效率低。

建立现代外贸企业制度，需要在完善原有科学管理的基础上，创立现代外贸企业的综观科学管理体系，提高现代外贸企业的科学管理"档次"。这期间，特别需要将我国外贸企业管理由常规型转向创新创业型。这对单一单位的外贸企业同样重要。

传统的常规型管理，是在组织形态、经营领域、管理体系基本不变的情况下，重复地用老办法进行管理，想通过经营管理的"优化""理想化"来提高经济效益。然而，企业外部不确定的经营环境与内部条件关系的异化，往往很难实现经营管理的优化，不能达到提高经济效益的目的，或经济效益并不理想，仍然跳不出高消耗、低效益的圈子。现代外贸企业多单位、多功能、多角化的组织形态、经营结构，包含了产品生命周期、产业生命周期、企业生命周期，可以利用整体实力在企业内部进行产品结构、产业结构、企业结构的调整，实行内部破产、兼并，开展内部创新创业。同时，多单位企业实行集中规划、调控、分权、分散经营管理的体制，总部是战略决策中心，主要职能是创新、创业，子公司是利润、责任、成本中心，主要职能是产品开发和提高经营效益。这种经营管理的架构，形成了一种新的经营管理形态——创新创业型管理。它要求现代外贸企业的经营管理由谋求经营资源优化，转移到创新创业管理上来，把创新创业当作日常的工作。

创新创业有一定风险。人们认为创新创业与风险成正比关系。这种观点严重地阻碍了企业的创新创业。美国著名管理学家彼得·F. 德鲁克在他的《创业精神与创新——变革时代的管理原则与实践》一书中认为：创新创业并不需要承担高风险，可能是低风险。当出现创新创业机会时不创新，继续抱住资源理想化不变则风险是最大的。创新创业稍有一点成功，所带来的报酬足以补偿风险损失。因此，比起追求理想状态，创新创业的风险要小些。我国外贸企业在建立新的科学管理制度时，应建立创新创业经营管理机制，靠创新创业立足，靠创新创业发展。

企业创新创业的内容主要有产品创新、营销策略创新、经营行业创新、组织结构创新、管理体制创新、管理方式创新等。

企业由常规型管理转向创新创业型管理，需要建立创新创业的体制和机制，要系统化、正常化。第一，管理者应树立创新创业的经营管理观念，不能墨守成规，只是应付日常危机，应将鼓励、支持创新创业作为自己的基本职责，这不仅有利于企业的生存发展，也有利于管理者个人成长、成功。第二，从上到下建立创新创业委员会、领导小组，总部、子公司由高级管理人员专门领导这方面的工作，将创新创业部门与其他常规经营管理部门分开，各司其职。创新创业工作一开始与企业现有大规模经营相比微不足道，并且要有一定的投入，前途未卜，同时一项创新创业工作要由倡导者、发明者参与和领导，运用不同寻常的做法才能成功。常规经营管理部门的管理者一般先保住"眼前"，将主要精力、时间用来处理日常危机，谋求现有业务的最好状况，如果由常规经营管理者负责创新创业工作，会耽误企业的创新创业。第三，将创新创业管理条例化、制度化。对创新创业项目的审批程序，项目责任制的制定和项目倡导人、发明人的任用及成功后的报酬、奖励，失败了的工作安排、报酬等作出一系列政策规定，在实施中不断完善，有利于充分调动企业员工创新创业的热情和创造性，有利于创新创业管理工作的科学化、民主化。第四，不断寻求创新创业的机会。企业在检查日常经营管理的问题时，不要忽视从成功和失败中探求创新创业的机会；不定期召开各方人员参加创新创业座谈会，以获得新的创意；开展群众性的创新创业合理化建议活动；每隔两三年对企业的经营管理进行一次全面诊断，从中获取创新创业方案。第五，制订和实施企业创新创业工作计划，列出创新创业目标，确定创新创业项目，作出财务、技术、人事安排，检查创新创业项目方向的正确性、成功的可能性，推动创新创业项目成功。

搞好智能资产的管理是企业创新创业管理的重要方面。企业的智能资产主要是指企业所拥有的智力和技能，如专利、技术、设计能力、策划能力、操作技能、管理技能、销售技巧、领导技能、经验等，它是企业最重要的财富，是企业生命活力的灵魂。智能资产凝结了生理学意义上人类的脑力和体力劳动，特别是脑力劳动，它的价值主要表现在创造性和新颖性上，其价值的高低往往取决于能否很好地管理和使用。由员工提出的新观念、新程序、新方法，只有进行有效的实施才能变成企业巨大的财富，变成推动企业发展的动力。

（该文载于《国际经贸探索》1997 年第 2 期；获中国国际贸易学会 1996 年"中国外经贸发展与改革"联合征文三等奖）

# 国有外贸集团公司成长中的综观管理体制创新

长期以来，人们对于国有外贸集团公司如何改善管理及迅速壮大的问题有两种看法，一是推行及采用现代管理方法，二是进一步改革国家经济管理体制。通常是企业主管部门强调管理方法，企业强调经济体制。这些看法有一定道理，但它们都忽略了国有外贸集团公司发展中自身的管理体制问题。管理体制决定权责架构及其运行机制，国有外贸集团公司在发展中应高度注重管理体制的创新。

## 一、国有外贸集团公司管理体制创新的紧迫性

企业管理体制主要表现为企业的组织架构及企业的规章制度。企业管理体制的核心是责权利的分配，有什么样的责权利结构就形成什么样的管理体制，如集权制、分权制、集权与分权相结合的体制等。企业管理体制的创新、变革，实际上就是责权利的重新分配、重构。

集团管理体制创新、变革的原因在于生产力与生产关系、经济基础与上层建筑的矛盾运动，当集团管理体制不利于集团生产经营迅速发展时，就应该考虑管理体制的变革、创新，以解放和发展生产力。适合于国有外贸集团公司迅速发展的企业管理体制对集团生产经营的推动作用主要有如下表现：

1. 管理体制具有激励功能

一个好的企业管理体制，会形成合理的责任体系及权力结构，它不仅能促使管理者承担好自己的责任，运用好拥有的权力，在提高效益的前提下，获得应有的利益。促进公司全体员工在责权利结合的情况下创造性地做好本职工作，同时，在企业内部竞争机制的推动下，员工不断学习，提高自己的素质，更好地尽职尽责。

2. 管理体制具有约束功能

管理体制通过各项规章制度规范人们的行为，发挥控制和协调作用，有利于保持企业生产经营管理的统一性、连续性、稳定性。它不会因为人和事的变动而中断公司的活动，出现混乱。

3. 管理体制具有集成功能

管理体制通过合理的组织体系能将分散、微小的力量，结合成巨大的集体力量，并能实现人财物、知识、能力等资源的优化配置，它使企业的各种资源、力量互补、互动，进而形成一体，避免系统失效，形成别的企业难以学习、模仿的核心能力，提高企业的竞争力。

国有外贸集团公司，特别是由原来省、市国有外贸行政性公司转变为经营性公司的国有外贸集团公司，在集团总部与子公司之间存在着一些体制性的障碍。

首先，国有外贸集团公司的子公司，有的名为子公司实为业务组；有些由行政科室转为做进出口业务的子公司，表面上进行了工商登记，然而十多年来它们没有作为独立运作子公司的组织机构，如行政办公室、市场拓展部、人事部等，财务人员直接由公司委派，

子公司的组织机构实质上只存在由母公司分配的若干业务员组成的业务组。

其次，国有外贸集团公司的子公司，有的只有业务责任而无经营管理权力。子公司的进出口任务由总公司根据上一年的业绩水平，或前两三年的平均水平，加上一个百分比下达，同时确定费用指标，并据此进行提成或奖励。子公司并无经营决策权，无财务、人事管理权，也无投资权。总公司（总部）实行高度集中的管理，子公司仍然如同以往的行政科室，不能像一个相对独立的企业一样进行运作。它们为了防止集团总部在业务上年年加码，往往控制业务量，甚至将有的业务拿到外面去做，缺乏扩展业务、扩大事业的冲动。对海外企业的管理往往沿用国内组织管理的那一套。

再次，集团公司总部存在着高度集权与低度监督。没有进行公司制改造的国有外贸集团公司，经营决策权、指挥权集中在总经理手上，党委及工会的监督乏力。为了解决党政矛盾，往往是党政集于一身。在公司制集团公司里，也往往是权力集中，不是董事长、总经理集于一身，就是党委书记、总经理集于一身等。并没有按公司的治理结构真正形成决策权、指挥权、监督权的分离，形成合理的权力制衡结构。

对于集团管理体制上存在的问题，有的集团公司用"小改小革"来替代体制创新，例如搞"现场办公"、越级建议、人员流动、感情投资等。这些做法只能一时有效，风一过就失效，它没有重构责权利，建立一个新的合理的企业管理体制。

国有外贸集团公司管理体制上存在缺陷的原因是多方面的，就企业自身而言，一是某些企业不知道体制要变革、创新，更不知道怎样变革、创新；二是某些领导者不愿意变革、创新。集权的人格化反映就是"人治"。在某些企业里，领导者的指示大于企业规章制度，企业规章制度大于国家法律法规。法律、规章、制度与企业领导者指示相矛盾，则按领导者的指示办。人治与专制在某些企业里是孪生兄弟。因此，某些国有外贸集团公司的子公司没有真正形成"大中有小，小依托大"的组织结构及管理格局，而是仍然像原来的行政性公司那样，高度集权，如同一个独立的"大型"企业那样运作，而各子公司依附于集团，不能像独立企业那样运作，因而，对集团发展的促进作用不大，甚至阻碍了集团的迅速发展。不少国有外贸企业集团公司，特别是由行政性外贸公司转变而来的国有外贸集团公司，成立之初，进出口额增长较快，达到一定营业额（往往是高附加值商品进出口公司达到 5 亿~6 亿美元，低附加值商品进出口公司达到 1 亿~2 亿美元）后，就长期徘徊，没有多大进展，出口商品结构与原来国有专业外贸公司一样，经营管理结构既无跨行业的工贸结合，又无跨地区的联合、合并，依然在原有的业务范围、经营领域及地区的圈子内活动，与一些工贸集团公司的迅速发展形成了鲜明的反差。

## 二、影响国有外贸集团公司管理体制创新的内在因素

国有外贸集团公司管理体制的创新，与下面几个因素的变化有密切关系。

1. 经营格局变化

国有外贸集团公司经营格局的变化，归纳起来主要有三个方面的变化。

首先，出口商品结构的变化。国有外贸集团公司出口商品由有限制的专营到开放经营，即可以出口不同产业的产品。不同产业的商品市场有不同特征，要求有不同的经营策略、管理体制。

迈克尔·波特在他的《竞争战略》一书中将现有产业划分为 5 种，并分析了它们各自

的特征，如表 4 - 1 所示：

**表 4 - 1　现有产业类型划分**

| 产业类型 | 产业内容 | 产业特征 |
|---|---|---|
| 分散型产业 | 食品业、纺织业、服装业、家具业、五金业、玩具业、水产制品业、普通机械业等 | 不存在市场领袖，进入障碍低，运输成本高，库存成本高，销售波动大，产品功能、式样、花色变化频繁，与客户和供应商交往时无规模优势 |
| 初现型产业 | 太阳能装置、光导纤维、生物工程等 | 以高新技术为基础，产业技术不确定，缺乏商标声望、规模经济和熟练劳动力，风险大，潜力大 |
| 成熟型产业 | 集成电路、计算器、汽车、彩色电视机等 | 由高速发展到有节制发展，产业内竞争十分激烈 |
| 衰退型产业 | 计算尺、晶体管收音机等 | 生产能力过剩，销售量大幅度下降，只有少量需求，许多企业夭折 |
| 全球性产业 | 彩色电视机、摩托车、汽车等 | 主要从衰退型、成熟型产业中脱胎而出 |

注：根据《竞争战略》整理。

我国国有外贸集团公司的出口产品，主要集中在分散型产业和成熟型产业，如果进入初现型产业产品的经营，在组织结构、管理体制上必然要进行重大变革。国有外贸集团公司极少能做到这一点，因而，其出口商品结构多年不变，仅在品种、质量上有所变化，收效甚微。

其次，经营领域的变化。国有外贸集团公司的经济活动主要在流通领域，如果进入生产、金融、房地产、旅游等领域，其管理体制也会发生很大的变化。以生产与流通为例，它们的活动内容、活动方式、资产构成、技术特性、人员结构、组织机构等都有很大区别，这必然引起集团领导班子构成的变化。外贸子公司与生产子公司间责权利关系的变化，还会引起集团公司总部机构的变化，如增添生产事业部等。

再次，经营形态的变化。国有外贸集团公司是多单位企业或群体企业，它与单一单位的国有外贸企业在经营形态上有很大不同。单一单位企业的员工、资产、生产经营活动高度集中于一个基地，商品经营的产业范围往往比较单一，转移比较困难。其经营形态属于商品经营，重点是寻找货源，销售国际市场需要的商品，以谋求企业的生存和发展。集团公司则不同，员工、资产、生产经营活动往往分散在国内外，各子公司是集团的一部分，又能像独立企业那样有自己的组织机构、资产负债表，自负盈亏，它往往跨产业经营，形成合理的多产业多产品经营结构。各子公司主要从事产品、商品经营，总部主要从事资产、资本经营，资产容易重组。在独立企业里，战略管理与战术管理体制合一，往往不得不以实现近期利益目标的战术管理体制为主。在集团公司里，战略管理与战术管理适当分工，又紧密结合，形成近期利益与长远利益结合，并以战略管理为主的创新创业管理体制。

2. 经营管理手段的变化

企业将科学技术用于生产经营管理，从而使经营管理手段发生巨大变化。然而，科学技术在生产经营管理过程中的运用，往往会引起企业管理体制的变革。当前，高新技术，特别是信息技术对企业产生巨大影响：企业的经营资源由以实物资源为主转向以知识资源为主；推动企业经济增长的核心由资本积累转向知识创新；企业经营形态由资本经营转向智力经营；企业的技术素质由体力密集转向智力密集；企业贸易方式由传统方式转向电子商务；企业的组织形态由"金字塔型"转向"网络型"；企业的控制方式由人工控制转向信息控制；企业的领导方式由职务权威转向知识权威等。高新技术对国有外贸集团公司的影响，必然引起企业组织形态、管理方式、管理制度以及责权利的巨大变化。并且，只有在科学合理的管理体制下，现代管理方法及手段才能发挥应有的作用。

3. 经营管理人员结构的变化

国有外贸集团公司经营管理人员结构与独立的国有外贸公司不同，独立的国有外贸公司的经营管理层主要是公司经理层和部门经理层（包括职能部门及业务部门）。而国有外贸集团公司则在独立的国有外贸公司经理层次之上，有了很大变化。一是在直线方面增加了一个总部经理层，二是在职能方面增加了职能部门经理层。如果在管理体制上不创新变革，集团总部如同独立企业那样进行管理，在人权、财权、事权上不进行重新分配、调整，那么子公司就不能像独立企业那样运作。

4. 企业管理体制老化

企业管理体制实施一段时间之后，受多方面因素的影响，特别是人们在适应某种体制后产生的惰性，出现僵化，从而使管理体制老化而必须变革、创新。集团公司管理体制衰老、僵化有如下表现：

首先，组织协作涣散。良好的协作以少量的付出为对方减轻大量工作，可达到事半功倍的效果。如果各部门只追求本部门的局部利益，忽视公司的整体利益，就会相互推诿；如果职责重叠，部门间工作责任界限不清，就会发生不必要的冲突；如果信息不通，控制不健全，就会出现决策和执行过于缓慢，以及负责人不明确等情况。所有这些情况会导致集团出现管理真空，失去组织的协作作用，大大削弱公司实力。

其次，士气低落、工作拖沓。员工不能从工作思考及创造中体验到乐趣，热情丧失，应该及时处理的事议而不决，以致问题成堆，使当前工作无法正常进行；人们宁可什么都不做，也不愿做错，集团散漫成风，懒惰行为加重，集团生产经营管理活动不能"迅速反应、快速行为"。

再次，管理行为官僚化。这不仅表现为集团组织臃肿，文山会海，人浮于事，更表现为不清楚企业意外增加收益和意外亏损的主要原因，对企业的走向不清，没有中长期的发展计划，把经营活动视为一种周而复始的循环，把目前的生产经营当作未来的经营方向，把一般多角化经营当作新经营方向。缺乏向风险挑战的热情，讨厌变化，害怕失败，求全责备，容忍不求上进。

最后，思维及行为模式僵化。企业是一个有生命的机体，在其生命发展的不同阶段，管理体制有所不同，如果思维模式和行为模式僵化，就会阻碍企业的进一步发展，甚至威胁企业的生存。

## 三、国有外贸集团公司不同发展阶段的管理体制创新

国有外贸集团公司管理体制的创新不是管理者的心血来潮，随心所欲，它是集团公司

生命周期不同发展阶段的客观要求和反映。

国有外贸集团公司管理体制创新的主要内容是组织形态和规章制度，创新的核心是责权利的重组，创新的方式有内部竞争、内部创业、内部化管理、企业流程改造、企业资产重组等。国有外贸集团公司不同发展阶段的管理体制创新可以分为两个大的阶段，一是国内经营管理时期，二是跨国经营管理时期。

### 1. 国内经营管理时期

国有外贸集团公司在国内经营管理的初期，主要从事商品的进出口业务，且以出口为主，基本上是在国门口交货，在别国没有自己的经营实体，或只有少量的办事处、代理处。这时，一方面母公司所属子公司不多，另一方面子公司多为国有独资，集团往往采用总部集权下的子公司分散经营管理体制。各子公司的经营活动，或以地区分工，或以产品分工，或某子公司专营某种（类）商品，某几个经营同类商品的子公司则以地区分工。各子公司合同的签署有一定权限，超过一定的金额要经总部审批，总部对经营计划、资金借贷、外汇额度、人事安排、工资奖励、费用开支实行统一管理。总部集权下的子公司分散经营管理体制，比较适合于集团初期 1 亿 ~2 亿美元或 5 亿 ~6 亿美元出口额的经营规模，这时出口商品的种类不多，商品结构性能简单，一般而言，附加值不高，比较适合于集团公司高层管理的能力和经验。

当低附加值商品出口达到一定额度，想再大幅度增加就很难了，一是竞争激烈，二是国际市场需求有限。想迅速增加出口额的一个重要战略选择是提高出口商品附加值，为此，需提高出口商品的档次，调整出口商品结构，这两者施行时还应增加出口商品的科技含量。解决这一问题有两个途径，一是自己投资兴办高附加值的出口商品基地，二是实行贸工、贸技结合，研制生产高附加值的出口商品。不管是自建还是合资，集团都会形成内部化经营管理格局，如制定和实施生产子公司与出口子公司的内部交易及价格转移的政策、制度等。这样的管理体制，对进入中期国内发展阶段的国有外贸集团公司的经营有较大促进作用。这时，集团总部的机构及功能会发生某些变化，子公司出现合资经营管理体系，出现集团内管理体制的多元化。

国有外贸集团公司的成熟阶段，往往形成一体化或综合型规模经营。一体化规模经营将供（原料、资金、技术等）产销等经营功能内部化，将外部规模经济与内部规模经济融为一体，建立起企业内部交易的保障机制，它要求处理好同一经济主体的内部产权关系或责权利关系，以及不同经济主体之间的经济关系。综合型规模经营是在集团公司内部按照生产、销售的内在需要或关联度，将有关联的生产营销部门联系起来，向其他行业渗透，母公司、子公司生产经营不同种类、不同产业的产品和劳务。综合型规模经营是资源的一种科学选择和组合，以资产规模去获得更大的盈利能力。这时集团的管理体制会形成一个多元管理体制或称为综观管理体制。一方面集团内存在独资、合资经营管理体制，另一方面形成总部、次级部及子公司的管理框架。总部进行总体的战略管理，负责投资、政策及监控，成为投资中心；事业部及超事业部负责本事业部内的战略、投资、政策及监控，成为利润或责任中心；子公司主要是负责产品生产及销售，成为成本或利润中心，从而形成集中规划、综观调控、分权决策、分散经营的经营管理体制，如表 4-2 所示：

表 4-2　集团公司总部管理与子公司管理的主要区别

|  | 总部 | 子公司 |
|---|---|---|
| 经营形态 | 资本经营，智力经营 | 产品生产，商品经营 |
| 管理性质 | 战略管理 | 战术管理 |
| 行为特征 | 远离具体业务和日常管理 | 具体业务和日常管理 |
| 管理途径 | 抓头头 | 头头抓 |
| 素质要求 | 管理胆识，管理智慧，管理人格 | 业务能力，实施能力，管理人格 |

2. 跨国经营管理时期

国有外贸集团公司往往在中期国内发展阶段就开始了对外直接投资。在对外贸易的基础上，在海外建立独资的贸易子公司，建立合资或独资的生产实体，并由少到多。这个过程大致会经历国际部和全球性组织管理体制两个阶段。

国际部（有的称为海外事业拓展部）是在国内组织结构形态的基础上，在总部的管理机构中增设的一个管理部门。国际部的管理功能主要是：

①对海外直接投资项目进行可行性分析，并监督海外企业的建立。②对海外各子公司的经营进行统一计划、协调，如划定各子公司的国外销售市场，以避免子公司之间的竞争；为各子公司统一筹借资金以减少利息负担；在子公司之间进行内部交易时调整其经营策略以降低税收负担；在各子公司之间互通情况，解决跨国经营中的金融、法律等特殊问题。③对国外各子公司的经营管理进行监督、控制，按既定目标评估它们的业绩。④与总部、各职能部门以及有关子公司进行协调与沟通等。国际部管理体制的特征是将国内经营管理与跨国经营管理分开，实行这种体制有利于海外事业的发展，也有利于培养和储备跨国经营管理人才。

当海外企业增多、业务量增大，这时国际部由于与国内部门在经营策略、管理风格等的不一致，矛盾及冲突增多，并难以协调解决，同时，国际部与海外企业的矛盾也增多，有关海外企业经营管理重大决策问题，国际部要请示总部。由于国际部已经不适应公司经营进一步发展的要求，造成决策的迟缓，需建立全球性组织管理体制或混合型管理机制。全球性组织管理体制打破传统的国内外经营管理分离的做法，将国内外市场作为统一的世界市场，并将国内外经营管理融为一体，其组织管理模式有全球性职能制、全球性地区制、全球性产品制，以及全球性交叉制（以某种全球性组织管理模式为主，同时还有其他组织管理模式）等。这时的管理体制往往不拘一格，既存在集权制，也存在分权制，既有国内经营管理形态，又有跨国经营管理形态，并存在不同产品、产业，不同企业生命周期，不同国家、民族的文化差异等特征，它使集团的管理体制更加多姿多彩，为集团的生存和发展开辟了广袤的天地，也为经营者带来了从未有过的挑战以及显示才华的舞台。

（该文载于《国际经贸探索》2002 年第 1 期；获中国国际贸易学会 2001 年"中国外经贸发展与改革"联合征文二等奖）

# 论国有外贸企业经营管理者监督的新制度安排

理论界有人依据旧制度经济学"所有权是制度经济的基础"的观点，以及科斯定理，在论及国有外贸企业经营者的监督问题时，提出了如下几个基本观点：第一，私有制企业的所有者或非国有资本所有者才能有效地监督经营者；第二，国有企业和以公有制为基础的股份制企业所有者缺位，难以建立有效治理结构，不可能有效地监督经营者；第三，经营者是经济人，他追求的是个人收入最大化而不是企业利润最大化；第四，政府机构不是国有资产的真正所有者，国有外贸企业经营者是政府官员的代理人，因而容易联手侵吞国家财产；第五，企业职工也不是企业财产所有者，缺乏监督的动力，还可能与经理串谋侵吞公共财产；第六，作为公有财产所有者的全民不可能对国家进行有效的制衡，人们往往缺乏监督国家行为的积极性而倾向于"搭便车"。按照以上观点，国有外贸企业是否必须私有化或转化为非公有制企业才能有效监督经营者，这是一个值得探讨的重要问题。

## 一、现行监督机制的制度性缺陷

现今，国有外贸企业的内部管理制度或治理结构有两种基本形式，一是未转制的企业，实行的是总经理负责制；二是已转制的企业，实行的是董事会领导下的总经理负责制。

总经理负责制的治理结构是，经营管理工作由总经理全面负责，企业党委对总经理的工作起保证、监督作用，职代会实行民主管理，对行政工作进行监督，职代会的职能平时由工会实施。人们称这种治理结构为"三驾马车"，即党委书记、总经理、工会主席形成相互支持又制衡的管理制度。在实际工作中，企业党委起政治领导作用，对行政工作往往只有"保证"，而难以监督，行政工作中出了大问题却要党委负责。总经理对企业全面负责，但企业干部的任命由党委决定，难以对企业经营管理全面负责。因此，党政往往有矛盾，为了解决这一问题，有的国有外贸企业则是党委书记和总经理由一个人担任。至于职代会、工会，有的企业多年未召开职代会，工会也形同虚设，主要搞搞福利、文娱活动，无权讨论、决定与职工切身利益有关的重大问题。

国有外贸企业，按《公司法》的规定，应该形成股东大会、董事会、总经理的治理结构，形成股东大会监督董事会，董事会监督总经理的监督机制。在实际中，往往是党委书记、董事长、总经理由一人兼任，股东大会、董事会形同虚设，转制企业与未转制企业的治理结构基本一样，变成"换汤不换药"。

国有外贸企业的外部监督除了法制之外，也有两种基本形式，一是政府监督，二是舆论监督。政府机构对国有外贸企业的管理与监督是一种多头治理结构，组织部门负责外贸企业主要经营者的人事任免，行业主管和计划部门负责企业主要投资的立项，财政部门负责税收，审计部门负责企业的审计等。在以放权让利为主线的国有外贸企业改革中，政府机构越来越远离对外贸企业的管理和控制，以至达到"放任"的程度。

舆论监督能在社会上引起很大反响，引起方方面面的关注和重视，但不是所有外贸企业的事件都有新闻价值，也不可能对所有外贸企业进行舆论监督。

目前，国有外贸企业内部和外部的治理结构，对经营者的监督，存在着严重的制度性缺陷。

第一，权力高度集中。在未转制的国有外贸企业和某些已转制的国有外贸企业中，决策权和指挥权高度集中在总经理一人手中，对经营者的监督乏力。

第二，责任制虚设。在权力高度集中于经营者手中的情况下，责任难以落实。这除了"负盈不负亏"之外，最主要的是不承担行政领导责任，例如国有外贸企业业绩下降乃至亏损，甚至连年亏损时，经营者并不"下岗"，总经理照当，工资照拿，或调到其他国有外贸企业等，地位不变，利益也没什么损失。

第三，外部治理机构不健全。国家对国有资产、国有外贸企业多头管理的治理结构，由于党政以及政府机构之间的权力与利益关系未理顺，至今未有突破性进展。加之，我国的经理市场未形成，证券市场发育不充分，中介机构不完善，外部监督系统未形成规范的治理结构，往往各自为政，不能有效配合。

1993 年以来，国家致力于现代企业新制度的建立，在某些转制的国有外贸企业里，名为新企业制度实为旧企业制度，名为新治理结构实为旧治理结构。究其原因，一是以放权让利为主体的国有外贸企业的改革，已经出现国家对国有资产、对经营者监督的失控；二是"人治代替法制"的观念和行为，使现代企业制度的治理结构变形。因而，在改革旧制度建立新制度的过程中出现"制度真空"。在国有外贸企业新制度的建设中，不仅要注重新制度的设计，更要注重新制度的实施。如同法制建设，制定了许多很好的法律条文，如果没有很好的司法，那么法律条文就如同一纸空文。我们应像抓司法那样，抓好现代企业制度的队伍和程序建设。

## 二、私有制企业所有者监督的制度安排

有的人在论述私有制企业所有者监督的有效性时，主要论证的是私有制企业所有者对经营者经营管理行为的直接监督。直接监督往往在小企业容易实现，在大公司则很难实行，大公司主要进行制度性安排，实行制度监督。

新制度经济学家们，对于在大公司不是实施所有者的直接监督，而是实行制度监督这个问题，进行了深入的研究。

当代美国著名经济学家约翰·肯尼思·加尔布雷思认为，成熟的公司（大公司）与企业家公司（小公司）相比已经发生了一系列根本性变化：

第一，权力从资本家手里转到专家组合手里。权力并不始终与生产资料所有制联系在一起，最重要的是生产要素的变化引起权力的转移，权力归于最重要生产要素的占有者。权力曾与土地、资本这些基本生产要素不可分地联系在一起，现在，专门知识已成为最重要的生产要素，权力也就转移到掌握专门知识的人的手中。

第二，公司的主要目的是企业的稳定、经济增长和技术进步，而不是追求利润最大化。一方面是因为专家组合的收入主要是薪水和奖金，而不是股息；另一方面是因为大公司的"计划化"消除了市场的不确定性，而摒弃了最大限度利润原则。专家组合往往是防止企业利润低于一定水平，而不是利润最大化。

第三，"生产者主权"代替"消费者主权"。现代公司不仅通过消费者在市场上的

"货币投票"，来了解社会消费趋势和消费者的动向，而且通过庞大的广告网、通信网和推销机构对消费者进行劝说，竭力让消费者照生产者提供的商品品种、规格、价格来购买。

第四，和职能资本相比，货币资本的意义降低了。在专家组合控制的公司，"稳定"是公司主要目标之一，为此，必须有"内部积累"才能避免银行对企业的控制。大公司往往保存"大量未分配收入"，以避免外界的控制。

第五，技术发展是生产发展的决定因素。科学和技术是决定经济发展性质的独立力量，是社会进步的主要推动力。

制度经济学家贝利也有类似的观点：由于股份公司的发展，企业所有权的分散取代了所有权的集中；生产集中取代自由竞争；所有权与管理权分离；公司权力从资本家手中转移到经理人员手中；企业生产目的由获取利润变成为全社会服务等。

从制度经济学家们的论述，我们可以看到，在私有制经理型企业里，因为所有权分散，代替所有者位置的是公司，经营者是"雇员"，企业明显地存在着所有者缺位的问题（有的学者，对此只字不提）。大公司对经营者的监督，除了产品市场上消费者的"货币投票"监督、股票证券市场上股民的"用脚投票"监督，以及经理市场的竞争监督、中介机构的专业监督之外，最根本的是按《公司法》建立股东大会、董事会、总经理的治理结构。同时，公司往往有完备的规章制度，规范经营者的行为，形成有效的制度监督。外部的市场监督则通过内部的制度监督起作用。

现代公司的内部制度监督有四个要点：第一，公司权力集体化。公司由管理者集团集体使用权力，由他们分配成果，指导当前活动，选择未来发展方向。制度经济学认为，制度是约束个人行动的集体行为，发生在制度内的个人经济行为，是控制、解放和扩展个人行为方面的集体行为，集体行动控制个人行动。第二，制度实施必须坚持民主程序。制度经济学者艾尔斯认为，民主代表一种程序，它是掌握真理和正确操作的过程，其他价值只有通过这种程序才能获得，它使大多数人达成普遍的一致成为可能。民主程序使集体权力得到体现，使制度监督得以落实。第三，坚持社会价值。制度经济学家们认为：经济因素不是唯一起作用的因素，还包括社会、政治、心理、文化等非经济因素。人类行为和社会价值是密切联系在一起的，经济学必须从什么是道德上的好或坏来研究价值问题，在不同的社会有所不同，反对道德的不可知论。制度的价值既来自经济、技术，也来自信仰和道德。第四，重点监督结果。现代公司生产经营活动的"计划化"取代了生产无政府主义，对生产经营活动实行目标管理，企业中的各项活动成为各个管理点，经营者也在其中。在目标管理体系中不仅注重员工的参与，还注重成果第一，最终成果既与利益紧密相连，又是能力的反映，是价值的体现。

私有制经理型公司的治理结构，在所有者缺位的情况下，通过制度安排体现所有者的意志和利益，实现了所有者对经营者的有效监督。公司的治理结构、监督制度具有两重性，是其自然属性，公有制企业与私有制企业没有本质区别，不同的是社会属性，它们体现不同所有者的意志和利益。制度经济学家格鲁奇认为：经济制度的职能是指经济制度如何运行，经济运行的方式和为谁的利益服务，而不是讲谁占有生产资料。因此，公有制企业也可以通过制度安排，来体现全民的意志和利益，对经营者进行有效的制度监督。

目前，国有外贸企业对经营者缺乏有效的监督，不单纯是所有者缺位的问题，主要是制度有缺陷，制度的实施变异。在我们这个有"悠久"人治历史的国家，建立现代企业制度，实施好现代企业制度，尤为重要。

### 三、国有外贸企业制度监督的内涵

国有外贸企业对经营者的制度监督是一个制度体系。从国有外贸企业内部的监督制度而言，制度安排主要有如下几个方面：

第一，决策与指挥的制度安排。减少决策失误及其损失，保证决策的正确性是制度监督的关键，是制度监督的目标之一。宋铁军在《中外企业家失败比较》一文中指出，国外执行总裁的失败在于执行，它是个人的"失败"，而不等于企业的失败。中国企业家的失败在于决策，往往意味着企业遭受重创，甚至消亡，不仅是个人的失败还是企业的失败。其原因是国外企业的决策实行的是"集体制"，执行实施的是"一长制"。我国的国有外贸企业，转制和未转制的，往往是决策与执行集于一身，一个人说了算。因此，在未转制的国有外贸企业中宜实行党政联席会或建立管理委员会制度，进行集体决策，重要的决策必须有一个或两个以上的可行性研究方案。已经转制的国有外贸企业必须坚定不移地贯彻执行董事会的集体决策制度。绝对不能将决策权和指挥权集于经营者个人。

第二，权力和责任的制度安排。权力与责任是对等的，有权无责的制度，隐患无穷，对此任何监督将会苍白无力。制度监督对拥有实际权力的经营者的监督应注重责任的落实。柯达公司总裁凯·威特摩尔由于他没能实现重塑柯达公司数字化形象战略而被解雇。我国的国有外贸企业经营者的责任制不是没有，然而在权力高度集中的情况下，责任制流于形式。加之，我们一贯以来的干部政策是领导干部"没有功劳有苦劳，没有苦劳有疲劳"，这里工作没成绩、"不适合"，就调到别的地方去。如果"事情"不败露就会平安无事，绝不会像凯·威特摩尔那样被免职。因此，尽职尽责，形成经营者的优化机制是制度监督的又一目标。应该严格执行经营者的岗位责任制，不能将国有外贸企业变成经营者的"乐园"。

第三，激励与约束的制度安排。由于有的国有外贸企业的经营者在离职退休之前"捞一把"的现象不断发生，这种现象引起了各方面的高度重视，因此注重对经营者激励制度和约束制度的建立。科学合理的激励制度，如物质奖励、精神鼓励、事业激励，有利于经营者的自我监督。经营者不仅是经济人，而且是社会人；经营者的行为，不仅具有独特的个性，而且具有社会性。一个有社会使命感的经营者，他不会无止境地追求物质利益，而会履行社会责任，发挥社会作用。因而，他会不断解剖自己、升华自己，自觉地约束自己的言行。激励制度有利于激发经营者的积极性和创造性，这是制度监督的又一目标。国有外贸企业经营者的约束制度，除了对权力、责任的界定，以及对犯罪行为依法处置之外，其约束往往融于企业经营管理活动之中。管理学认为，管理即控制，控制即管理。具体的方式有计划控制、组织人事控制、行政领导控制、资产保值增值控制，以及会计、审计控制等，这有利于防范经营者的违法行为及侵犯企业利益，同样是制度监督的目标之一。

国有外贸企业经营者外部制度监督，需要进一步完善落实注册登记、年检、审计、财政、税务等检查制度，完善和落实中介机构的会计验证、年度审计、离任审计、资产评估等监督制度，并充分发挥新闻媒体等社会舆论的监督作用，这些都可以说是公有财产所有者的监督。

国有外贸企业经营者外部制度监督中有一个对监督机构的制度监督的问题。一方面，监督机构需建立和完善自我的监督制度，并认真实施；另一方面，须完善和加强对监督机构的制度监督。这方面的内容很多，最重要的是完善和加强人民代表大会制度，这是全民作为所有者行使权力的集中体现。因此，进一步完善和加强人民代表大会制度，十分有利于防范政府机构中的某些人与经营者联手侵吞国家财产。

## 四、结论

本文从制度经济学的角度，对国有外贸企业经营者制度监督问题进行了论述，总结全文可以得出以下几点结论：

第一，国有外贸企业存在的"内部人控制"失控的问题，是我国由计划经济管理体制向社会主义市场经济管理体制过渡中，存在的"制度真空"，即新的监督制度未建立起来，出现了监督失控，与国有外贸企业不可能建立有效治理结构、不可能有效监督经营者没有必然联系。

第二，监督制度具有两重性，制度监督即可以体现私有制企业所有者的意志和利益，也可以为公有制服务，体现公有制企业所有者的意志和利益。

第三，国有外贸企业经营者新监督制度的执行，比新监督制度的制定更重要。新监督制度不能很好执行，不可能实现新监督制度的价值，更不可能进一步健全和完善新监督制度，相反会存在很大隐患。

第四，国有外贸企业经营者不仅是经济人，有自己的物质利益，而且更是社会人。这不仅说明了经营者自我监督的重要性，也说明了选择德才兼备的经营者的重要性。

第五，国有外贸企业经营者的监督制度，是一个制度体系。它包括企业内部的监督制度、企业外部的监督制度，以及对监督机构及监督者进行监督的制度。对经营者的监督不是单一的，是综观的。建立国有外贸企业经营者的监督制度，是一个综观的、艰巨的制度建设工程，需要我们加倍努力。

（该文载于《国际经贸探索》2000年第6期；获中国国际贸易学会2000年"中国外经贸发展与改革"联合征文三等奖）

# 企业加强管理的盲点

## 一、企业生命周期各阶段的管理有不同要求

有的管理者不清楚企业和人一样是一个有生命的机体。企业生命周期有初生期、成长期、成熟期、衰老期四个典型阶段，我们称它为"正态型"。企业生命周期由于产品类型、产品寿命、组织管理、人才结构、政府规制等因素的影响，又存在着夭折型、提升型两种基本类型，以及波浪型、周期型等派生形态。

企业不同生命周期阶段要求有不同的管理。这里仅简述初生期、成熟期的经营管理要略。企业处于初创时期，首要问题是决定进入什么行业，不能入错行。入行后主要的经营目标是获取利润以求生存。在经营策略方面，产品和服务必须有特色，形成自己独有的竞争力，创造出理想的顾客群。领导方式多为集权型的个人领导，管理者具有一般的管理技能就可以应付。

企业处于成熟期，在经营管理上会面临着一些进退两难的问题：一方面企业形成了一定的规模，另一方面行业的竞争更加激烈；一方面企业增长放慢、利润率下降，另一方面为了对付竞争又迫使企业购买新设备、增加新服务；一方面企业要求严格、正规的管理，另一方面这样做会强化行政管理，容易使企业管理僵化；一方面需要大量善于管理的人才，另一方面企业里升职机会有限，人事提升率下降等。企业在成长期，由于高增长率，掩盖了企业管理上的许多问题。到了成熟期，这些问题就逐步暴露出来，并在管理人员中引起广泛的纷争。这时，企业必须调整产品、行业结构，搞大项目大计划，承担更大的社会责任，进一步完善内部经营管理系统，开展企业内部竞争，实行企业提升和经营管理的转型，精心物色培养接班人等，以使企业永葆青春。

大量的事例告诉我们，企业到了成熟期，企业领导者会感受到，原来成功的管理现在作用不大了，生产经营管理中的问题、矛盾、冲突增多，虽然作出了很大的努力去加强管理，但收效甚微，往往觉得无计可施、束手无策。有的管理者则把问题归结于缺乏人才，笼统地认为是管理没跟上或管理不严，而很少考虑组织形态、管理方式、管理体系、产品结构等的转型、提升问题。

## 二、脱离产业（行业）状况谈加强企业管理

产业是企业活动的"空间"，不同的产业及其发展变化，对企业的经营管理活动产生重大影响，要求有不同的经营管理，不能仅用严格管理一言以蔽之。

美国哈佛大学教授迈克尔·波特将现有产业分为五种：

（1）分散型产业。此类产业进入障碍低，销售波动大，产品变化频繁，往往以横向连锁经营管理的方式来谋求规模经济。

（2）初现型产业。该类产业以高新技术为基础，以经济社会变化、新消费要求为契

机，企业在经营管理中必须全力克服缺乏商标声望、规模经济、熟练劳动力等问题去谋求生存和发展。

（3）成熟型产业。这种产业从高速发展变为有节制的发展，产业内竞争异常激烈，企业的经营管理向多单位、多功能、多产业转移。

（4）衰退型产业。这类产业中的企业一般生产能力过剩，销售量大幅度下降，只有少数企业能继续生存。它迫使其他企业重新定位，寻求新的出路。

（5）全球性产业。这是成熟型、衰退型产业中的企业在全球寻求市场，其经营环境、经营风险、管理思想和方法等与国内企业管理截然不同。我国经济的高速发展，产业结构正在经历巨大的变化。由于消费水平的提高，消费热点转移，某些产业（企业）的生产能力过剩。由于新兴产业的兴起，传统产业和企业日益衰退。要素价格的变化，使劳动生产率低的产业、企业丧失竞争力。加之国外企业的进入，使某些产业、企业陷入困境。我国的纺织、机电、轻工行业就面临着这种状况。对处于上述产业中的企业，仅仅要求加强企业管理无济于事，不可能从根本上解决面临的危机。

产业结构对企业的经营管理至关重要。我国地区产业结构同构化状况有日益严重的趋势。在高度趋同的产业结构下，大家在同一市场厮杀，造成产业生产能力过剩，企业投入巨资建成之日，就是企业面临经营危机之时。

### 三、不区分经济景气时期和经济萎缩时期的企业管理

经济景气时期和经济萎缩时期，企业经营管理的目标、重点、方式大不相同。

经济萎缩时期。首先，市场需求萎缩，竞争更加激烈，企业面临着生存的威胁。其次，资金储备耗竭，借款条件苛刻，给予经营者克服困难的资源十分有限。再次，经营管理中的问题大量暴露，一般管理措施往往无效，必须采取非常规的特殊手段。

在经济萎缩时期，企业的经营管理首先要应用企业诊断术，对企业的经营环境、经营战略、经营组织、经营开发能力、经营平衡性（如经营环境的变化与经营规模的平衡、经营战略与内部结构的平衡、扩大经营规模与提高经营素质的平衡等），以及企业的财力、生产、物资、管理信息、市场营销等状况进行真实、全面、综合的分析，制订出可行的经营方案。

经济萎缩时期，企业的经营管理要点一般是：

（1）精减管理机构和人员，变革企业组织形态。

（2）关闭企业中的亏损生产经营单位，裁减多余人员，重新建立新的经营体系。

（3）出售部分资产，如亏损分厂、闲置设备等。

（4）寻求外部财政支持，减少债务、减少库存、节省开支。

（5）购进新设备，改进生产技术，提高劳动生产率，提高产品质量，改进营销和服务。

（6）重新进行市场定位，开发新产品、新业务、新经营领域，进入新市场。

（7）与其他企业联合或合并经营，实行或扩大国际化经营等。

## 四、只注重企业的内部管理

有的企业在加强管理的时候，比较注重企业内部的结构、制度，这当然是十分重要的，但只局限在企业内部是不够的。应该将管理延伸到企业外部，将不确定的外部市场"准市场化"（或称为内部化），形成以企业为核心的、产供销一体化的经营管理网络，与网络成员结成经营管理利益共同体，共同运作和驾驭市场。

## 五、追求经营管理的理想状态，忽视经营管理的动态创新

一提到加强企业管理，有的企业领导人就忙于浅层次的事务管理，解决表面问题，追求经营管理的理想状态。他们首先想到的是，如何在原有的基础上进行优化。

企业管理的形态是一个动态的发展过程。有人认为，大约每隔10年，企业管理形态就会遇到一个大的转变。20世纪50年代以来，我国国有企业的经营管理大致经历了模仿→探索→倒退→转型→创新五个阶段。企业管理的形态大致经历了集权式生产型管理（1949—1956）→党委领导下生产型管理（1957—1965）→企业管理瘫痪、徘徊（1966—1978）→生产经营型管理（1979—1991）→创新创业型管理（1992年至今）。1992年以来，国有企业正在深入地进行制度创新，转换经营机制，企业管理形态由常规型向创新型发展。

创新比在原有基础上的优化能带来更大的成效。长期习惯于常规型管理，追求理想状态管理的国有企业领导者，应重视学习创新创业管理的理论和方法，将创新创业管理视为企业极为重要的工作，这是对管理者的新的挑战。

（该文载于《经济管理》1998年第2期）

# 外贸企业的巨变与经营机制转换

近年来，我国外贸企业的经营管理经受着世界新科技革命浪潮、产业结构转移、国际经济集团化和地区化、跨国公司的迅速发展、贸易保护主义抬头等的冲击，又经历了我国外贸管理体制 1988 年、1991 年两次重大改革。特别是建立社会主义市场经济体制的改革目标的确定，使我国外贸企业发生了史无前例的变革。它不仅显示了我国外贸企业经营管理应有的变化，还预示了未来管理的方向和挑战。本文拟从总体上对外贸企业经营管理所处的发展阶段及其特点、要求、趋势进行一些研究和思考。

## 一、历史性的经营变革

我国外贸企业经营管理的"集中统一"盛于国内其他工商企业，因参与国际市场竞争这一特定境况，其经营活动必须适应国际市场经济运行的要求。因而，企业经营管理的改革在时间进程上快于国内其他工商企业，在内容上深于国内其他工商企业。特别是从 1988 年以来，短短几年时间，我国的外贸企业发生了一系列根本性的变化。

1. 外贸企业构成的变化

近代各国经济的起飞都依靠外向型经济，与此同时，涌现出大量的外向型企业。我国也是如此，在实施我国经济发展战略时，大力发展外向型工业、农业、商业等，我国的外贸企业加入了许多新成员，如国营工商业、乡镇企业、外商投资企业等。现在，外贸的含义、范围已经大大突破了原来"进出口"的界限。它们积极参与国际分工和国际市场竞争，以创汇为中心，不断调整企业的组织结构、产业结构、技术结构，充分利用国际资源，大量出口本国的商品和劳务，同时引进国外各种先进技术、设备、管理经验等，不断改善经营管理，推动企业自身的发展，同时也带动我国经济的发展。1992 年全国享有外贸自营权的生产企业有 839 家，乡镇企业、外商投资企业已成为我国商品出口的两大重要力量。1993 年乡镇企业的出口交货值接近全国出口创汇的 1/3，外商投资企业的出口值占全国出口额的 1/5。这些新成员的加入，不仅增加了我国商品的出口额，而且极大地推动了我国出口商品结构的改变，提高了出口商品的价值。这对传统的外贸企业提出了新的挑战，形成了新的竞争格局，成为外贸企业转换经营机制的外在压力。

2. 外贸企业产权制度的变化

过去，我国外贸企业的经营管理是高度的"国有国营"，不利于我国外经贸事业的迅速发展。外贸企业实行股份制使我国外贸企业的产权由单一的国有制转变为复合所有制。股份制有利于我国外贸企业的实业化、集团化、经营国际化，有利于开辟新的融资渠道，扩大经营规模，提高资金使用效益。

3. 外贸企业组织结构的变化

随着科学技术的发展和科学技术在生产过程中的运用，市场的发育及需求的增长，交通运输和通信条件的改善，企业的组织结构由"小而全"转变为专业化，又转向一体化、联合化；企业的生产经营由小批量生产、小批量分配，转向大批量生产、大批量分配，又转向大批量生产和大批量分配相结合。这样，企业的组织结构就由传统的"小而全""专业化"的单一单位企业转向现代化的多单位企业。我国的外贸企业正在经历这种转变，如将原来的科室变为经济实体；投资建立生产、销售子公司；兼并其他企业；贸工、贸技、贸农等合资合营等，通过横向和纵向的结合，将单一单位企业结合成为多单位企业，将单一单位企业的单一生产、销售、科研、运输、金融等功能，变为综合性的多功能。在多单位企业内部，资金、技术、原材料、货品等的供给，产品的运输、销售等的流动，用多单位组织结构这只"看得见的手"取代市场力量这只"看不见的手"，用管理协调取代市场功能。多单位企业的产生和发展标志着我国外贸企业的经营管理跨入了一个新的发展阶段，即现代企业经营管理发展阶段。

4. 外贸企业财会制度的变化

由于外贸企业经济成分和经营方式的多元化，投资渠道和分配方式的多样化，使外贸企业的财务会计不仅要反映企业经营活动的状况，更重要的是要反映各种财产关系、利益分配关系，反映经营管理的权力和利益。同时，外贸企业的产生使一级核算变为几级核算，由一个核算单位变为多个核算单位，使产权关系、利益分配关系更加复杂，使财会在经营管理中上升到突出的、重要的地位。现行的会计制度依赖国家经济政策，缺乏科学性、稳定性、连续性、独立性，核算制度一统到底，事无巨细，不能反映新产权关系，不利于企业自主经营、自主理财，核算标准、指标口径不统一，造成不同企业的分配标准和负担不同，不利于宏观分析对比，也不利于公平竞争，直接影响市场机制形成，这需要按照资本的保全原则、核算谨慎原则、国际会计惯例，重新建立会计核算指标体系、会计报表体系。

5. 外贸企业经营管理形态的变化

外贸企业产权制度、组织结构、财会制度等方面的历史性变革，必然引起外贸企业经营管理形态的历史性变革，我国外贸企业经营管理形态正在发生着一系列的变革，"国有国营"转为自主经营、自担风险；单一的流通功能转为生产、科研、服务多功能；"专业专营"转为一业为主多种经营；封闭式经营管理转为开放式经营管理；"出口创汇型"转为"创汇效益型"；个人英雄式管理转为科学管理；以行政方法为主的管理转为以经营方法为主的管理等。它们反映了外贸企业经营机制多方面的转换。

## 二、新阶段的经营机制

我国外贸企业经营管理的一系列历史性变革，表明它告别了昨天，跨入了一个崭新的发展阶段。新阶段的经营机制有其自身的新内容、新特征。它要求外贸企业必须建立新的经营管理体系，运用新的管理模式和方法。

1. 分权化

单一单位的外贸企业实行的是集中经营、集中管理，是一种高度集权的经营机制。虽然在企业内部也有分权，实行某种程度的集中经营与分权管理，但只是企业内部分工所必备的工作权利，各部门并无独立的经营管理权。多单位的组织结构或集团企业，各子公司与单一单位企业类似，它们在不同地点，从事不同类型的经营管理活动，客观上要求分权经营、分权管理。如果仍然采取单一单位企业的集权管理，势必使集团企业把主要精力放在眼前的问题和事件上，把经营业务活动的重点放在短期市场需求的变化上，限制、削弱各子公司的活力，使其经营管理的权力不如单一单位企业。必须形成集中调控、分权经营的管理机制，总部协调和监督各子公司的经营活动，并为未来的经营活动分配经营资源，实施战略管理，成为投资、控股中心。各子公司根据各自的功能（生产、销售、开发、服务）成为利润、责任、成本中心，分权决策、分权经营、分权管理。这是我国外贸企业的管理者的管理和领导方式的一个重大转变，是对我国外贸企业经理的管理领导能力和水平的一个挑战。

### 2. 内部化

集团式外贸企业的优点之一是有利于用"看得见的手"取代"看不见的手"，这种取代不可能自然发生，只有管理协调的效率比市场协调更高时，企业才能繁荣成长，这需要集团式外贸企业建立内部化的经营机制。内部化的经营机制主要有：以专业化、协作化、内部交易为主的集团生产合理化；以技术（生产技术、管理技能、营销技巧等）内部转移为主的成熟企业活跃化；以营销策略为主的营销一体化；以内部转移价格为主的财务经营集团化等。内部化的经营机制将原来外部市场的商品、技术、资金等的交易内部化，降低生产、交易、信息成本，加快资金周转，提高各种经营要素的使用效率。否则，多单位外贸企业就只不过是一些单个自主经营的联合体，而不是真正的集团企业。

### 3. 多样化

外贸企业经营的多样化包括市场的多样化，如不同需求层次、规模等；投资产业的多样化，如资源业、制造业、服务业等；业务扩展方式的多样化，如独资、合资、非股权方式、国际联盟等；经营内容的多样化，如有形商品、无形商品等。现代企业的经营活动越来越具有综合性，它是提高企业经营安全度、竞争能力的需要，又是眼前利益和长远利益所必需的。企业的投资，有的利润少但回报快，有的回报慢但利润大，不同性质的投资容易形成经营多样化的格局，形成多样化的经营机制。

### 4. 人本化

人本化即以人为中心。传统的经营机制以物为中心，强调了以下几方面内容：如何保持设备的完好率、充分发挥设备的设计能力，以及进行设备的更新改造；如何充分利用原料，降低生产成本；如何保证货物安全运输；如何增加出口数量等，并制定出一系列相应的规章制度。人在生产经营活动中被当作物（或工作）的附属物，为物的有效利用服务。新阶段的经营机制以人为中心，在重视物的管理的同时，特别注重人的管理。人不仅是管理的对象和客体，更是管理的主体和动力，应充分发挥人的创造性和积极性，采用新的管理方法，建立人本化的经营机制，如目标管理、自我管理、集体决策、感情投资、意见沟通、能力开发、职务开发、能力工资、内部竞争、企业文化等。通过开发人的积极性、创造性去充分利用物，发挥物的作用。

### 5. 跨国化

生产经营国际化程度已成为衡量一个企业经济实力和经营管理水平的重要尺度，它是现代外贸企业的一大特征。外贸企业经营机制的国际化包括开发世界产品、运用国际人才、按国际惯例经商、实行跨国经营等，跨国化是核心。跨国公司现已成为国际生产、销售的主要组织形式，被认为是"同蒸汽机、电力和汽车的应用推广一样，是现代经济的一件重大事件"。通过海外直接投资，建立国际化经营机制已成为当今发展的一大趋势。根据笔者1992年对广东省海外企业随机抽样调查的结果表明，1989年以来，广东省在哪个国家和地区办的海外企业多，哪个国家和地区的出口额波动幅度就小，增长幅度就大，否则相反。我国外贸企业的跨国经营还处于初级阶段，要发展到高级阶段还有一段路程。

## 三、建立新经营机制的战略

美国著名的管理学家彼得·德鲁克近几年发表了几篇文章论述未来的企业管理。他认为，100多年来美国企业的组织结构和概念发生了两次重大变化，目前正在发生第三次重大变化。第一次，19世纪末和20世纪初，企业的管理权和所有权分离，明确了专业化管理人员的作用，使管理自成体系；第二次，20世纪20年代，以美国杜邦公司和通用汽车公司为代表建立了命令和控制型结构，注重决策部门，明确各类经营管理人员的不同职能，分散权力，强调人事管理，制定完整的预算，规定具体政策和经营界限等。目前是第三次，"经济结构正在发生变化，以前是围绕着物品和资金流动组织起来，现在则变为围绕着信息的流动而组织起来"，形成以知识型专家为主的信息组织，它类似医院和管弦乐队，基层工作人员都懂得经营业务，有共同的目标，有很大的自主权；遇到问题，不必通过中层机构，直接通过信息网络与最高主管沟通，就可主动处理。将来企业的管理层次会比现在企业少一半，管理人员不到今天的1/3。我国的企业就整体而言，处在第二次重大变化的不成熟阶段，少数企业在向信息型组织或网络型组织转变，我们的首要任务是采取适当战略措施推动企业向现代化企业发展，建立现代企业经营管理新体系。

1. 实行"终身教育"

人是企业主体，只有充分发掘人的主动性和创造性，才能使企业产生强大的活力。在外贸企业经营发展的不同阶段，对人才的需求不同。外销员只具有一般的进出口业务能力已不够用了，要开拓国际市场，就要具有市场经营管理的知识和能力，既能对自己负责的海外市场进行正确的调查与预测，又能采取适当的产品、价格、促销、渠道综合策略，成功地进入、占领海外市场。财会人员能记账、算账、结汇、退税也不够用了，要善于处理复杂的财务关系，要有资金融通、证券交易、直接投资等的知识和能力。这需要经营管理人员在不断提高思想觉悟、调动积极性、发挥创造性的同时，不断进行知识和能力的更新，采用多种形式对职工进行"终身教育"。

2. 经理职业化

目前，我国外贸企业的经理具有双重身份，一方面他是企业的经营管理者，另一方面他又是官员，他由上级政府主管部门任命，具有一定的行政级别，享受相应的政治待遇。集团企业的发展，企业产权制度的变化，企业经营多样化、国际化，企业内部经营机制的复杂化，要求经营管理者专家化、群体化，形成合理的经营群体结构。外贸企业的经理应是企业发展的战略家，能审时度势、运筹帷幄，能承担风险，敢于竞争，不断进取、开拓，在创新中发展企业。他们应具有像政治家、军事家那样的多种才能，是企业的领袖，能成功地经营一家现代企业。许多事实说明，企业的生存和发展，在很大程度上取决于管理者的能力，这样，人事管理，特别是挑选各级经理就成为集团企业经营机制的核心。在这种情况下还是由政府主管部门来任命企业经理并确定其行政级别已是不可能的事了，"小政府"难以确定大企业的行政级别，也没办法恰当地任命那么多的经理，它应该是企业自己的事情。政府就是政府，企业就是企业，各有不同的功能，可以用一定标准给企业划分大中小，但不必给企业、经理划分行政级别，应将经理作为企业里的一种专业职务，和其他专业职务一样实行职业化管理。

### 3. 重新确定外贸企业管理哲学

企业管理哲学是最基本的企业观和方法论，它是指导企业经营管理活动的基础。许多企业家认为，一个企业经营管理的成败，往往不在于企业技术设备的效率，而在于企业管理哲学是否正确。市场经济体制的建立要求重新确立外贸企业的管理哲学。以往，我国企业的管理哲学、价值观是将定量与精神、道德联系起来分析，"君子喻于义，小人喻于利"。美国企业价值观是将定量与物质联系起来分析，把凡是增加财富的都当作好事。现在，许多国家的企业将我国的《孙子兵法》《三国演义》《论语》《易经》等用于企业的经营管理，重新确定企业管理哲学、价值观。日本企业界将美国的绝对利润原则和我国的儒家哲学相结合，采用科学的态度用于经营管理，形成日本企业的"合金文化""日本式企业管理"，取得巨大成功。我国的企业不太重视企业管理哲学问题，而引起最大争论的又是企业管理哲学，如对广东企业经营管理一些做法的激烈争论，就是明显例证。不建立与市场经济体制相适应的企业管理哲学，企业经营管理不可能取得迅速、长期的发展，这是我国外贸企业走向未来经营管理的一个重大战略问题。

### 4. 适应性变革

变革是绝对的、主导的，但建立和完善外贸企业发展新阶段的经营机制体系不是一朝一夕的事，它是一个复杂的系统工程。而面对着由计划经济体制向市场经济体制过渡时，存在着的不规范的内外环境及心态，只能采取适应性变革措施，逐步由非规范化转向规范化。在这个过程中有两点值得高度重视：首先，要善于采取非常规的企业经营管理方案，不刻意追求一步到位，承认和允许中间过渡，把重点放在总体的效益上，在"亦此亦彼"中求得稳定和发展。其次，企业经营管理变革的适应性方案尽量趋向目标模式的发展能力，不仅现实是可行的，而且有利于企业经营机制体系的建立，为其提供有利条件。

（该文获中国国际贸易学会 1993 年"中国外经贸发展与改革"优秀论文三等奖）

# 抓住机遇，实施经营管理转型

面对当前全球金融危机，有两种不同的应对理念，一种是"企业只要挺过困难时期就可以生存发展"；另一种是在应对困难的同时，抓住机遇，加快企业转型，塑造核心竞争力，以提高企业可持续发展的能力。后一种理念已成为绝大多数外贸企业的共识，因此，这已成为一个热门话题。

## 一、外贸企业转型的大好机遇

外贸企业转型，这里主要是指改变企业经营方向、模式、类型等。从经营要素角度看，外贸企业由劳动密集型转为技术密集型或资本密集型等；从经营特性角度，由依附型转为自主型等；从企业功能角度看，由制造型转为服务型等。

2008年下半年发生的全球金融危机，发端于虚拟经济，但它对实体经济带来了严重冲击，造成了全球经济的衰退，与国际经济联系紧密的外贸企业首当其冲，有的减产或停产，有的甚至关门倒闭。这说明，我国某些类型的外贸企业转型的必要性和紧迫性。

我国的外贸企业从经营形态而言，有三种代表性的类型：一是工贸公司，它们一般都有自主品牌，能主导企业在国内外的生产经营管理链条；二是单纯从事商品进出口，又以出口为主的外贸公司，它们一般无自主品牌，主要是根据外商的订单从事采购、运输业务，处于国际物流的商品采购和仓储运输环节，属于中间服务商；三是来料加工贸易企业，主要是从事来料加工，无自主品牌，处于国际制造产业链中端，属于依附型的"打工"经济。工贸公司抗全球金融危机冲击能力较强，外贸公司及来料加工贸易企业抗冲击能力较弱，转型的紧迫性尤甚。

首先，由于金融危机的影响，国际需求减弱，订单减少，以及贸易保护主义抬头，给商品出口带来极大困难，这对外贸公司及来料加工贸易企业的影响尤为显著。

其次，国家根据社会经济发展状况和可持续发展的要求，抓住金融危机的机遇，采取了一系列措施来加快发展方式的转变和推进经济结构战略性调整，已经制订了钢铁、汽车、纺织、电子信息、石化、轻工等十大产业振兴规划，批准了《珠江三角洲地区改革发展规划纲要（2008—2020年）》等区域经济发展规划；地方政府也在做相应的安排，着手淘汰生产力落后、污染环境、资源损耗大、没有发展前景的企业，发展新兴产业，增强自主创新能力等。国家和地方政府的规划及措施，都要通过企业去实施，外贸企业与其他企业一样，必须适应这一发展趋势，必然要进行相应的转型。

上述情况表明：金融危机使那些出口市场单一、抗风险能力差的外贸企业被"市场力量"淘汰，迫使外贸企业必须转型。同时，在国家和地区经济发展转型的进程中，也会淘汰落后生产力，"政府力量"也迫使外贸企业转型。

"市场—政府"力量又给外贸企业的转型带来大好机遇。

首先，国际市场供求关系巨大变化降低了转型成本。第一，金融危机使过剩产能中部分企业倒闭，使经济复苏后的市场中的竞争对手减少了，让企业能以低成本获得更大的市场发展空间。第二，企业转型所需人才成本降低。金融危机导致不少跨国公司裁员，求职者往往会主动降低薪酬期望值，特别是中端人才，这有利于转型企业以低人工成本获得高素质急需人才。第三，生产原材料成本降低。金融危机以来，国际油价、重金属、某些化工原材料等的价格暴跌，这有利于企业降低生产成本。

其次，政府在采取一系列措施应对金融危机的同时，还制定了一系列推进经济转型升级的政策，有利于外贸企业的转型。广东省外经贸厅与银行合作，为外贸企业争取到"5个100亿"的融资，以促进广东外贸企业调整优化结构和转型升级，推进境外经贸合作区建设，促进外贸生产基地建设，支持重点外贸企业发展，重点支持高技术含量和高附加值产品出口等。广东省财政2009年安排10亿元推动一批加工贸易转型的典型和一批扩大内销的典型，并依据2008年9月广东省政府印发的《关于促进加工贸易转型升级的若干意见》，设立加工贸易转型升级专项资金，专项用于扶持加工贸易转型升级研发创新公共服务平台建设，奖励加工贸易企业设立研发机构，培育自主品牌，对加工贸易企业用于工艺技术设备改造的国内贷款进行贴息等（王鹤等，2009）。

## 二、外贸企业转型的路径

不同类型的外贸企业由于各自的经营模式不同，转型的路径及措施的选择也不尽相同。

### 1. 工贸公司

工贸公司主要是发展新的先进生产力，依靠自主创新获取自主知识产权与知名品牌，塑造新的核心能力，形成国内外市场新的竞争优势，成为可持续发展的创新型企业。

第一，采用先进生产设备，重整加工制造产业链，推动产业转型升级。业内人士认为，在全球一体化的平台上，谁掌握了液晶模组的生产，谁就能取得更大的竞争优势。TCL集团2008年12月22日首台液晶模组在广东惠州下线。集团在平板电视整机中，一方面可以满足整机液晶电视生产规模增加的需要，另一面可以向产业链上游延伸，加速主要产业的整体转型升级，摆脱关键部件受制于人的局面（杜娟，2009）。

第二，自主创新，转变企业发展方式，不与市场上同质化产品竞争，在知识技术产业链中抢占高端。如广东汕头民营企业金刚玻璃，针对恐怖袭击研制防炸弹玻璃；根据大厦玻璃幕墙或建筑物，研制发电玻璃等，产品订单纷至沓来，出口产品价格比一般玻璃高5~6倍（吴江，2009）。

第三，抢占价值链高端，转变企业物流商务链。2009年2月18日，格力电器与日本大金在广东珠海宣布开展五个方面的战略合作，其中包括技术提升和产业升级的合作，还包括联合采购空调原材料、零部件，以及开拓全球市场方面的合作，共同构建新的物流商务链，抢占价值链高端（许悦，2009）。

### 2. 外贸公司

外贸公司主要是转变经营类型和创新商业模式，从而转变发展方式，获得新的发展能力。

第一，通过独资、合资等产权方式，建立出口商品生产基地，或在国外建立产品生产销售企业，将公司转型为以出口为主的工贸公司。20世纪80年代以来，在"多元化、跨国化、实业化"战略指导下，我国许多大中型外贸公司已经转型，由流通领域进入制造领域，由于制造企业与商务公司在作业性质、管理方式、人才结构等方面的显著差异，开始进展得并不顺利，经过多年的锤炼有了很大变化，但与优秀的工贸公司相比还是有一定差距。建议外贸公司根据自身特点，学习和借鉴工贸公司的经验，加速生产基地的转型和提升，发挥自身熟悉国际商务的特有优势，形成新的市场竞争力。

第二，创新商业模式，提升企业物流服务的价值。国际上一些最具影响力的公司，往往创造出一些新的商业模式去颠覆一些最基本的营销规则，来提升商业服务价值。美国的零售商沃尔玛公司，通过批量采购降低成本，把商品销售价格压到最低，成为世界上最大的零售商。外贸公司可以第二、三方物流企业的角色，通过整合外商需求形成某种或某类商品的批量订单，进行批量采购，搞好第二、三方物流服务，获得规模经济效益。

### 3. 来料加工贸易企业

来料加工贸易企业主要是由依附型转变为自主型，由劳动密集型转变为劳动—技术密集型。这种转变难度很大，它要"脱胎换骨"建立新的经营模式，要自创产品及品牌，形成新的制造产业链，要建立自己的营销网络，形成新的商业服务链。

第一，以某产品的零部件自主品牌转型。这种方式由只为一个或少数几个客户加工某种零部件，转型为自主品牌，为众多的国内外客户及使用者提供某种零部件。这种零部件一般为某产品的重要易损件，质量要求高，工艺较复杂，与某产品配套，使用者会反复购买，市场容量较大。鲁冠球万向集团生产的汽车传动轴与驱动轴的连接器——"钱潮"牌万向节，1988 年就成功打开了日本、德国、法国等 18 个国家和地区的市场，企业不断发展壮大，1994 年被批准为国家级集团。

第二，以某最终产品自主品牌转型。这种方式可以通过并购、合资、合作等进行，以某骨干企业为主组建集团，形成某最终产品的制造产业链，搞好某最终产品的自主生产和销售。这种方式在产业集群的地区较为方便，成本较低。

以上方式，除了企业自身努力之外，还需要政府的指导和大力扶持，特别是第二种方式。东莞市是国际上知名的来料加工产业最为集中的地区，近年来特别是在全球金融危机的情况下，加快了来料加工贸易企业的转型，每年都有 100~200 家来料加工贸易企业转型成为合作合资企业。2008 年东莞市政府在产业集群地区，分村镇、分行业搞了四大类 62 个转型试点，目前正在总结经验：产业结构如何规划，技术创新怎样扶持，企业研发平台怎么推动等。东莞市政府从 2005 年开始，每年支出 10 个亿扶持企业进行科技创新，主要奖励企业自主品牌的创立，奖励科研成果，以及设立高科技产业的配套基金等（刘新宇，2009）。

## 三、重新打造外贸企业经营理论

外贸企业的转型不只是简单地选择某种转型方式，它实质上是企业经营理论的重新打造和企业"基因"的再造，它包括企业宗旨、功能、角色定位、组织边界、经营理念、经营战略、组织管理体制、决策过程、行为准则等深层基础的转变。

著名管理学家彼得·德鲁克认为：时代的改变会使企业面临危机和挑战，而以往的经营理论、管理方法只是告诉我们"怎么做"的工具，这已不再适用，虽然大多数情况下公司做的事是正确的，但没有效果。这与懈怠和官僚不相干，应该重新打造经营理论。他认为企业经营理论有三个部分：一是组织环境（社会结构、市场、顾客及技术等，用于定义收入来源）；二是组织使命（经济和社会价值，用于定义组织所做的有意义的结果）；三是组织能力（核心能力，用于定义组织领先地位需要哪些方面的卓越表现）。为此，公司应设立对经营理论的监督和检验系统，掌握社会和经济结构上的变化，思考新结构带来了哪些危机，创造了哪些机会，如何应对。基本环境变化的征兆，往往很少出现在组织内部和现有顾客身上，而是在非顾客群中；应对经营理论进行早期诊断，每三年对自己的产品、服务、政策、销售通道进行挑战和反省；应重新思考自己失效的理论，采取有效措施使组织运作和现实环境实际情况一致，形成新的使命和核心能力，以不断提高自我革新能力，搞好企业的转型和升级。

经营理论打造的过程往往是企业及其产品重新定位的过程。非常小器有限公司的梁伯强，原来是一个普通旅游纪念品厂的老板，在国内外考察中发现，在发展中国家指甲钳被定位为"小五金"，几毛钱一把，在发达国家指甲钳被定位为"个人护理用品"，包装精美，成套出售，售价高达几百元。他根据自己的从业经验，把指甲钳定位为"纪念品"，在指甲钳上面附上艺术化的图形或文字，"不卖功能，卖时尚"，将企业改为生产指甲钳，并认为自己的企业"本质上是家文化公司"，以自主品牌"非常小器"主攻国内市场，在国外市场使用贴牌"圣雅伦"。2008 年企业售出了 1.4 亿元的指甲钳，并成功售出三个单价高达 1 980 元的指甲钳（张强，2009）。

经营理论的打造伴随着企业事业发展的再设计。事业发展的再设计是指以新的价值观，用不同以往的方式，寻找企业新的增长点，重新制定新的发展战略。事业发展的再设计要思考企业有哪些功能、能力、竞争力已经与产业发展脱节，面对未来，企业必须发展或获得哪些新功能、能力、竞争力，根据产业经济结构的变化，减少或撤除哪些旧事业，投资哪些新事业。海尔集团董事局主席兼首席执行官张瑞敏，根据外部环境的变化、企业发展的阶段，以及国际上许多跨国公司的经验，认为白色家电行业的竞争已不再由技术革命推动，竞争力将展现在商业模式当中，提出将大部分生产业务外包，企业将精力集中于最核心的技术环节和渠道服务来掌控整个产业链，欲使海尔淡出制造业，向制造服务业转型（刘新宇，2009）。

外贸企业事业发展的再设计，必须使新事业远离传统的组织，采用其他产业的模式和程序，重建创新价值机制，形成企业自己的科技创新体系及经营管理创新体系。外贸公司和来料加工贸易企业可以借鉴海尔、华为等工贸公司的经验，来重构自己的创新体系，构建新的竞争优势。

## 四、结论

以上分析可得出如下几点结论：

第一，过去成功的经验可能成为现在遭受严重挫折和损失的原因。这次金融危机造成的严重影响，只是加剧了外贸企业转型的紧迫性，而转型的必然性来自国内外社会经济发展的客观要求和企业自身可持续发展的需要。

第二，外贸企业的转型不仅仅是经营内容、经营方向的改变，它本质上是企业经营理论的重新打造和企业"基因"的重塑，它要企业家作出关系企业前途和命运的重大决策，它是我国企业家胆识、才华、毅力，在国际经济舞台上的又一次展现，也是一次重大考验。

第三，现代社会经济是企业经济，国家加快经济发展方式转变和经济结构调整，提高可持续发展的能力，要通过企业去实现。一国经济在国际市场上的竞争力，主要是通过外贸企业展现的。为此，外贸企业的转型，除了企业自身的努力，还必须有政府的正确引导和大力扶持。因此，又好又快地实现企业转型，是企业和政府共同的社会责任。

（该文载于《国际经贸探索》2009 年第 9 期）

# 再造广州国有外贸公司经营管理基因

在我国国民经济快速增长和改革开放不断深化的大环境下，广州国有外贸公司的经营管理持续稳定发展，对广州经济社会的发展作出了很大的贡献。由于广州国有外贸公司仍未突破传统的管理体制和经营方式，其发展滞后于其他类型的外贸企业。如果我们将公司的组织边界、角色定位、职权规范、决策过程、经营管理、行为准则、奖励制度等深层的基础问题，称为企业经营管理基因问题，那么，必须再造广州国有外贸公司的经营管理基因。为了便于分析，本文着重于广州国有外贸公司与工贸公司的对比研究。

## 一、"数据"告诉我们什么

广州对外经济贸易统计资料显示：广州 2001 年出口额前十名的国有外贸公司的出口总额为 7.261 2 亿美元；第一名的出口额为 2.149 2 亿美元，第十名的出口额为 0.171 2 亿美元。广州 2001 年出口额前十名的工贸公司的出口总额为 11.253 6 亿美元，平均每个公司的出口额为 1.125 36 亿美元，第十名的出口额为 0.225 5 亿美元。

表 4 – 3　广州 2001 年出口额前十名的国有外贸公司和工贸公司比较

单位：亿美元

| | 国有外贸公司<br>出口额（1） | 工贸公司<br>出口额（2） | 两者比较：<br>（3）=（1）-（2） | 比率（%）<br>（4）=（3）/（1） |
|---|---|---|---|---|
| 出口总额 | 7.261 2 | 11.253 6 | -3.992 4 | -54.98 |
| 平均出口额 | 0.726 12 | 1.125 36 | -0.399 24 | -54.98 |
| 第一名出口额 | 2.149 2 | 4.876 2 | -2.727 0 | -126.88 |
| 第十名出口额 | 0.171 2 | 0.225 5 | -0.054 3 | -31.72 |

注：此表根据广州对外经济贸易统计资料：2001 年出口额前十名的国有外贸公司和工贸公司的出口数据整理。

上述数据告诉我们如下三点：

第一，国有外贸公司出口商品的附加值比工贸公司低。广州对外经济贸易统计资料显示，国有外贸公司出口的商品主要是畜产、粮油食品、纺织品等，而工贸公司出口的多为机械、电子、船舶、钢铁等商品。

第二，国有外贸公司的经营灵活性比工贸公司差。统计资料表明，2001 年出口额第一名的国有外贸公司与出口额第一名的工贸公司，出口的商品都是轻工产品，工贸公司第一名的出口额是国有外贸公司第一名的出口额的两倍多。为什么会这样呢？排除其他因素，从经营灵活性的角度可以看出，在与外商洽谈有一定技术含量及市场个性化的商品时，工贸公司的谈判者能根据外商的要求，对产品成本、工艺改革、加工的难易程度等作出评估，能当场对商品的功能、技术指标作出答复，并商定出合适的价格，而国有外贸公司则较困难。

第三，国有外贸公司的出口额达到一定规模则停滞不前。当国有外贸公司的出口额达到一定规模时，就会长时间徘徊，而没有多大进展。工贸公司则不同，出口增长的劲头十足。据《羊城晚报》2003年5月6日报道，广东美的集团2002年的出口额为3.3亿美元，比上一年翻了一番，2003年第一季度的出口额又猛增30%，全年出口可望达到5亿美元，预计到2005年出口额可达15亿美元。

## 二、"数据"背后隐藏着什么

广州国有外贸公司对广州经济社会发展作出了重大贡献，这一点必须充分肯定，但也存在着一些不利于国有外贸公司快速发展的问题。广州国有外贸公司经营管理存在的深层问题主要有如下几点：

第一，体制障碍。广州有的国有外贸公司，特别是集团公司，组织管理体制不合理。首先，集团的子公司只不过是一个业务组。它们表面上进行了工商登记，但没有行政、人事、营运管理机构，财务人员直接由公司委派，只有若干业务人员从事进出口业务工作，它们不是真正意义上的企业，只是集团的一个业务组。其次，集团高度集中管理，子公司只有业务责任，而无经营管理的权力。子公司以完成进出口任务的情况获得提成或奖励，并无经营决策权，也无财务、人事管理权及投资权，子公司不能像一个相对独立的企业那样进行运作。它们为了防止集团在业务上年年加码，往往控制业务量，甚至将业务拿到外面去做，缺乏扩展业务及事业的冲动。国有外贸公司特别是集团公司组织管理体制上的问题，有的领导人不是不知道，但怕自己被"架空"，不愿意下放经营管理权，他们口头上的理由是难以找到独当一面的合适人才。

第二，功能单一。广州国有外贸公司的基本功能是从事进出口业务，功能十分单一。工贸公司则不同，它们除了具有国际贸易的交易功能之外，还有生产功能、开发功能等。它们工贸合一、功能齐全，对国际市场的适应性较强，有利于培育自己的核心竞争力，创建自主品牌，形成竞争优势。日本的综合商社也具有多种功能，如资讯功能、金融功能、交易功能、组织功能、开发功能，其经营范围广、业务规模大、组织规模大。九大综合商社平均控制200~300家企业，其中一些综合商社（伊藤忠、三井、三菱、佳友、丸红等）在1987年的营业额就超过千亿美元。日本的综合商社通过自己的五大功能，与工业企业构成了一个紧密的经营体系，工贸之间形成鱼水关系，共存共荣。工业企业对综合商社有较大的依赖，依靠综合商社提供生产订单、技术、资金、信息，产品由综合商社销售，综合商社对工业企业的生产起着组织作用。广州的许多国有外贸公司，既不像工贸公司那样工贸功能合一，又不像日本综合商社那样具有多种功能，只有交易功能，通过买断、代理与供货厂家建立联系，工贸之间往往是油水关系，没有形成网络经营体系，功能分割，难以形成大规模经营。这个问题许多国有外贸公司的领导人也能察觉，但由于体制、能力等方面的原因，未能有所作为。

第三，创新不足。广州不少国有外贸公司在组织管理、经营模式等方面，仍停留在传统阶段，组织臃肿、文山会海、人浮于事，不清楚企业意外增加收益和意外亏损的主要原因，没有中长期发展计划，把经营活动视为一种周而复始的循环，把目前的经营活动当作未来的经营方向，把调整出口商品结构、市场多元化当作新的经营方向，缺乏向风险挑战的热情，讨厌变化，害怕失败，求全责备，容忍不求上进的行为，思维及行为模式僵化，几十年一贯制，只有形式上的改变，并无实质创新的变革。

广州有的国有外贸公司经营管理中存在的问题，不只是涉及调整出口商品的结构、提高出口商品附加值、采用电子商务、提高企业的灵活性这样一些浅层次问题，还暴露了公司的组织边界、角色定位、职权规范、决策过程、经营战略、行为准则、奖励制度等深层基础的问题——企业基因问题，领导者应对指导和支持企业行为的机制进行检验和质疑：公司过去和现在的行为是否理所当然？是什么机制把企业带进日复一日、年复一年的困境？过去的机制和真理阻挡了哪些新东西？公司应如何改造原来的基础？这些存在的问题还暴露了领导者的思维方式和行为方式的欠缺。高层管理者往往对自己的能力和资格充满信心，对公司经营范围及成效充满自豪，出现问题就把责任推给下属，从不考虑自己的思维方式和行为方式是否会成为公司进一步发展的严重障碍。高层管理者应从客户和员工的角度来审视公司和自己的行为；根据环境的变化，来改造自己的思维方式和行为方式，将改造过程变为公司和个人持续不断的学习过程。

### 三、刷新"数据"应该做什么

加快发展，做强做大，这是对广州国有外贸公司的严峻挑战。为此，必须通过变革，通过创新创业来推动发展。首先，找出公司深层基础中的关键问题，不能久拖不决、决而不行，要进行突破性创新，例如，当机立断，真正赋予子公司像独立企业那样进行经营管理的权力、责任、利益。其次，在巩固和发展变革成果时，进行持续的渐进式的创新，下面就持续的渐进式的创新，提供几种行之有效的经营管理方式。

第一，创建品牌。缺乏自主品牌，是广州国有外贸公司普遍存在的问题。从表4-4中我们可以看到中国品牌前十名，全部是工贸公司，其中广东有四家，而无一家是国有外贸公司。因此，创建国有外贸公司自己的品牌，进而创造名牌是当务之急，又是长期的任务。

表4-4 2001年中国品牌排行榜

| 品牌 | 公司名称 | 品牌价格（亿元） |
|---|---|---|
| 红塔山 | 玉溪红塔烟草（集团）有限公司 | 460.00 |
| 海尔 | 海尔集团公司 | 436.00 |
| 长虹 | 四川长虹电子集团有限公司 | 261.00 |
| 五粮液 | 四川省宜宾五粮液集团有限公司 | 156.67 |
| TCL | TCL集团有限公司 | 144.69 |
| 联想 | 联想集团有限公司 | 143.55 |
| 一汽 | 中国第一汽车集团公司 | 116.21 |
| 美的 | 广东美的集团股份有限公司 | 101.36 |
| KONKA | 康佳集团股份有限公司 | 98.15 |
| 科龙 | 广东科龙（容声）集团有限公司 | 98.08 |

第二，网络经营。国有外贸公司的网络经营是指国有外贸公司与拥有某种生产经营能力的法人企业合作，各自负责生产经营项目中的某项价值活动，共同完成预期目标并共享利益。它利用许多企业的集体创造才能及经营资源，进行协力经营，以扩大经营规模，实现规模经济。网络经营的前提和基础是，要求国有外贸公司具有网络经营的决策能力、资源实力，即有核心能力，从而形成网络经营体系（如图4-2所示）。销售运动鞋的耐克公司，集中公司资源，专攻附加值高的设计和销售，在生产成本低的国家生产，向全球销售。

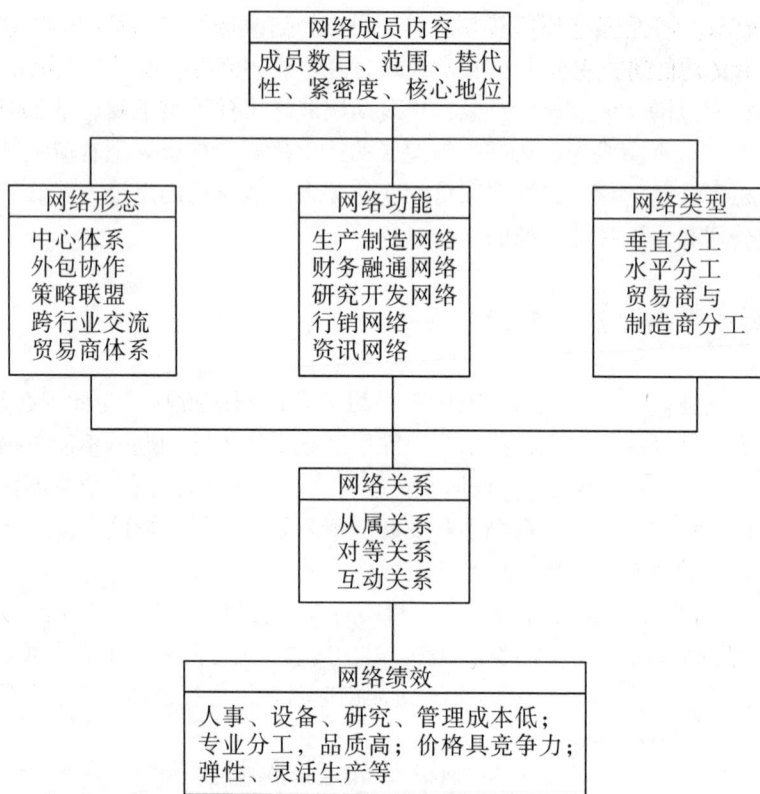

**图4-2　网络经营体系**

第三，内部创业。国有外贸公司的内部创业是指在公司内部建立内部企业家机制，鼓励建立新的经营单位，扩大公司经营规模。内部创业一般分为如下几个阶段：第一阶段，由创业发起人及创业小组提出创业方案，经过严格审查，批准纳入预算，成为成本单位；第二阶段，组成理事会，制定经营战略，着手生产及销售，开始有营业收入；第三阶段，健全组织机构，成为独立法人子公司，转为利润单位。公司高层管理者应鼓励、支持内部创业，允许员工成功，避免人才外流。

第四，并购扩张。国有外贸公司可以通过并购来迅速扩大经营规模，提高竞争力，获得财务盈利。并购是一种资本运作，其战略较多，如地区战略（同一产品分配在不同地区）、产品战略（产品不同，面对同一客户群）、能力战略（提高盈利能力，降低成本）、功能战略（不同优势企业结合）、特殊战略（增强公司某方面的实力）等。日本的九大综合商社都有并购的经历，如伊藤忠商社，创立初期，与我国的国有外贸公司一样，主要是搞出口生意，在成长过程中，不断创建和并购，到 20 世纪 70 年代末，在日本有子公司 42 家，国外有子公司 125 家。通过并购，伊藤忠商社规模不断扩大，实力增强，功能增加，发展加快。

## 四、结论

广州国有外贸公司要加快发展，做强做大，必须加大变革、创新创业的力度，必须从企业深层基础——企业基因入手，进行企业基因的改造、重组，从而改变国有外贸公司的组织经营管理形态，增强国有外贸公司的活力。这对广州国有外贸公司的高层管理者而言，既是挑战，又是机遇，它要求管理者有超群的才智，更要有超群的胆识和勇气。

（该文载于《国际经贸探索》2003 年第 4 期）

# 国有外贸企业的知识型管理

国有外贸企业的经营管理面临一系列的挑战，许多国有外贸企业在经营管理上力图进行变革，有的成功了，促进了企业经营管理的发展；有的则进入误区，结果矛盾更大，问题更多。本文着重从知识型管理的角度，探讨国有外贸企业进一步改革和完善管理体制及经营机制的问题。

## 一、国有外贸企业经营管理面临的挑战

当今，知识经济、信息技术改变着工业社会的面貌，必然对国有外贸企业的经营管理产生革命性的影响。

第一，知识经济促使国有外贸企业经营环境发生巨大变化。知识经济明显地改变了国有外贸企业的科技环境。在经济环境方面，重新构建了国际市场的供需关系，改变了国际经济的产业结构、市场结构；法规环境也发生巨大变化。1997 年世界贸易组织主持达成的全球基础电信产业自由化协议于 1998 年 1 月 1 日生效，取消信息技术产品贸易关税协议分 3 阶段进行，于 2000 年 1 月 1 日信息技术协议涉及的 6 大类约 200 项产品的关税将降至零。

第二，知识经济促使国有外贸企业经营形态发生巨大变化。工业社会是产品经营、资本经营，追求效率的主要对象是分工和规模，经营活动的核心是预测系统。信息社会是知识经营、智力经营，追求效率的主要对象是创造知识和经营机会，经营活动的核心是学习系统、强化信息积累。在知识经济的推动下，国有外贸企业如何发挥现有知识优势，进行知识创新、知识重组，实行知识联盟，这是改善经营管理的一个新课题。

第三，知识经济促使国际贸易方式发生巨大变化。电子数据交换（EDI）开创了全新的国际贸易方式。应用 EDI，可在任何时间、地点与国内外客商进行谈判、交易，商贸文件传递速度可提高 81%，文件成本降低 44%，市场竞争能力提高 34%。

第四，知识经济促使国有外贸企业的组织形态发生巨大变化。知识经济，特别是信息技术在企业组织管理中的运用，促使国有外贸企业的组织形态发生 3 个巨大变化。首先，垂直型变为扁平型。有关资料介绍，近几年美国企业的中间管理层次减少 1/3，管理幅度原则为信息沟通幅度原则取代。其次，金字塔型变为大森林型。大企业收缩总部，实行高度分权，成立自治子公司及分公司。最后，实体型变为虚拟型。企业间的战略联盟通过计算机联网，将盟友纳入国有外贸企业经营体系，形成网络组织、虚拟企业。

第五，知识经济促使国有外贸企业领导方式发生巨大变化。员工素质由于知识化、专家化，在经营活动中有更大的自主权，他们在基层直接运用同事、客户、公司的信息组织经贸活动。中层管理人员的一些职能上移，更多的职能下移，从沟通者、促进人、监督者变为支持者、"球员"，管理和业务双肩挑。高层管理者，不是在上面发号施令，而是以信息支持，进行战略规划和综合协调，以知识代替权威。同时，他们要善于建立组织员工彼此合作的创造性方式。

知识经济对国有外贸企业经营管理的影响、冲击，向国有外贸企业特别是企业的管理者提出了严峻的挑战。它要求管理者学习研究知识经济的内容、特征，树立知识经济的观念，以全新的知识经济视觉去观察事务，以全新的知识经济思维方式去思考问题，不断变革企业经营管理，推动企业经营管理的发展。

## 二、国有外贸企业信息管理的误区

国际贸易的迅速发展需要高效率的信息传播，将买主和卖主联系起来，现代数字技术使获得交易机会的有关信息成为可能。但这些信息往往没有整理、核实，使其寻求交易机会的代价太高。因此，国际电子贸易中间商的地位和作用突显出来，并迅速兴旺、发展。在这种形势下，国有外贸企业纷纷从事网上国际交易，并取得显著成效，从而十分重视信息基础设施的投入，许多国有外贸企业建立信息部，加强国际互联网网上交易的管理。有的人由此认为企业管理已经发生了根本性变革，跨入了知识型管理。这是极大的误解。

首先，信息型管理不能代替知识型管理。知识型管理与信息型管理有很大的区别，第一，信息往往是显性的，知识除了显性的之外，许多是隐性的，它存在于员工的头脑里。第二，信息型管理的过程主要是对信息的收集、整理、传递，提高信息效率，往往要依赖于计算机及其网络。知识型管理主要是对新知识的创造、交流、运用，而知识的创造、运用往往不依靠计算机及其网络。第三，信息型管理的主要目的是统一企业信息资源、沟通各部门的信息、参与企业高层决策；知识型管理的主要目的是平衡企业业务活动、人力资源、组织过程、公司战略的关系，为企业创造更多的价值。知识型管理的主要对象不是信息技术而是人，是员工对知识的创造、交流、利用，及其对经营成果的分享。

其次，信息技术的运用不能代替管理模式的变革。国有外贸企业运用计算机及其网络，不仅提高了工作效率，更重要的是它将因劳动分工引起的管理分工和再分工联结在一起，开始解除企业中传统结构分割的状况。这是否表示企业的组织结构、管理体制、领导方式发生了根本性变革呢？结论是否定的。国有外贸企业建立完善的计算机系统引起组织结构、管理形式上的某些变化只是表层的东西，它没有也不可能产生深层的变化。第一，企业运行的主要因素不是计算机系统，而是隐藏在企业组织结构背后的相互关系，如非正式组织、私人关系以及社会关系等，计算机系统不可能取消这些关系。第二，确定企业活力及经营管理水平的关键因素不是计算机系统，而是企业的政策制度、奖励系统和财务程序。计算机系统不可能自然产生新的政治制度、奖励制度、财务程序。第三，信息与权力有一定关系，权力越大、地位越高，控制的信息越多，控制了重要信息的人可获得一定权力。如果计算机系统的运用不能使信息共享，而是加强了某个部门或人员对信息的占有、控制，必然出现更大的混乱、矛盾。

再次，计算机系统的运行不能代替管理行为。某些国有外贸企业的领导者认为，只要有计算机网络和少量专业人员，自己坐在控制中心或办公室就可以控制整个企业的经营管理活动，以及企业的未来。这种想法是错误的，计算机系统的运行不能取代企业的经营管理活动。第一，企业经营管理活动中的许多资料是不能统计的，如员工的思想、知识、技巧、能力、抱负、经验等，这些对数据有很大影响。它需要到企业经营管理活动的第一线才能了解、掌握真实情况，提出适当的管理措施。第二，计算机系统能提高工作效率，能做某些程序性决策，但它不可能做非程序性决策。第三，计算机系统不能完全否定层级和分工，高层管理者仍然要全面负责企业的战略决策，对下层进行监督、指导、协调，不能让各部门、单位自行其是，以保持企业经营管理活动的有序、有效。高层管理者坐在控制中心，与经营管理活动隔离，以职务权威而不是以知识权威在那里发号施令，其后果可想而知。

目前，相当数量的国有外贸企业，在建立计算机系统时，是在传统等级制的组织结构、政治制度、经营管理过程、奖励制度、财务程序等不变的情况下，把原来由管理者进行的管理工作和各部门之间的联系、交流、协调交给计算机系统去做。他们对企业的经营管理依靠的是机械功能，而不是人的知识和能力。计算机系统实际执掌的是传统严格控制的等级制度，而不是真正的企业管理体制和经营机制的变革。

### 三、国有外贸企业知识价值的激活

国有外贸企业拥有在特殊环境下的专门知识，如国际商务谈判技巧、商品进出口合同实务等。这些特有知识是在长期国际贸易活动中积累起来的特有经验知识和组合知识，它们是国有外贸企业的核心智力资产。

国有外贸企业的核心知识或核心智力资产，集中在业务员特别是骨干业务员身上。这些业务人员具有多方面的知识、能力，工作有创造性、灵活性，他们有信心根据条件和需要的变化，将自己的知识和能力用于不同领域；能运用传统贸易方式，也能运用电子贸易方式做进出口业务工作；能从事不同商品的贸易，善于和财务及其他部门打交道；能与客户、供货厂家、海关、银行等协调、沟通，使进出口业务卓有成效地进行。国有外贸企业的经营成效主要依赖于这些业务员的能力及对企业的忠诚。从某种意义上讲，这些核心业务员代表了企业的核心智力资产。

当前，国有外贸企业的某些业务员特别是某些核心业务员对企业的忠诚度陷入空前的低潮。有的人带着从企业获得的客户、业务另谋高就，或自立门户；有的人完全可以做更多的业务量，却私下将一部分甚至是大部分业务转给另外的企业；有的人在外面独自或合伙成立公司，一边为国有外贸企业打工，一边自己创业，业务、经费混淆不清；有的人虽没有"外心"，但严密封锁手头的客户、业务，在业务活动中尽一切可能与其他人隔离。这些现象造成了国有外贸企业核心能力、核心智力资产的丧失、萎缩，价值降低。情况严重的国有外贸企业，客户和供应商减少，生存受到严重威胁。

如何积累、激活国有外贸企业的核心能力、核心智力资产，这是一个关系国有外贸企业生存发展的重大问题，按照国内外的经验，可采用如下经营管理方式。

第一，项目业务团队。这种方式以某一客户合同的履行组建项目业务小组或团队，它以合同谈判者、签约者为组长（负责人），根据合同履行工作量的大小由 2 ~ 5 人组成团队，完成任务后即可解散，有了新任务又可重新组建。这种灵活的项目业务团队模拟公司运作，拥有一定业务权限，它避开了传统的等级制度管理模式。一个业务员在不同的项目业务团队里充当不同角色，对其领导能力、人际交往能力是一种培育和挑战。一个业务员在不同的项目业务团队从事不同的具体工作，与不同的人共事，可以相互交流各自的知识、能力，共享知识成果。

第二，企业内部创业。国有外贸企业的内部创业是指在企业内部建立新的经营单位。内部创业一般分为四个阶段：第一阶段，由创业发起人及其创业小组提出创业方案。通过严格的审查批准，将其活动经费列入公司预算，成为一个成本单位。第二阶段，组成理事会，制定经营战略，着手产品的生产及销售，开始有了营业收入，成为一个相对独立的成本单位。第三阶段，健全组织机构，成为一个相对独立的部门，转为利润单位。第四阶段，进一步完善组织机构，成为独立法人的子公司。创业者往往以自己的知识、智力资本入股，成为内部企业家。内部创业在企业内部形成复合型团队，它在动态环境中将不同的职能围绕任务组合起来，形成新的能力、知识、经验、抱负的组合，拥有新的识别机会的能力与解决问题的能力，形成新的企业核心知识竞争力。企业领导者应鼓励、支持内部创业，在自己成功时，也应允许别人成功。

第三，虚拟办公室。这是一种业务员在有形的办公室之外，从事业务工作的工作方式。虚拟办公室可以降低成本，方便工作，如家庭型、全流动型、旅馆型等。虚拟办公有以下几点基本条件和要求：①公司规章制度健全，科学合理，并为虚拟办公业务员掌握；②虚拟办公者对公司忠诚，否则会进一步削弱对企业的忠诚；③公司制定与业务员之间传递重要信息的方式；④采用特殊方式，能在不过分干预的前提下掌握业务员的行踪；⑤不看业务员的表面表现，注重实际效率。因此，不是每个业务员都可以采用虚拟办公方式工作，也不是采用虚拟办公就可以放任不管，或谁也不能管，谁也管不了。

第四，知识联盟。国有外贸企业与供货厂商、国外客户有密切联系，这是一种商品交换关系。改革开放中，实行贸工结合、贸技结合等，这是以产品为核心的互补关系。知识联盟是指国有外贸企业与客户、供应商、科研单位等组织合作，获得其他组织的技能和能力，以合作创造新的能力。知识联盟的内容、形式有资源合作，如特许经营，技术协议，合作开发、生产、销售等，合作伙伴提供资源（土地、设备、劳动、资金、专利），获得回报。能力合作，如组织管理技巧、营销技巧、技术能力、制造能力的合作，人员交流及培训，形成新的知识链，增加价值链活动的价值，提高竞争力。

### 四、国有外贸企业管理的蜕变

信息技术在企业经营管理上的运用、企业结构的变化、工作转移到有知识的地方、有知识的人权力将愈来愈大，这些必然带来国有外贸企业管理体制和领导方式的蜕变。

国有外贸企业的传统管理体制管理层次多、部门分割对立，业务部门千方百计保护自己的利益，财务部门根本不去体会其他部门承受的压力，其他部门十分小心地保护着自己的"地盘"及特权。部门之间不去了解对方的能力、经验、才干，互不信任、互相贬低，许多人才的才干不能充分发挥，在怀疑和不信任的情况下产生很高的企业成本。有的管理者利用部门分割和人员分离形成竞争，认为这种竞争会产生最佳工作成绩，实际上管理者成为一个挑拨离间的角色。此种状况下，面对不清晰、不诚实的信息，企业很难作出正确的决策。此外，管理者往往把常规当作正常，把非常规看作问题，加之企业的奖励制度注重量，受奖者往往遭诋毁、中伤，奖励系统成为惩罚系统，使传统管理方式失灵，不适应新的情况，需要变革。

国有外贸企业管理体制、领导方式的蜕变主要表现在如下几个方面：

第一，组织形态由严格的等级组织向网络组织蜕变。严格的等级组织，根据职能进行专业化分工，人们重复性地工作，只了解和掌握工作过程中的一部分。网络组织，如项目业务团队、矩阵组织、连锁经营组织、知识联盟组织等。这种组织具有较大的灵活性、柔性。在网络组织中，不同岗位上的人要对工作过程和所做工作的最终影响负责，在工作中善于使用多种工具、方法，善于处理人际关系，运用自己的智慧和技能创造性地工作。权力在网络组织中不是固定的，它根据任务项目重组，容易进行再次分配。

第二，管理权力由职位权力向知识权力蜕变。传统管理者的权力来源于职位，职位越高权力越大。管理者以职位权力分配企业经营资源，资源侧重于企业内部的垂直转移，以便进行业务活动。职位权力对处理和组织日常工作有效，但它难以应付复杂情况。在知识型管理体制下，权力与知识结合，决策权拥有者获得知识，知识拥有者获得决策权，由知识来配置企业经营资源，在企业外部谋求知识联盟和经营资源的优化组合，并在业务活动中不断加工知识。知识、权力对取得企业市场战略成功越来越重要，在复杂情况下，缺乏知识的人无法隐藏在职位背后行使权力，拥有知识的人将成为企业的关键人物。

第三，管理关系由分隔对立向协调合作蜕变。传统管理关系中，管理者与员工是上下级关系，是领导与被领导的隶属、服从关系。员工、部门活动分离，往往为各自的地位、利益发生矛盾和冲突，甚至钩心斗角。知识型管理中，管理者和员工是平等的关系，员工和部门之间通过任务、项目形成不同知识、能力的优化组合，工作协调合作，利益共享，风险共担，共同进退。

第四，管理方式由命令控制向指导激励蜕变。国有外贸企业的传统管理方式主要是命令控制、书面的规则和政策，每项工作按标准、程序进行，同级员工、部门之间的关系由上级领导者和部门进行协调，管理者善于增加物的价值，却不善于尊重别人。知识型管理中，管理者的主要管理方式是指导、支持、激励，是建设性对话，在对话中产生新的思想、感情，增加他人的知识，提高他人的能力，善于组织下级员工、部门之间的自我协调。

国有外贸企业管理体制的蜕变，有一个问题需要特别强调，知识型管理或新的管理体制及方式，并不完全否定等级，不否定统一的战略、命令和控制，只是要求它们科学化、合理化，渗进新的东西，形成既有集权又有分权，既分散工作又不散漫，既有活泼的创新工作环境又不造成混乱，既参与决策和管理又能搞好本职工作，既稳定又灵活的生动局面。这是国有外贸企业综合管理能力的体现或标志，它对国有外贸企业的员工、管理者无疑是一个严峻的挑战。

（该文载于《国际经贸探索》2000 年第 1 期；获中国国际贸易学会 1999 年"中国外经贸发展与改革"联合征文一等奖）

# 解放和发展综观生产力，创建广东外贸新优势

## 一、转变外贸发展方式，创建出口新局面

在世界经济未摆脱危机困境，国际经济、政治关系错综复杂的情况下，广东在经济转型升级过程中，着力转变外贸发展方式，近几年来，广东省外贸发展方式发生了一些新的变化：

第一，高新技术产品出口额增长幅度大。据海关总署广东分署的统计，2013年上半年，外贸进出口总额达5 544.1亿美元（折合人民币3.47万亿元），占全国外贸进出口总额的27.8%，其中出口额同比增长18.2%，保持持续、稳定增长。

表4-5 广东省2013年上半年外贸出口统计数据

| | 机电产品 | 高新技术产品 | 服装及附件 | 家具 | 鞋类织品 | 箱包 | 农产品 |
|---|---|---|---|---|---|---|---|
| 出口额（亿美元） | 2 212.9 | 1 349.5 | 144.9 | 77.8 | 68.4 | 34 | 35.3 |
| 增长比率（%） | 24.4 | 38.4 | -0.8 | 3.6 | 0.5 | -0.6 | 3.5 |

注：机电产品与高新技术产品出口额有部分重叠。

表4-5的数据告诉我们，传统出口产品中，服装及附件、箱包是负增长，家具、农产品的增长在3.5%左右，而高新技术产品的增长比率是两位数，是家具、农产品的10倍多。

第二，文化创意产品的出口额增长迅速。文化创意产业在国际上通常被称为"版权产业"，国际知识产权联盟将"版权产业"定义为：以创造、生产、流通、展销版权产品为主要目的的产业。它主要包括报纸、书籍、期刊，电影、唱片、音乐出版物，广播、电视，商业和娱乐软件四大部分。据海关总署广东分署的统计，广东省文化产品出口额，2010年1—7月为17.3亿美元，2011年为73.5亿美元，2012年为113.1亿美元，呈现持续增长趋势。

第三，商品逆向出口稳步增长。逆向出口是指将国外消费者引进来消费、购物的商品出口方式。广东省深化改革，如72小时过境免签、购物退税等措施，积极发展国际旅游，推动商品逆向出口。广东省2012年国际旅游外汇收入156亿美元，它包括商品性收入、劳务性收入（如景区游览费、住宿费、交通费、电信费、文娱费等）。

广东外贸出口新局面有如下几个特点：

（1）出口商品质量和档次升级。商品的智能化、低碳化、人性化，促使出口商品的质量、档次显著提升。在国际市场需求严峻的情况下，仍保持稳定增长。

（2）出口商品结构综合化。广东省的出口商品，不仅在物质产品的出口结构方面谋求合理化，而且特别注重文化产品、生态产品出口结构的合理化，并形成物质产品、文化产

品、生态产品的出口综观结构与组合出口，三者相互促进，推动广东外贸的稳步发展。

（3）商品出口方式的灵活化。广东的商品出口不拘泥于传统的商品出口方式，在推动传统的商品出口方式的同时，积极拓展多种商品出口方式，如过境免签、购物退税等商品逆向出口，发挥多种商品出口方式的综合效应。

广东省外贸出口展现的新局面，来自近几年着力持续转变经济发展方式。通过支持鼓励科技创新，用高新科技改造传统制造业，由"制造"转向"创造"，实现出口产品的智能化、低碳化、个性化，提高出口产品的质量、档次；通过调整产业结构，着力打造现代产业新体系，建立现代服务业，支持鼓励文化、生态产业的发展，形成文化、生态产业优势及文化、生态产品出口优势；同时，根据经济发展方式的转型，创新国际市场经营模式，以实现外贸出口的稳定增长。

## 二、发展综观生产力，打造出口产品新优势

现代外贸不仅仅是产品互通，而且是同类产品的激烈竞争，优势产品有利于占据出口的竞争优势。从国家、省区的角度，这种优势不只是物质产品的优势，还应该是包括文化产品、生态产品的综合性优势，形成综合性竞争力。为此，必须提高综合性生产力，或称之为综观生产力。

现代国际市场上的需求是综合的，不仅有物质方面的需求，还有精神、生态方面的多样需求。客观上存在着不同性质产品的生产，如物质产品生产、精神产品生产、生态产品生产等，存在着相应的劳动力、资本等传统要素，管理、技术、信息等知识要素，土地、矿产、水等自然要素，其劳动者、劳动资料、劳动工具的特征不同，生产方式不同，产品形态也不相同。各种生产力相对独立，同时又相互关联、融合，即不同生产力要素整合在一起，形成关联平衡的社会生产力综观结构或系统。提高出口产品的优势、竞争力，必须采用综合性措施，发展综观生产力。

传统物质产品生产力的要素，主要是根据产品生产的特性，要求有相应技能的劳动者、劳动工具及原材料。提高传统商品的质量、档次，除了提高劳动者的综合素养、自然要素的加工产品（粮、油、木材等）的质量外，关键是提高出口产品的科技含量，这需要提高精神产品特别是高新科技产品的供给。

精神生产主要是指专门从事精神劳动的精神生产者创造精神产品的智力活动。它最突出的特征是创造性，提出新思想、新观念、新方法，表现为创造精神财富的能力。我国出口产品的创新就整体而言，还处于二次创新的水平，缺乏具有全球影响力的原创产品，为此，开发精神生产者的创新精神和能力，是外贸产业转型升级的关键。

生态生产力是在劳动者与自然（水、空气、土壤等劳动对象）物质变换中，调整、修复、再生（劳动手段）生态环境的能力。国内许多学者研究国际贸易与生态环境保护的结果认为：发达国家向发展中国家转移生态污染；我国生态密集的纺织、造纸、化工等产业中存在的粗放型生产模式，将出口产品生产过程中的污染物留在国内，对生态环境造成严重破坏，不仅降低生态生产力，还对物质生产力、精神生产力的提升造成不良影响。当前，提高生态生产力的关键是对生态环境进行修复、再生。人们在从事物质生产与精神生产过程中运用硬工具时，应减少或不污染水、空气、土壤等自然环境，并进行资源再生、资源可循环利用，使生产的产品生态化，以保护生态环境；并专门从事治沙、治土、治

山、治水等生态环境的修复生产，以增强生态系统的承载力。

社会各生产力的运动，不仅是各自产品的生产活动，同时，还是生产力综合运动的过程，它们相互促进、相得益彰。物质生产力的运动，不仅运用科学技术生产物质产品，还进行生态资源的再利用和生态资源的再生产；精神生产力的运动向物质生产和生态生产延伸，如智能环保汽车等；生态生产力的运动也向物质生产和精神生产延伸，产生生态农业、生态材料产业等。物质、精神、生态生产力这种融合的大趋势，形成全新的社会综观生产力体系，极大地改变着经济、社会、生态发展的面貌，创造更好更多的物质财富、精神财富、生态财富，提高外贸出口产品、产业的水准。

### 三、更新观念、深化改革，解放和发展综观生产力

当前，我国社会生产力结构中存在非均衡状态。精神生产力、生态生产力落后于物质生产力，尤其是生态生产力，导致外贸出口中的某些不均衡，其根本原因是社会综观生产力水平不高，各生产力相互脱节，互相制约。其一，精神产品和生态产品国际市场的培育、发展滞后，相关的市场组织、交换规则等不健全，知识产权等权利难以保障；其二，精神产品和生态产品供给不足，品种少，质量亟待提高；其三，人才缺乏，特别是各生产力领域缺乏"领军人物"，各生产力领域里开发劳动者创新精神和能力的力度不够。

第一，解放思想，更新观念。马克思和恩格斯在《德意志意识形态》中指出："整个世界的生产也包括精神的生产。"这种生产主要存在于政治、法律、哲学、科学、文学、艺术、教育、道德、宗教等领域，外贸出口的精神产品包含其中。精神产品凝结了人类的一般劳动，生产精神产品的精神劳动，也是人类劳动在生理学意义上的耗费，即脑力与体力（主要是脑力）的消耗，它不仅具有价值或交换价值，还具有使用价值。文化创意产业是国民经济重要的组成部分，是一国经济发展和外贸出口新的增长点，它也是"软实力"的一种表现，在出口精神产品的同时，也出口了生活方式及价值观。文化创意产业的年产值，在美国占国内 GDP 的 25%，日本为 20%。美国的精神产品出口，占世界精神产品市场的 43%，欧盟为 34%。韩国通过立法、规划，加大投资，建立文化创意园区，积极开拓海外市场，2001 年至 2004 年精神产品的出口，增长了近 10 倍。我国的文化创意产业只占 GDP 的 2.5%，其出口占世界精神产品市场不足 4%。我们在谈论经济新增长点时，往往只在传统的物质经济产业中绕圈子，轻视文化创意产业的发展，开拓的措施、力度明显不够。我国的文化资源十分丰富，进行市场开发，大有作为。

第二，深化改革，放活企业。我国外贸企业中的国有外贸企业的行政地域性很强，改革滞后，除了进入其他行业从事多种经营受阻之外，在现今外贸统计行政性管理体制下，国有外贸企业之间跨行政区域的兼并、重组基本上不可能。这严重地阻碍了外贸领域生产力要素的流动以及优化重组，不利于外贸企业做大做强。外贸企业的改革，不仅在注册资金方面进行改革，还要在行业进入、资产重组等方面深化改革，扩大外贸企业经营的合法空间，放活企业，以利于发挥企业这个市场主体资源配置的决定作用。

第三，依法推动创新，保护生态环境。切实实施知识产权法是推动文化创意产业顺利发展的关键。从事精神产品生产的精神生产者是具有抽象思维创新能力或形象思维创新能力的"知识型劳动力"。一个国家文化生产力的状况，取决于精神生产者的思想品格、科学文化素质，及其思维创造能力发挥的程度。精神生产者的知识产权，应得到充分的保

护，以利于创新精神和能力的开发。环境保护法是保护、修复、发展生态生产力的利器，应当依法切实落实。我国的知识产权法规、生态保护法规虽然需要进一步完善，但当务之急是适应综观生产力发展的要求，加大执法的力度，促进外贸发展方式的转型。

第四，改革人才培养模式，培育创新型人才。发展综观生产力，转变外贸发展方式，需要大批创新型人才。党的十八大指出："提高教育质量，培养学生责任感、创新精神、实践能力。"这必须变革传统人才培养模式。

由于曲解教育方针、照搬"理论联系实际"工作原则，高校外经贸管理类专业课教学中，普遍存在先理论后例证，重理论轻能力、创新等现象，从而形成长期主导我国人才培养的"理论＋实例"教育教学人才培养模式，及以记忆专业理论知识为主的教学质量管理体系。虽进行了多方面改良，但把改善办校条件当作"教学环节"改革，让"教什么"的课程结构改革取代"怎么教"的教学策略改革，并未从根本上解决大学生如何在系统掌握好专业知识的过程中，提高其实践能力、创新能力、科学思维能力的问题。

我们从2006年开始至今，对"综观人才培养模式"进行了持续探索，不断创新教育理念、教学模式、教学方法、管理机制，提出并实践了开放式"实例—理论—实训（实验）"教学模式、"生本开放式研究型"教学方法；在教师主导下，师生共同参与"备课—讲授—练习—考评"教学全过程；科学课程与活动课程结合，理论教学与实践教学融合；创建新的教学要素体系、实践教学体系、教学方法体系、大学生"活动课程化"体系、教学质量管理体系等，取得一定成效，并被许多兄弟院校采用。

（该文根据"广东国际综观经济学学会"年会的发言稿整理）

# 第五章　企业经营管理国际化

## 造就一代国际企业家

国际企业或跨国公司、多国公司是一个在基地所在国之外拥有或控制着生产或服务设施，跨越国界从事生产、销售、服务等经营活动的经济实体。国际企业家则是能成功创建、发展国际企业，能自主决策、承担风险的经营者。我国对外经济的迅速发展，以及国际经济政治的巨大变化，亟须培养造就我国一代国际企业家。

### 一、国际企业家的特点

从事国际经营的国际企业家有与国内企业家不同的特点。

首先，国际企业家是全球战略经营家。国内企业处于一国政治、经济、文化环境之中，国际企业的生产、营销分布在世界各地，处于国际政治经济体系之中。它的经营环境比国内企业复杂得多，范围大、差异大、变化大、风险大。这要求国际企业家在科学分析国际经营环境和企业经营条件的基础上，作出求得长期生存、发展的总体谋略。在考虑来自世界任何国家、地区的激烈竞争，以及各种环境因素变化及制约时，以全球的竞争视野和思维方式，对各种国际资源作出最合理的配置和使用，对世界市场作出合理的选择、组合及有效的进入。国际企业家不仅要考虑某件事的意义，做这件事对今后企业的发展有什么重大影响，以及如何把这件事办得正确有效，还要考虑怎样形成全球战略经营管理体系。

其次，国际企业家具有较强的国际组织管理和国际社会活动能力。国际企业通过对外直接投资、生产、服务等合约性安排，走出国门到国外从事多种生产经营活动，使生产和贸易在世界范围内完成。因此，国际企业家要在国际范围内组织管理好在若干国家、地区的若干子公司的专业化协作和批量生产及市场营销，以取得规模经济效益；要统一筹划和组织海外各企业的市场竞争，以取得和保持竞争优势等。这样，国内企业的管理思想、经营策略、管理方法就不够用了，必须运用新的管理思想、经营策略、管理方法。

再次，国际企业经营管理活动的股东、雇员、顾客、供应商涉及许多国籍，加之东道国的经济政策与国际企业利益决策之间的分歧，往往会发生资金转移、汇率变动、双重课税、国民待遇等方面的多国性冲突。这又要求国际企业家有处理企业在世界各地政治、法律、金融等方面复杂事务的能力和社会活动能力。

最后，国际企业家是一个企业家群体。国内企业家可以是单个的，或由单个企业最高领导成员构成一个企业家集团。由于国际企业是一个跨国企业集团，因此，国际企业家是一个群体，它以母公司企业家集团为核心，由若干海外企业家集团组成。其成员国籍不同，政治信仰、思想观念、文化传统有显著差异，他们使用不同的语言，有不同的交往方式，履行不同的政治法规。海外企业家集团与母公司企业家集团之间的关系，有的属于委派，有的属于聘用，有的属于股权关系，有的属于内部业务关系等。这要求母公司企业家集团有跨国文化的领导技巧。

## 二、国际企业家的社会经济功能

当前，国际企业对本国和世界经济产生重大影响。作为经营管理国际企业的国际企业家必然起着十分重要的作用。

第一，国际企业家是扩大我国对外贸易的经营者。国际企业海外子公司的经营活动能带动商品出口、内部多层次的商品流转，可大大增加国际贸易额。目前，有些国家的跨国公司在本国对外贸易中处于主导地位。因此国际企业扮演着一个国家对外贸易的主角，已成为国际贸易中的一种发展趋势，我国对外贸易的发展也有赖于我国国际企业家的大量涌现和成功的经营管理。

第二，国际企业家是在国际环境中利用外资和引进先进技术的组织者。国际企业家从事国际经营的资金，并不一定要由母公司和母国带出去，他更多的是在国际金融市场上借款，在国外发行股票、债券，或争取国际金融机构的资助。国际企业家在发达国家和新兴工业国家的经营，有助于打破国际技术封锁，直接学习国外的先进技术和经营管理经验。

第三，国际企业家是我国经济真正走向世界的主体。我国的对外开放不仅要"引进来"，更要"走出去"。如果一个国家仅仅依靠扩大劳动密集型商品的出口，以劳务为主的"三来一补"参与国际经济，它就很难真正立于世界经济之林。一个国家的经济要真正走向世界，就要能驾驭国际市场。企业家是市场活动的主体，因此，国际企业家在国际市场中的地位和作用，是一个国家经济是否真正走向世界的重要标志。

第四，优秀的国际企业家是国家的栋梁之材。优秀的国际企业家往往经营管理着庞大的国际企业，他们在异常错综复杂的国际环境中经受考验，要正确处理各种政治、法律、外交、经济问题，是难得的人才。国际上，国际企业家出任政府要职，已成为通常的社会现象，美国卡特政府的国务卿万斯，原来是国际商用机器公司和泛美航空公司的董事。我国国际企业家的迅速成长，必将涌现出一批国家的栋梁之材。

## 三、造就我国国际企业家的条件

十年改革开放，为造就我国一代国际企业家打下了良好的客观基础。我国现已具备相当的国际经营条件和较好的国际经营环境，并准备了大批人才。1989 年我国在海外已经建立了贸易和非贸易企业近 1 100 家，分布在世界近 80 个国家和地区。一批大型企业在海外建立的合资、独资贸易公司、工业公司等都超过了 20 家。这些企业的领导人组织领导着在世界各地的生产经营活动，在他们当中已经涌现出能经受国际市场风云、成功创建和经营国际企业的国际企业家，他们是我国当代国际企业家的先驱。

当前，迅速培养我国一代国际企业家的重要条件是要采取综合措施。第一，深入企业改革，使企业真正具有自我积累、自我发展的能力，能自主决策开展国际经营；第二，挑选适当人选，采取多种方式，大力开展国际企业经营管理的培训；第三，中央、省市成立专门机构，全面规划、指导全国和本地区企业的国际经营；第四，对企业的国际经营给予鼓励、支持，并开展海外投资保险；第五，以沿海开放地区企业的对外直接投资为试点，总结经验，大力推广；第六，开展我国企业跨国经营以及国际企业家队伍成长壮大规律的研究。

企业领导者克服自身的障碍是我国迅速形成一支国际企业家队伍的另一重要条件。我国国际企业家的迅速成长存在着东道国的某些政策、企业资金、技术条件等障碍，最主要的障碍还是来自企业领导者自身。有的企业领导者只满足于国内市场的占有率、收益率，不去考虑国外市场的开拓；有的企业领导者有走向世界的愿望，但缺乏国际商务知识和经营技巧，因对错综复杂的国际市场生疏而却步；有的企业领导者惧怕国际竞争，担心海外企业难于管理而裹足不前。克服自身障碍最亟须的是积极努力学习国际工商企业管理和国际贸易知识，了解和熟知关税及非关税壁垒，熟知与外国政府和代理人及合作者商谈投资和许可证贸易，熟知外国的会计程序和要求、外汇业务和资本、利润转入国内的程序，能与外国银行取得联系，能与外国分销商、代理商一起工作等。

国际企业家与国际企业的创建、发展、壮大相伴随，这是一个不断发展的过程。当前国际经济的发展，为国际企业家提供了用武之地，它要求我国的企业家们把握大好时机，勇敢地到国际市场中去一试身手，立足于世界国际企业家之林，弘扬中华民族伟大精神，为我国和国际经济的发展作出应有的贡献。

（该文载于《中国企业家》1991 年第 6 期）

# 论我国企业经营的国际化

## 一、当今国际贸易的新变化

20世纪70年代以来，世界上掀起了海外投资、产业结构传递、新科技革命三大浪潮，跨国公司、多国企业、综合商社迅速发展起来，并成为国际生产、国际交易的主要组织形式。它们不仅控制了本国的进出口贸易，垄断了世界贸易，也推动着国际经济机制的运转，使国际贸易发生了一系列深刻的变化。

1. 从单一的商品交易转变为商品、技术、劳务等的综合交易

在三大浪潮冲击中，国际商品市场的变化，引起了国际贸易内容、方式的巨大变化：一些发展中国家为了扭转巨大的贸易逆差，制定了进口替代和出口替代的经济发展战略，把引进国外先进生产技术、管理技术、销售技术纳入国民经济的产业、技术发展计划中，在大量引进外资、外技的同时又向外出口、投资。国际市场的商品竞争变成了技术竞争；为了获得新技术，发达国家不断扩大相互间的技术转让，并进行相互投资。国际贸易，除了机器设备等有形技术商品外，还伴随着生产工艺、技术专利、技术诀窍、管理技术、营销技巧等无形技术和劳务的交易。以技术贸易为核心的综合贸易，已成为国际贸易的主流。

2. 从单一的国际交易转变为生产和交易在国际范围内的紧密结合

世界新科技革命极大地提高了世界的生产力水平。生产力的飞速发展，把生产社会化的程度由一国的水平提高到国际化的水平。商品资本、货币资本、生产资本的运动全面走向国际化，使生产和贸易在世界范围内完成，形成国际规模的商业资本和产业资本的分工与协作，以及国际范围内更加紧密的工贸结合。

3. 从国与国之间的外部市场交易转变为跨国公司的内部市场交易

国际贸易市场有两种形态：①由国与国之间交易构成的外部市场。由于各国的经济发展水平、外贸管制等的不同，这种市场充满各种差异，是一种不完全（不完善）的市场。它给国际贸易带来许多障碍，并增大了交易费用。②由跨国公司母公司与子公司之间、子公司与子公司之间交易组成的国际性内部市场。这种市场具有交易保障机能，在母公司与子公司之间，子公司与子公司之间建立起稳定的供求关系，可以减少交易风险，节约交易契约成本，降低交易价格，较之传统的国际贸易方式、内涵有了很大改变。它交易的商品大部分是原材料、零部件、半成品，而不是最终产品。这种贸易虽然跨越国界，但贸易数量、销售方向、价格制定等仍掌握在母公司手中，不必通过国与国之间的谈判和订货。贸易的双方往往是同一所有者，贸易往来实际上与东道国无关。因此，它改变了各国间的真实贸易关系。

4. 从国内企业家经营向国际企业家群体经营转变

如果说国内企业是一个由企业领导人组成的国内企业家集团，跨国公司、多国企业则是一个国际企业家群体，它以母公司企业家集团为核心，由若干海外企业家集团组成。例

如，美国埃克森石油公司的 500 家子公司，遍布 100 多个国家，形成了一个庞大的国际企业家群体。国际企业家群体在人数、素质、企业家的国籍等方面，都远远超过国内企业家集团。与国内企业家集团的经营相比，国际企业家群体面临着更加复杂的国际政治、经济环境和文化差异，面对着范围广泛、内容复杂、方式多样、手段先进的更为激烈的国际市场竞争。国际企业家是发展国民经济重要的社会力量。

当今国际贸易新的巨大变化，迫使我们必须更新观念，形成新的国际贸易意识，采取新的行为方式，迅速推动我国企业的国际化、跨国化经营。

## 二、企业经营国际化的若干认识问题

企业经营国际化、跨国化，是与对外直接投资、国际竞争优势等联系在一起的，因此，正确认识我国对外直接投资与引进外资的关系，正确评价我国对外直接投资的条件等，是我国企业经营国际化、跨国化中迫切需要解决的问题。

### 1. 对外直接投资与引进外资

有人认为，我国劳动力过剩，外汇紧缺，只能引进外资。如果对外直接投资，将会减少本国的就业、出口，降低本国的经济增长率。但国际投资的实践证明，在大力引进外资、外技的同时，致力于资金、技术的输出，是当今国际直接投资活动的一个带规律性的发展趋向。在兼有资本输入和输出的国家中，既有资金充裕的国家，也有中等收入（如巴西、墨西哥等）和低收入（如尼日利亚、印度等）的国家，并且在资本输出和输入的过程中，已使这些国家的经济迅速发展起来。如果一个国家长期只有输入而无输出，就会造成资本和技术的对外依附，使国民经济机体的功能衰退。

（1）许多国家的经验表明，企业对外直接投资，主要不是靠自己大量输出资本，而是靠在国际金融市场上借款，在东道国筹资，向第三国举债，争取国际金融机构的资助，这也是一种"走出去"的利用外资。

（2）向发达国家和新兴工业国投资，有助于打破国际技术封锁，可以置身于国际竞争之中，直接学习和掌握国外的先进技术和经营管理方法，实地了解和掌握市场经济的运行机制。这也是在国际环境中的一种引进。

（3）货币资本并不是对外直接投资唯一的资本形式。机器设备、技术专利、商标、管理服务等均可作价成为投资资本。从这个角度说，对外直接投资本身是一种商品交易方式，是合同交易模式的演变——它以实物形式进行交易，在以后的经营成果中收取股利。这种交易的收益，比现货交易的收益更大。对外直接投资，还可带动原材料、零部件、半成品等的出口，增加就业机会；此外，对外直接投资有利于扩大对外贸易，在国际范围内实现外汇收支平衡，提高引进的能力。

### 2. 国际竞争的总体劣势与特殊优势

与工业发达国家相比，我国对外直接投资在总体上处于竞争劣势，但优势与劣势是相对的，具有总体优势的国家，也存在着某些方面的劣势。如美国的钢铁业和纺织业既无优良技术，也无优良管理技能，缺乏竞争优势，是其劣势产业。处于总体劣势的国家，也有自己的某些优势。如匈牙利向西方投资的优势部门有医疗器械、医药、电气照明等；印度有 20% 的纺织机械、电话设施和供电网络等生产设备输往西方国家。

我国也有自己相对的特殊优势。第一，我国具有在国际贸易中独树一帜的传统技艺。

第二，我国在高技术领域中，如计算机软件、宇航技术、光纤通信技术等，具有世界先进水平。第三，我国拥有一批具有自己的技术和管理特色的现代化企业。第四，在资金方面，国家和企业可以采取国家资本的形式，以国家信用对外直接投资。因此，我国完全具有对外直接投资的条件。关键是我们的企业、有关经济领导部门，要强化全球经营的观念，积极推进我国企业经营的国际化、跨国化。

### 三、企业经营国际化的组织形态

目前，我国有些从事国际化、跨国化经营的企业，仍沿用在国内进行经营活动时的组织形态，因而难以适应国际商务活动和跨国经营的需要，这是一个亟须解决的问题。企业根据国际经营业务规模大小、产品种类、市场特性、企业经营策略等情况的变化，适时改变组织形态，对推动企业经营国际化十分重要。

西方国家的跨国经营，其组织结构的演变大体经历了三个阶段，采取了三种不同的组织形态：

（1）跨国经营的初期。企业在海外只拥有少量的销售、生产子公司，企业只增设外销部，称为外销部或独立子公司组织结构阶段。这时，企业主要是组织产品外销，在国外寻找代理商，或自己在国外设立专门的销售机构或公司。

（2）跨国经营的中期。企业在海外的子公司数量增多，业务日益复杂，需要总公司协调海外各子公司之间的经营活动，加强对各子公司的控制，企业设立国际部来统管海外的商品销售、投资的全部业务，称为国际部阶段。国际部的职能是会同海外各子公司，商讨、制订各子公司的中长期经营计划、发展方向，控制和监督海外企业的建立和经营，协调各子公司的业务活动。按既定目标评价它们的业绩，在各子公司实施统一标准化的会计制度等。

（3）企业跨国经营进一步发展到全球性组织阶段。这种组织形态不分国内和国外市场，建立起集团内子公司的全球性专业化经营。目前这种全球性组织形态已为众多的西方大型跨国公司所采用，并正在向更复杂的组织形态发展。

我国理论界和实际部门在研究探讨外向型企业集团时，提出了两种国际化经营的企业集团类型：一是类似于日本综合商社的外贸企业集团，即以生产科研为基础，既生产又经营的对外贸易经济联合组织；二是类似于欧美跨国公司的跨国生产经营企业集团，面向国际市场，跨越国界从事投资和工商经营活动。

外贸企业集团以生产企业及科研单位为基础，有利于形成有一定技术、产品特色的出口生产基地。就其组织形态而言，外贸企业相当于企业集团的"外销部"，主要适合于无须售后技术服务，无须满足消费者特殊要求的产品，如石油、食品、饮料、服装等的国际经营，便于将众多的中小企业联合在一起，组织合作出口。

跨国生产经营企业集团是以工业企业为主体，将生产与外销合为一体，独立地进行跨国生产经营活动，比较适合于生产高技术产品的企业进行国际经营，但其组织形态也还是"外销部"组织形态。

一个成功的企业，应能有效地利用不同的组织形态，管理自己的国际经营活动。目前，我国正在组建和实施的两类企业集团，表明我国企业经营国际化还处于初创时期。笔者认为，我国外向型企业集团不必重复西方跨国公司组织形态的演变过程，在开始选择国际化经营组织形态时，以采取国际部的组织形态为宜，让它兼有外销部和国际部的职能，以利于海外企业的建立和统一经营，利于从国际部培养产生驻外经理，适时地向全球性组织形态发展。

## 四、企业经营国际化的进入方式

随着国际形势的变化，企业经营国际化的方式越来越多。选择进入国际化经营的方式，是关系到企业成败的关键问题。

企业经营国际化的进入方式有两类：

（1）非所有权方式。这是一种企业向海外输出产品、技术、劳务等时，不在东道国内建立长期留驻的生产、营销实体，不拥有股权的国际经营形式。具体的有许可证交易方式、管理契约方式、生产合约方式、"交钥匙"方式、技术咨询方式、工业合作方式等。采用非所有权方式进入的好处包括：①有助于提高企业的声誉和将许可证等转为股份，在国际市场上寻找安身之处；②有助于带动产品出口，积累对外直接投资的外汇资金；③东道国可以获得先进技术和管理经验等。

（2）所有权方式。这是一种通过对外直接投资获得海外企业股权，使企业经营国际化的方式。这种方式有助于企业寻找或保护国外市场，得到稀有或廉价资源。东道国，特别是发展中国家，可以获得发展经济的资金、技术、管理方法，并能在一定程度上获得就业机会。与非所有权方式相比，它更具有长期性和适应性，是企业经营国际化的重要方式。具体的形式：①在国外设立行销机构。这是一种最简单的所有权投资方式，可以用来保护和扩大国外市场，收集国外市场行情，是进一步开展营销、生产投资的桥头堡。②由企业在国外进行少量投资，建立进行简单加工的生产装配厂。这种方式有利于企业躲避当地政府高额的成品进口关税，接近当地市场，提高对消费者的服务水平，并可为当地提供就业机会。③收买、接办当地企业。这种方式可以减少创办费用，避开东道国对某些产品生产实行的限制。此外，还有合资经营、独资经营等方式。

企业在跻身跨国经营时，应根据企业自身的技术、资金、经营管理的能力，东道国关于税收、投资比例的规定，当地合伙人的能力，国际市场活动的特别成本、产业特点等，选择具体的进入方式。

企业经营国际化的进入方式及其发展步骤有一个由初级到中级、高级的发展阶段。因此，企业步入国际化经营，宜早不宜迟。我国目前已有4 000多家企业集团，有权直接经营进出口贸易的公司超过2 000家，已经形成了经营国际化、跨国化的态势和基础。目前亟须进一步改革我国对外经济贸易的管理体制，搞好企业经营国际化、跨国化的宏观管理。

## 五、加强国家的对外经济职能

跨国经营具有国际性，企业的所有权又具有国籍性。推进企业国际化经营不仅与企业利益有关，对国家的国际收支、就业、税收等也有很大影响。因此，有必要加强国家的对外经济职能。

（1）建立以中央银行和外贸部为主体的企业经营国际化管理机构，对企业的国际经济活动，资金流量、流向、速度等实行宏观调控，是推进企业经营国际化，维护国家利益的重要保证。管理机构的职能及主要任务包括：负责制定有关的方针、政策及法规；研究制订海外生产经营发展计划，并纳入国民经济和社会发展规划中；根据国民经济发展情况，制定外流资金的具体标准，审批对外投资项目，监督对外投资项目的实施；收集外国的投资制度和经营法规、商品、技术、资金、劳务、房地产市场情况，投资对象的政治经济情况、前景、市场潜力等，为企业对外直接投资提供情报；指导地方有关机构搞好企业国际化经营的管理工作，并将其工作纳入全国统一计划；总结交流企业国际化经营的战略思想、经营经验等。

目前，我国已经形成了"内地—沿海—港台—远洋"的企业经营国际化、跨国化格局。若在全国范围内，以沿海城市开放区企业为主体，中等城市组织 1~2 家企业，大城市组织 2~3 家企业，全国组织数千家各类企业，开展不同方式的对外投资，这对我国企业从总体上步入国际化经营，取得海外企业经营管理的经验，建立健全我国企业对外投资的宏观管理机构及其管理职能，将起到十分重要的作用。

（2）对企业国际化经营实施鼓励政策。在国际市场上，竞争的胜负往往不以单家企业的实力为转移，而取决于政府的支持和帮助。所以，这实质上是各国政府力量之间的较量。推进我国企业经营国际化，自然也需要国家对企业进行多方面的支持和帮助，主要包括：

①通过国家的对外经济和外交活动，为我国企业创造良好的国际经营环境。按照国际通常做法，我们在对外提供援助时，应要求受援国购买我国产品，将大部分援助用于在受援国修建铁路、矿山、公路、港口、电站、机场、培训技术工人等，为我国企业前往受援国投资创造良好的"硬"环境；在对外提供低息、无息贷款时，应将援助与信贷结合在一起，以直接带动我国企业的对外投资；通过外交活动或签订双方协定，为我国企业的国际经营争取良好的"软"环境，使之得到最惠国待遇、公民同等待遇，或在战争、内乱等情况下，使我国的资产受到保护等。

②给予财政、信贷上的支持。对高技术产业的国际经营，提供一定的技术开发特别资助、出口津贴、税收优惠，并提供出口信贷，对海外直接投资提供保险和担保等。

③鼓励企业合并和支持超国家的企业联合。这样做有利于增强我国企业在国际经营中的抗争能力。

企业经营国际化是一项巨大的工程。我们应当不失时机地、主动地把握形势，落实措施，努力形成和发展我国企业经营国际化体系。

（该文载于《经济管理》1989 年第 10 期）

# 以科学发展观加快中国跨国公司发展

跨国公司是一个国家的经济实力、经济竞争力的象征和体现。《中共中央关于制定国民经济和社会发展第十一个五年规划的建议》中指出："支持有条件的企业'走出去'，按照国际通行规则到境外投资。"当一家国内企业演变为跨国公司时，标志着企业进入了一个新的企业生命周期阶段，它面临着新的生存环境，其机体、活动方式会发生新的变化，不能照搬国内企业的那一套，应以科学发展观，根据跨国公司成长的规律性，来加快我国跨国公司的发展，将中国跨国公司做强做大，立于世界之林。

## 一、中国跨国公司的发展

改革开放以来，中国的对外直接投资和跨国公司的发展，大致可以分为两个阶段，不同阶段有其明显的特征和目标。

1985—2000 年为第一阶段。1985 年中国企业投资兴办的境外企业为 180 家，中方投资额为 1.8 亿美元。2000 年底中国境外企业累计为 6 296 家，中方投资额为 76.3 亿美元，遍布 160 个国家和地区。起初的对外直接投资领域，主要集中在中餐馆、承包工程、航空服务、工贸技贸，后涉及资源开发、工业生产、金融保险、咨询服务等。这段时间的特点是分布的地区广，投资的行业多；与国外企业合资经营的多，独资的少；非生产性企业多（特别是贸易性企业），生产性企业少；海外子公司新建的多，收购当地的少（发达国家占 50%以上，我国只占 22%）；小型的多，大型的少（中方投资额在 100 万美元以下的项目，占我国全部海外企业的 90%以上）。其主要目的是开拓国外市场，增加外汇收入，充分利用国际资源（资金、技术、管理）等。

2001—2005 年为第二阶段。据商务部合作司境外投资企业处的统计，到 2003 年底，中国境外投资的企业为 7 470 家，中方协议投资额为 114.3 亿美元。这个阶段，我国企业的对外直接投资有了一些明显的变化：

第一，对外直接投资的类型由贸易型转为生产型。由于对外直接投资的主体由国有外贸企业及工贸公司为主，转向生产制造企业的对外直接投资迅猛发展，引起对外直接投资类型的变化，家用电器、轻纺、石化等生产性企业的对外直接投资成为主体。

第二，对外直接投资规模由小变大。2001 年以来不仅对外直接投资额大幅增加，单项对外直接投资额也大幅增加。1985—2000 年，我国对外直接投资额年均为 4.97 亿美元。据有关资料称，我国 2000 年对外直接投资额为 3.44 亿美元，2004 年为 36 亿美元。在第一阶段的初期，我国对外直接投资最大的一笔是 1986 年中国国际信托投资公司与中国有色金属工业总公司合作对澳大利亚亚特兰炼铝厂的 1.2 亿美元的投资，占总投资额的 10%。2005 年 5 月 1 日，联想集团公布正式完成对 IBM 全球 PC 业务的收购，投资总金额为 17.5 亿美元，其中现金 4.5 亿美元，股票 8 亿美元，承担 IBM 5 亿美元的净债务。

第三，对外直接投资方式由新建境外企业为主到大幅度增加收购境外现有企业。万向集团 2001 年成功收购美国上市公司 UAI，海尔集团 2001 年 6 月并购意大利迈尼盖蒂公司下属一家冰箱厂，2003 年 11 月 TCL 宣布收购法国汤姆逊公司的电视机和 DVD 生产部门等。据商务部的统计分析，2003 年，中国并购方式的投资额为 8.34 亿美元，占中方投资额的 40% 以上。

第四，对外直接投资领域在拓宽的同时，对资源、高科技领域的投资比较突出，中国企业对石油、电脑等企业的并购在国际上引起比较大的反响。

进入第二阶段以来，中国跨国公司有了明显的进步，2004 年已有 16 家中国企业进入世界 500 强。在"2004 年中国最具影响跨国企业"评选中，入选的 20 家企业里有海尔集团与联想集团；2004 年 TCL 彩电销售量为 1 716 万台，跃居世界第一；联想跻身全球电脑三强；在 2005 年 4 月 18 日揭晓，由世界品牌实验室独家编制的 2005 年度"世界品牌 500 强"中，海尔排名 89 位（2004 年为第 95 位），联想排名 148 位，长虹排名 477 位。

这个阶段，中国企业跨国经营的目的也有了明显的变化，其主要目的：第一，国内市场竞争异常激烈，进行对外直接投资开拓国外市场，我国的家电、手机、电脑行业表现特别突出。第二，冲破关税壁垒，避免贸易冲突。特别是我国加入 WTO 之后，有些商品的出口增长迅速，贸易冲突增多，遭遇"反倾销"的案件增多。第三，将企业做大做强，增强国际竞争力，到国外去经风雨、见世面，接受国际市场的检验。这些说明，中国跨国公司的经营目标与发达国家拥有核心竞争力的跨国公司以到国外市场获取高额利润为主要目的有明显的不同。

第二阶段中国企业对外直接投资状况和跨国经营目标的变化，表明中国跨国公司在新时期，在谋求自己发展的同时，也推动了国家经济的持续发展，提高了国际竞争力，缓和了国际经贸矛盾，建立了新的共赢国际经贸关系，依据国际经济通行的规则，实现我国经济和平崛起的需要。

## 二、中国跨国公司的生命周期阶段

界定一个企业是否是跨国公司，有结构性、业绩性、行为性标准，由于评价的具体标准有宽有窄，有紧有松，因此，产生了两类对跨国公司的界定，一是联合国跨国公司委员会的界定：跨国公司是指在基地所在国之外拥有或控制着生产或服务设施的企业。它只要求在两个或两个以上国家拥有子公司就行。二是美国哈佛大学跨国公司研究中心的界定，提出母公司要在 6 个以上国家拥有子公司。笔者比较赞同后者的界定。

首先，子公司不达到一定数量不足以改变企业的组织结构、管理体制。国家工商行政管理局 1998 年 4 月 6 日发布的《企业集团登记管理暂行规定》中，除了规定注册资本外，还要求母公司至少拥有 5 家子公司。笔者在担任企业咨询顾问期间看到：许多单一单位企业向企业集团过渡，在拥有 1~4 家子公司的情况下，几乎都是母公司的管理机构对各子公司进行直接管理，即母公司按照自己本身的一套管理方法去管理各子公司（这种方式比较适于总厂及分厂的关系）。这时，母公司的总经理认为自己有精力管得了，又可直接控制各子公司，如果建立集团管理总部会增加管理成本，似乎也不必要。然而，这种由母公司管理子公司的方式，极大地限制了子公司的主动性和积极性。当子公司达到一定数量，各子公司又生产经营不同的产品（劳务）时，上述办法就难以实施，必须重新构建新的组织管理架构，理顺责权利关系，建立新的管理体制与制度。同样的道理，当国内企业拥有 1~4 家境外子公司时，也可能会由国内母公司对境外子公司进行直接管理，母公司的组织机构不必进行重大变革，当境外子公司达到一定数量时，情形就会不一样。

其次，境外子公司所在东道国不达到一定数量难以体现跨国公司的多国性、跨国文化的复杂性。母公司在境外建立子公司往往是进入一个在政体、经济模式及发展状况、文化传统及价值观、消费者需求等与本国存在差异甚至差异很大的东道国。如果国内企业只是在两三个国家设立了几家甚至是十几家子公司，上述问题的处理会有较大难度，但尚能处置，如果国家超过一定数量，在多国政治、经济、文化及竞争的情况下，企业的经营管理活动涉及多国政府，多国籍的股东、雇员、顾客、供应商，各国经济周期的非同期性，使企业跨国经营管理的不确定性增加，要求企业改变组织形态，改变管理体制与制度，以适应复杂多变的跨国经营环境及激烈的国际竞争。

对跨国公司的界定说明：国内企业演变为跨国公司，对国内企业而言是一种质的变化，它进入了一个新的生命周期，如下图所示。

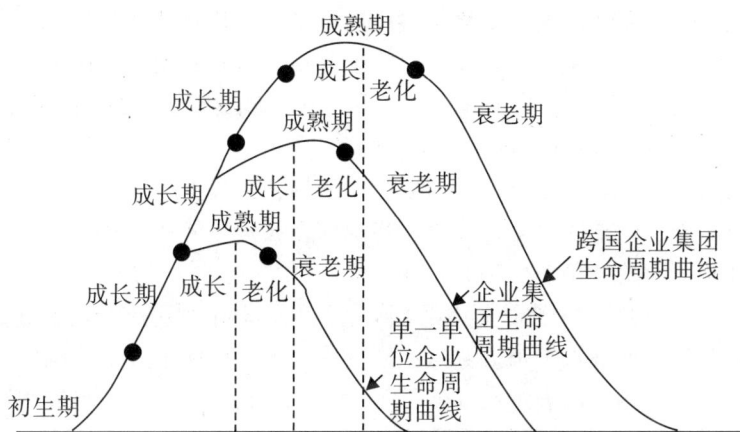

三种企业形态生命周期正态曲线图

跨国公司的组织结构、管理制度、管理方式等都会发生许多新的变化。就组织结构而言，跨国公司的初生期，一般在原有管理机构的基础上设立一个国际部，专门负责境外企业的建立，指导、监督境外企业的经营管理，随着境外企业的增多，会打破国内外企业业务分离的界限，建立全球性职能制、地区制、产品制或混合制组织结构。

目前，我国企业界有一种倾向，只讲企业经营国际化，不讲跨国公司的演进。一个国内企业经营国际化的过程，大致会经历三个典型的发展阶段：商品输出—国外生产—多国籍或全球化。商品输出时主要是与国外进口商打交道，在东道国的国门口做生意，国际参与不深，它是企业对外直接投资的先导。这时，企业无论出口多少产品，出口到多少国家，也不能称为跨国公司。在国外设厂进行生产销售时，企业在东道国拥有经济实体，形成产业资本、商业资本、货币资本，国际参与度深，当境外子公司所在东道国达到一定数量时，国内企业就蜕变为跨国公司，并开始企业新的生命周期。跨国公司的生命周期有以下几个典型的阶段：

初生期的跨国公司，会面临缺乏国际经营管理人才、不熟悉国际经营游戏规则、未形成完善的跨国经营组织管理体制、跨国经营的各项管理制度不完备等情况。此时，一般需解决好以下几个问题：大力培养和引进国际经营管理人才，对外派主要管理人员进行跨国文化适应性训练；在企业原有组织结构的基础上设立国际部，统一管理对外直接投资活动和境外子公司的经营管理；建立跨国经营管理的各项制度等。这时，境外企业的资产、销售额、利润大约占整个企业的 5% ～20%。

成长期的跨国公司，在境外子公司的数量增多，资产、销售额、利润增加，约占整个企业的 20% ～50%，甚至超过国内的部分。这时，企业虽形成了跨国经营管理的体制及有关制度，由于国内经营管理与国际经营管理分离的格局，在技术开发、资本投入、人力资源等方面，两者之间的矛盾增多。为此需要进行组织管理体制的变革，重新设计跨国公司的组织架构，采用全球性组织模式，改变国内外经营管理分离的局面，建立新的经营管理制度。同时，进行境外事业发展的再设计，对原有经营管理人员进行再培训，并大量聘用境外优秀的经营管理人才。

成熟期的跨国公司，在世界各地的子公司更多，业务更复杂，各子公司业务发展不平衡，已形成全球化经营管理体制及制度，企业的资产、销售额、利润大部分在境外。此时要关注的重点是防止体制及制度的僵化，再次进行国际经营发展的设计，开展跨国经营管理的变革，进行跨国资产重组，推进技术、管理创新，给企业注入新的活力。

衰老期的跨国公司，必须进行危机变革管理，以谋求新生。衰老可能出现在初生期、成长期、成熟期各个生命周期阶段。

按照以上对跨国公司的界定及生命周期阶段的划分，我国跨国公司除了少数几家垄断企业处于成长期之外，就整体而言，多处于初生期，只是有的在初生期的前期，有的在中期或后期，海尔集团大致处于初生期的后期。

我国的企业界在论及"中国企业经营国际化"时，对中国跨国公司所处的发展阶段有一致的看法。TCL 集团董事长李东生认为：到目前为止，中国企业经营国际化还处于起步阶段；联想集团董事长杨元庆表示：并购 IBM 全球 PC 业务，只是联想成为跨国公司迈出"万里长征的第一步"。不同的是，有的企业在重视如何国际化特别是在对外直接投资的同时，十分重视企业"基因"，即企业组织架构、管理体制、管理方式上质的变化，使公司管理和运作也国际化，有的企业则注重海外销售额所占比重的增加，轻视境外子公司的组织管理及母公司组织结构和管理体系的变化，境外子公司的 CEO、CFO 等要职由国内的高层兼任，在国内市场应接不暇的情况下，导致境外子公司处于失控的状态。

### 三、中国跨国公司快速成长的经营管理问题

中国跨国公司虽然有了十分可喜的新发展，但与发达国家跨国公司相比还有很大的差距，需要我们深入的探讨与实践，以科学发展观推动中国跨国公司的快速发展。

各国跨国公司依据各国经济技术及企业自身的状况，在国际化和跨国经营的过程中，依据不同的理论来发展自己的跨国经营，美国跨国公司主要以产品生命周期理论为指导，日本跨国公司主要实践的是工艺生命周期理论，形成不同的发展过程。

中国跨国公司选择什么发展理论，国内有许多论述。笔者认为，作为发展中国家的中国跨国公司实践的是多元能力与需求相互满足理论，走的是复合型跨国经营的发展道路。最大的特点是将投资双方或东道国的能力、优势结合在一起，满足相互的需求，充分发挥相互能力的作用，进行资源导向型、市场导向型、成本导向型、技术导向型等类型的投资，推动跨国公司的快速成长。联想对 IBM 全球 PC 业务的收购是一个很好的例证。IBM

是电脑技术的先驱，其业务遍布全球，并重视企业有国际经营管理人才。在国内市场上联想的台式机、笔记本电脑的销售额在 2005 年第一季度双双位居第一，并以个人消费为主，同时，生产成本低，每台台式电脑的劳动力成本为世界最低。关于联想对 IBM 全球 PC 业务的收购，一篇发表在美国《商业周刊》题为"东方约会西方：欢乐时光"（作者为德克斯特·罗伯茨·路易斯·李）的文章称：实际上，IBM 把自己的个人电脑业务外包给了联想，联想将大部分的管理和销售工作外包给了 IBM，它将是管理精英、技术专家、低成本、在发展中国家的出色业绩的罕见结合体。正是这一收购行为，使联想从原来"蜗在中国"，变为网点遍布 160 多个国家"辐射全球"的国际公司。

跨国公司生命周期理论告诉我们，跨国公司是一个有生命的机体，在成长的不同阶段，经营管理会面临不同的问题，要解决不同的困难，需要采取不同的组织形态、经营策略、管理体系。处于跨国公司孕育期和初生期的企业，跨国经营管理的大忌是照搬和简单延伸国内企业经营管理那一套。单一单位企业在跨国公司的孕育期，有一个境外子公司组织架构的阶段，境外子公司有较大自主权，直接向母公司总经理汇报业务，在初生期往往设立国际部来管理境外子公司。国内企业集团在跨国公司孕育期，如果集团的产品比较单一，总部可采用国际部制；如果集团的产品系列较多，有的子公司向境外直接投资设立子公司，组织形态则与单一单位企业类似，但要处理好集团总部与子公司对境外子公司的管理关系，最忌子公司对境外子公司的管理有名无实，集团总部有实无责。集团总部也可以采取集中管理的方式，在集团总部设立国际部统一管理集团的境外子公司，境外子公司业务特别是生产技术则由相关子公司指导，集团各子公司则负责国内各自的业务，这比较适合跨国公司初生期的国内企业集团的跨国经营管理。如果企业具有较强的能力和较好的相关条件，也可以不经过国际部这种将国内外业务分开管理的阶段，直接采用全球性组织结构，这种情况多出现在产品比较单一的单一单位企业或企业集团。联想在跨入跨国公司行列时采用的是全球性地区制的管理结构，由集团总部统一管理国内外业务，并对人事进行重大的调整。新联想总部设在美国纽约，杨元庆任董事长，前 IBM 个人电脑部门负责人斯蒂芬·沃德任首席执行官，双方各管理一半人员，英语为联想的官方语言，设立了三个独立的业务部门：中国区个人电脑业务部、中国区手机业务部、国际业务部。由于联想采用适当的组织管理体系，在收购 IBM 30 天内，不仅接到了来自美国政府的一份大订单，获得了包括中国银行、思科等至少六位新客户，并推出一款新的平板电脑——它被认为是当时最轻薄的可变平板电脑之一，同时，正准备向印度市场等扩展，开局就取得令人满意的重要成绩。

初生期的跨国公司，它在境外的子公司往往如同单一单位企业处于初生期（联想对 IBM 全球 PC 业务的收购不同于新建境外子公司，其收购的业务处于成熟期），子公司在有文化差异的东道国，业务未能充分展开，往往会遇到产品及服务的适应性及销售渠道薄弱两大问题，在开展和扩大业务时，一般可采用如下几种策略：

第一，重定产品构想。境外子公司应根据东道国对产品和服务的要求，重新具体界定，加强技术创新和服务，作出适应性调整。海尔在这方面作出了较好成绩。

第二，重建价值链。对价值链的重建有两个层次，一是跨国公司总部建立的跨国价值链。许多跨国公司在建立跨国价值链时，将劳动密集型的低附加值的生产转移到劳动力成本低的国家进行，如日本 NEC 公司委托中国的有关工厂生产自己在日本设计的电脑，然后进口回日本，在山形县的工厂装上软件后出售。在建立跨国价值链时还可采取 OPA（外地加工措施）方式，在境内完成产品的大部分工序，将部分工序移到境外进行，以减少和避开贸易摩擦。二是境外子公司在东道国建立和整合企业的五项基本活动和四项辅助活动，搞好各项价值链活动的管理。

第三，联盟扩展。可采取收购、外包、合资等方式扩展国际业务。

此外，初生期的跨国公司还需要特别注重跨国经营风险的防范和经营危机的管理。跨国公司的经营管理活动处于国际经济体系之中，环境复杂，面临的问题难度大，其成长往往比国内企业艰难得多，应树立国际经营风险防范意识，建立国际经营风险危机管理机制，以利于跨国公司的快速发展。

## 四、结论

我国经济的快速发展为中国企业走出去发展跨国公司创造了良好的条件。跨国公司肩负着中国和平崛起的重要责任，应以科学发展观加速其发展，因此，如下几点值得我们重视：

第一，企业经营国际化有一个由浅入深的过程，不能简单地以国际化的方式去划分企业经营国际化的发展阶段，更不能将其视为国际化的发展模式，这不利于中国跨国公司的快速成长。

第二，国内企业演变成为跨国公司是一个质的飞跃，是再次创业的开始，应重视企业"基因"的变化，并作出适当的变革、调整。

第三，跨国公司在生命周期的不同阶段面临着不同的问题和困难，需要用新的经营管理理念和方法，要顺跨国公司外部形势、自身优势、发展趋势而为。

（该文载于《国际经贸探索》2006年第5期）

# 第六章　再次创业与企业成长

## 再次创业与企业成长

这几年，我国在经济转型初期催生出的一批明星企业，在再次创业中落入陷阱，盛极而衰，有的甚至破产倒闭或被兼并，在社会上引起了广泛的关注，不少人将其失败归结于发展太快、资金短缺、人才缺乏、决策失误。这些有一定道理，但是这样的总结分析有些就事论事，没有指出规律性的东西。如果我们从再次创业和企业成长的规律及要求、企业经营管理演变的规律及要求去进行探讨，有可能将失败的教训变成宝贵的财富，以利于企业今后的创新创业和健康成长。

### 一、"郑亚"扩展业务能力的教训

企业初次创业成功之后，进行再次创业有两条基本路径：一是在原有企业领域扩展业务能力，二是进入新业务领域。有的企业再次创业在扩展原有企业能力的同时又进入新业务领域，但仍未脱离再次创业的两条基本路径。

迈克尔·波特在《竞争战略》一书中认为：业务能力扩展在商品类企业中可能是公司战略的核心问题，并认为，日用品公司有一种强烈的使业务能力过大的倾向。

商品类企业属于分散型产业，这种行业市场的一个最大特点是没有任何企业占显著市场份额，不存在整个行业活动的市场领袖。在再次创业过程中，可用横向发展的方式，努力创造规模经济、经验曲线，以商标信誉、统一采购和服务等克服分散性，但它容易陷入潜在的战略陷阱，如为了寻求支配性市场占有率，而造成高额管理费用、固定成本，加之行业本身的波动而失败。又如实行机会主义的竞争战略，在短期内发生了显著作用，但长期而言，它要承受严峻竞争的压力，又可能陷入困境。还有，集中控制是分散型产业的关键，但追求过度集中化，如向分散在全国的连锁店集中配货，会削弱企业的灵活性，造成灾难。再如自认为竞争对手具有同样的经营目标和成本费用，低估竞争者的低成本及差异性的经营能力等。

如郑州亚细亚商场在"以郑亚集团为名，以海亚总公司为实，向外发展连锁店"的业务能力扩展中，自有资金几千万元，在省内投资3亿元左右，在省外投资10多亿元；为省外仟村百货大量担保配货；有些竞争手段一时十分热闹，但难以持久，而且费用高；扩张不仅受到当地市场容量的限制，还受到竞争对手的"反击"，甚至是联手"报复"，正好犯了扩展业务能力时容易出现的错误。

业务能力扩展有两个主要的预测：未来的需求和竞争者的行为。为此，再次创业的企业扩展业务能力，有几点值得高度重视：第一，确定企业业务能力增加的规模时不要夸大需求，不要追求企业业务能力的领先地位而过度投资，应以盈利为主导，考虑低成本的扩展方式。第二，估计企业经营产品的技术变化及经营方式过时的可能性，不断提高低成本及差异性经营的能力，不要过分追求较长时间的领先。第三，切实确定产业的供给和需求平衡，预测竞争对手业务能力的增加量，计算产业的价格和经营成本，正确进行企业定位。企业在进行产业中的定位时，应注意在提高企业竞争地位和市场份额时，避免产业的业务能力过剩。

## 二、"太阳神"进入新业务领域的损失

进入新业务领域是关系企业前途的重大决策，一般有两种基本路径：一是内部发展进入，即投资建立新的业务实体，它包括新的生产能力、研究开发能力、销售力量、营销关系等。二是通过收购进入，这种方式不在产业中增加新的企业。再次创业时，有的企业放弃原有业务，进入有发展前途的业务领域，而绝大多数企业则是在保持或发展原有业务时，实施"一业为主，多种经营"的方针，形成产业内或跨产业多样化经营格局，这是再次创业时进入新业务领域的基本战略。

从1994年开始，广东太阳神集团公司再次创业，一年内，上马了包括石油、房地产、化妆品、边贸、酒店业等20个项目，在新疆、云南、广东成立了三家经济发展总公司和在山东成立了弘易公司。由于新业务之间及新业务与老业务之间只存在规模经济性较小的关联，以及存在虚幻关联和较高关联成本，生产经营保健品的能力，不可能天然移植变为生产经营石油、房地产、化妆品、电脑等的获利能力，加之进入新业务领域必然形成多点竞争等极其复杂的竞争格局。投入新业务的3亿多元资金，"几乎全打了水漂"，同时还影响了原有业务，保健品的市场占有率由1993年的63%跌至1997年的不到10%，1997年保健品的销售额仅为2亿多元，相当于1993年的18%。

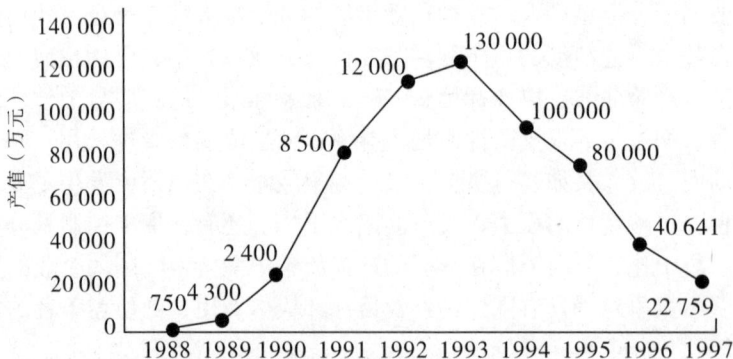

图6-1 太阳神集团10年产值抛物线

进入新业务领域，就企业的再次创业而言是事业发展战略再设计。事业发展战略再设计涉及企业成长所有的行为及关系，如选择客户、产品差异化、资源整合、市场进入等。事业发展战略再设计是价值创造，企业正常经营时，成功的关键在于许多小决策，而事业

发展需要的是几个正确的大决策。

1865 年诺基亚集团公司创始人弗莱德里克·艾德斯坦初次创业时，建立的是一个纸浆加工厂，随着工业化浪潮在欧洲兴起，对纸张及纸板需求迅速增加，一炮打响之后，他开始生产套靴及轮胎等，20 世纪 20 年代开发橡胶系列产品。随着人们对电力、运输、电报、电话、网络需求的增加，艾德斯坦又开始生产电缆，成为造纸、化工、橡胶、电缆几个领域的集团公司。20 世纪 80 年代进一步扩大业务领域，发展起重机工程、化学工业、灯泡、铝、塑料等制造业及电厂等。在对传统制造业效益越来越不满意的过程中，他一直寻求可持续发展，能不断进入具有增值效益的行业，并于 20 世纪 60 年代选择了电信行业作为发展重点。为此，艾德斯坦不断卖掉、合并一些公司，放弃非核心业务，把资源及精力逐步集中到电信行业，到 20 世纪 90 年代明确制定了专一的全球性电信公司发展战略，面对多元市场特点，走产业专业化、多元化的路子，根据消费者的不同消费层次，推出一系列使用简易、功能完善、技术尖端的移动电话，成为全球数字技术的先驱。

再次创业时的事业发展战略再设计及行动，始终要以顾客为导向，采用其他产业的模式及程序，重塑创新价值机制，建构相应的新核心竞争力，使新事业远离传统组织，面对产业转换，持续地管理企业事业发展战略再设计，使 1 + 1 > 2。有前途的现有业务是发展新事业的基础，新事业发展应有助于现有事业的成长，而不是削弱，至少是平衡发展。

### 三、再次创业中组织管理的变迁

再次创业中有些企业似乎非常重视管理，非常重视人才。他们制定了许多制度，但并没有实行。他们高薪诚聘管理人才，但由于经验主义、领导行为、组织体制没有发生根本性转变，没有形成新的科学管理体制和管理机制，缺乏科学管理的基础，使得管理人才无用武之地。

初次创业的成功经验往往成为某些创业者的包袱。有的人把偶然当必然，将"抓一两个产品，揪住一个市场空当，押宝式的市场促销"的赌性做法用于再次创业；有的创业者以唯我独尊的"先进的智慧文明观念"管理企业；有的创业者是"工匠式"企业家，奉行"勤能补拙"的宗旨，以勤劳代替管理；有的创业者热衷于搞有名无实的"轰动效应"，结果是"图虚名招实祸"；有的创业者忽视组织结构、人事关系、利益关系、管理体制的根本性调整，在层出不穷的矛盾和冲突面前，责备人才素质低，不讲大局，不团结，导致人才流失。为此，有的创业者对"为什么初次创业赚钱，再次创业把生意做大了，本应赚大钱，反而却亏损了"迷惑不解。

再次创业使企业发生巨大变化，企业组织往往由单一单位变为多单位，企业财产往往由单一所有变为综合所有，经营范围往往由单一产业内的单一产品变为单一产业内多产品或多产业多产品的经营，企业业务功能往往由单一的生产或贸易功能变为生产、贸易、金融、房地产等多功能，因而企业管理必然发生一系列转变。管理功能由组织产品生产及产品销售为主转向技术开发、产业开拓、资本投资；管理重点由财、物等有形对象为主转向知识、信息等无形对象为主；管理组织由金字塔型转向网络型；管理体制由集权下的分工负责制转向权力共享制等，从而引起企业管理质的变革。

企业创业初期即企业初生期，这时企业既是责任中心更是利润中心，往往实行个人领导制或家长制。初期创业成功，企业进入成长期，这时，企业是利润中心，各部门是责任中心、成本中心，企业往往实行集中经营分权管理，或集权下的分工负责制。再次创业时，企业往往实行权力分享制，或集中规划，分权经营管理。初次创业时，企业一般是单一单位，企业高层同时承担战略管理和战术管理任务，其管理形态属于生产经营管理。再次创业时，企业一般会形成多单位，这时，战略管理（总部）与战术管理（子公司）分离，其管理形态变为创新创业管理，两者有显著区别，如表6-1所示：

表6-1 总部管理与子公司管理的主要区别

|  | 总部 | 子公司 |
|---|---|---|
| 经营形态 | 资本经营，智力经营 | 产品生产，商品经营 |
| 管理性质 | 战略管理 | 战术管理 |
| 行为特征 | 远离具体业务和日常管理 | 具体业务和日常管理 |
| 管理途径 | 抓头头 | 头头抓 |
| 素质要求 | 管理胆识，管理智慧，管理人格 | 业务能力，实施能力，管理人格 |

再次创业使企业处于巨大的变革之中，变革使管理工作多样化、复杂化，使其与正常情况下的管理大不相同：变革会造成各种人员之间错综复杂的相互依赖关系，产生更多的冲突和可能发生的冲突，如果处理不当，会导致权利斗争，本位主义，从而使企业效率降低，成本上升，关系疏远，挫伤积极性，扼杀创新精神等，并带来更大的消极性和更严重的相互依赖关系。如果处理得当，将会带来创新创业的观点，积极解决问题的办法，带来革新的产品和服务，使企业更具有适应性和竞争力，继而消除不必要的无益的分歧、矛盾，形成新的具有创新创业价值的相互关系。这要求再次创业的领导者具有认识复杂关系和处理复杂冲突的能力，否则也会导致再次创业的失败，影响企业成长。

## 四、结论

企业再次创业是一项复杂的工程，它是非常态下的企业经营管理。通过对再次创业成败的分析，特别是对失败原因的分析，我们可以得出如下几点结论。

第一，总结再次创业成败经验教训时，不能只在"快"字上做文章。应该着重于研究市场经济、企业经营、企业生命周期的规律及其要求，市场经济的发展有小生产、社会化生产、现代社会化生产几个阶段，它给企业经营提供了不同的机遇和要求。企业经营有产品经营、商品经营、资本经营、智力经营等不同的经营形态，它们各有自己的经营策略、经营方式及其管理要求。企业生命周期有初生期、成长期、成熟期、衰老期几个阶段，在组织形态、领导体制、管理方式等方面都有不同的特征和要求。这不能用经验主义去对待，必须按照客观规律及其要求办事。客观规律是无情的，条件具备该快不快，会错失企业发展的良机；盲目从事，不按客观规律办事，虽轰动一时，只能昙花一现，最终会失败。

第二，企业领导者不断自觉地提高自己是再次创业成功的关键。某些再次创业失败的企业，不是缺人才、缺资金，关键是领导者缺乏实事求是的态度和行为。领导者以所谓的"雄心壮志"去盲目地干不懂或不完全懂的事，并自认为没有什么事是干不好的。初次创业时他们注重学习，再次创业时往往拒绝学习和更新，往往在不知不觉中犯下错误，如对变化不分析不判断，不能作出反应，不理解财务数据，忽视会计信息系统，企业根本没有财务功能，开办超过企业自身资源能力的项目，允许负债增加，银行似乎是企业资金取之不尽、用之不竭的金库。领导者对以上错误又不能及时发现和有效控制，在外部环境发生变化，简单的激励方式作用弱化，领导工作产生异化（权力过分集中，又缺乏有效监督）的情况下，必然招致失败。事业不断发展，需要有相应的管理智慧和管理品格。因而，再次创业的企业领导者应不断提高自己的管理智慧和管理人格，有调动人们克服重重困难、实现企业目标的领导技巧，有力排除种种分裂势力，将人们紧紧团结在一起，为实现共同目标而努力奋斗；有保持公司纯洁性，避免染上官僚主义的钩心斗角、本位主义、恶性权力的能力；能维护有益事物，能重新设计自己的思维结构，善于变革，不盲从，有创造性、有责任感，自己成功的同时允许别人成功，能合作，可依赖。

第三，建立和完善企业创新创业体制。面临世纪之交，同时也是时代之交，世界将进入知识经济时代，开创知识创新时代。因此，企业的创新创业不再是一时一事，而是长期不断之事，不只是突进，更是渐进。为此，企业需把创新创业作为领导和管理的基本职能，建立创新创业领导机构或委员会，制定创新创业条例、制度，不断寻求创新创业机会，制订和实施企业创新创业工作计划，正确对待和鼓励创新创业者，使企业踏上持续创新创业的道路，不断焕发生机与活力，不断成长与发展。

（该文载于《综观经济》2000 年第 2 期）

# 民营企业集团孕育期的组织管理

单体民营企业经过一段时间的发展，成为拥有3~5个相对独立生产经营单位的群体企业，但又不符合企业集团注册标准，从而进入企业集团的孕育期。有的顺利地发展成为企业集团，进入新的发展时期；有的则陷入业务发展与组织管理的矛盾之中，进退两难，困惑难解。怎样解决民营企业集团孕育期的组织管理困惑，现有的企业生命周期理论及企业成长理论未提及这一问题。因此，这是一个值得探讨的实际问题。

## 一、单体民营企业迅速发展在组织管理上发生的巨大变化

民营企业在初次创业成功之后，往往采用横向或纵向方式来扩大原来的业务或进入新业务领域，并组织新的生产经营实体。这样，企业的组织管理就发生了巨大的变化。

（1）企业组织形态由单一单位组织变为多单位组织。单体民营企业在发展中往往建立新的生产、销售单位，并注册为公司。例如，有的玩具厂赚了钱后又独资或合资建立新的玩具厂；有的大卖场成功后又建立新的大卖场及便利店；有的原来搞原料纸品销售，后发展包装纸板生产；有的原来搞家具生产，后建立家具销售商店或公司；有的原来搞房地产，后又发展搞服装生产及出口等。这样，单体民营企业就由原来单一的生产经营单位，变为拥有几个相对独立生产经营单位的群体企业或多单位企业。对于以上企业组织形态的变化，有的民营企业创业者，看到的只是自己的事业发展了，由一家公司增加到3~5家公司，销售额增加了，利润也会增加，而忽视或根本没有想到企业组织架构变化背后深层的组织管理问题。

当企业由单一单位组织形态变为多单位组织形态时，不仅仅是生产量、销售量的增加，它还使企业由生产领域进入流通领域（或反之），由某一产业进入新的产业，企业原来的某些部门，如采购部门、技术部门、人事部门、财务部门等要为新的生产经营单位提供服务。这样，原来由外部市场交易解决的问题，变为企业内部解决；不同功能、不同产业的组织管理往往各有自己的特点，差异很大；原来只为一个生产经营单位服务，现在要为多个生产经营单位服务，其责权利发生了很大变化，从而使企业内部的工作关系、人际关系，即责权利关系变得复杂起来，使企业管理的复杂程度和难度成倍增加。为此，必须重新设置管理部门，确定管理人员，建立管理制度，这又会增加管理成本，并与创业者迅速发展业务的要求相矛盾。因而，必须在发展中建立新的组织管理体系，通过组织管理创新来保障和促进企业发展。

（2）企业领导体制由个人集权制转向集体领导下的授权制。当单体民营企业由一家公司发展成为拥有3~5家公司的群体企业时，创业者已不可能像管理单体企业时那样什么事都亲力亲为，想亲力亲为也力不从心，必须形成一个管理团队，授权给团队成员去经营管理好各个公司。这种变化，实际上使企业的领导体制由个人集权制转向以创业者为主导的集体领导下的授权制。它显示了如下几个特点：

首先，企业管理权力集体化。管理权力从创业者个人手里，转移到以创业者为主导的

专家组合手里，即由管理团队使用权力，由他们指导企业当前的生产经营活动，选择未来发展方向，分配成果。

其次，企业管理权力制度化。在授权的情况下，为了保障群体企业生产经营管理活动的有效运行，需要用制度来规范创业者、经营管理者的行为，即对管理权力制度化或领导职能制度化。新制度经济学认为，制度是约束个人行动的集体行为，实施制度的民主程序使集体权力得到体现，制度内的个人行为是控制、解放和扩展个人行为的集体行为，是集体行为控制个人行为。在管理权力制度化的情况下，各项活动成为管理点，每个人都在管理之中，管理者也被管理着，并对管理者行使权力的过程进行协调和监督，以防止内耗和权力的滥用。

最后，决策方式多样化。授权又会带来决策方式多样化。企业的权力是一个体系，可以从多方面进行划分，按决策职能可分为生产、销售、财务、人事、开发五类管理权力。一般而言，财务决策权的授予最低，销售和开发居中，生产和人事较高，并形成分级分类决策。分级决策是指群体企业管理团队的决策及子公司的决策，分类决策的方式有母公司决策、子公司独立决策、子公司决策母公司认可，以及母子公司磋商决策几种。

（3）企业人才结构由业务型转向经营管理型。成为多单位民营企业，在事实上形成了相对独立的生产经营单位的经营管理，及对各相对独立的生产经营单位进行管理的两个组织管理层次。前者主要是经营管理好企业的产品，后者主要是经营管理好多单位企业。这样，多单位民营企业，不仅需要有会做事、效率高的业务型人才（又可称为作业型人才），更需要有对多单位企业的计划、开发、生产、营销、人力资源、财务等进行规模经营管理的管理型人才。

在企业为单一单位企业时，创业者既是企业的所有者又是经营管理者，他直接管理下属的管理人员乃至作业人员。当企业成为多单位企业之后，有的创业者将业务型人才和管理型人才混为一谈，认为会做事、效率高就说明善于管理，不必将作业职能与管理职能分开。认为管理人员，特别是那些管理管理人员的管理者，不能直接为企业创造财富，人多了会增加管理成本，不划算。由于缺乏善于管理管理人员的人才，加之管理关系又没有理顺，企业的经营管理往往紊乱不堪，当企业经营状况不佳或出了问题，有的创业者就责怪下级能力差、素质低。

## 二、民营企业集团孕育期的组织管理问题

当单体民营企业发展成为多单位企业时，在组织管理上往往面临如下三类问题：

（1）企业初创时期遗留下来的组织管理问题：单体民营企业在转变为多单位民营企业时，会将一些初创时期的成功要素和经验以及存在的组织管理问题带进企业集团孕育期，它们集中地表现为如下几点：

第一，创业者高度集权。单体民营企业的初创时期，往往创业者就是企业，企业就是创业者。创业者既是总经理，又是销售主任，还是现金出纳、产品开发者等。这在初次创业时是成功的要素，是正常的。但到了企业集团孕育期，创业者想对所属各单体企业的生产经营管理亲力亲为，已力不从心，但不放心的心理状况与亲力亲为的行为习惯仍未改变。

第二，缺乏规章制度和相关政策。只要求员工做事，聘来的人立即投入工作，没有科

学的、量化的绩效评估等，这种状况也带进了企业集团的孕育期。

第三，组织结构不健全。单体民营企业在规模扩大时，会增加一些机构和部门，但往往管理层次不清，部门分工不当，组织管理关系不稳定，人们承担的责任和任务重叠交叉，销售人员跟单抓生产调度，办公室主任管人事工资等，下级不知对谁负责。这种状况到了企业集团孕育期，组织管理显得十分混乱。

（2）民营企业集团孕育期的组织管理难题。单体民营企业在业务快速扩展过程中，员工迅速增加，组织机构不断增加，打乱原来的组织架构及管理关系，企业的组织管理变化不定，在组织管理上存在不少冲突。

第一，创业者与职业经理人之间的冲突。进入企业集团孕育期的民营企业亟须理顺组织机构及管理人员之间的责权利关系，亟须制定相应的制度及政策，加强行政管理，这与做生意相比，需要完全不同的技巧，因此，亟须善于经营管理的人才。创业者一般能认识到这种要求，但他们往往缺乏行政管理的技巧，对这方面也没有多大兴趣。他们通过聘用职业经理人来完成这一任务。聘用的人，如果能力强，创业者会感到自己受到威胁；如果听话，但能力一般，又会觉得不顶用，帮不了自己多少忙。聘来的职业经理人，则认为老板不信任自己，工作得不到支持，难以施展自己的才干，而不得不离去。

第二，资深员工与新员工之间的冲突。企业的资深员工，认为自己与创业者一起拼搏，为企业的发展立下了汗马功劳，觉得新来的人什么功劳也没有，有的一来就当上高级管理人员，心里不服气。特别是对新来职业经理人制定的一些制度、政策，他们认为是对自己权力的挑战，不理睬这些制度和政策，直接向创业者汇报、告状。这种状况也加剧了创业者与职业经理人之间的矛盾。职业经理人则认为那些资深员工素质低，以功臣自居，根本不按制度、政策办事，难以管理。

第三，企业迅速增长与组织化的冲突。成功的民营企业创业者，捕捉商机的能力较强，并敢作敢为，使企业的业务迅速增长。快速增长需要增设相应机构，原有的某些机构管理着新机构的财务、人事、技术、信息、采购等工作，要处理好新老机构的工作关系及人事关系，要制定行为规范。企业的快速增长增加了管理的难度，要求提高组织化程度。如果不能很好地解决组织管理问题，就会阻碍企业的发展。

（3）民营企业集团初生期对组织管理的要求。根据国家原经贸委、原国家体改委、原国家计委、原国家工商局的有关规定，"企业集团是指以母子公司为主体，通过投资及生产经营协作等多种方式，与众多的企事业单位共同组织的经济联合体"。集团母公司的注册资本要求在500万元人民币以上，并至少拥有5家子公司，母子公司注册资本的总和在1亿元人民币以上，集团成员单位均具有法人资格。母子公司之间存在着产权关系、法律关系和管理关系。这要求多单位民营企业在组织管理上进行一系列变革。

第一，组织管理体制方面的变革。企业的组织形态由单一单位企业的组织架构，转变为多单位企业的组织架构，企业的组织管理体制由创业者一人高度集权的管理，转变为集中领导、授权决策、分级管理。

第二，管理方式方面的变革。企业组织形态和组织管理体制的变革，管理方式也必然要进行相应的变革，它要求由创业者直接组织指挥、直接监控转变为计划指导、制度规范、协调监控。

民营企业集团孕育期组织管理面临的三类问题，使企业的组织管理处于复杂多变的境况，在生产经营管理上如果出现重大失误，往往会危及企业的生存，混乱的组织管理会加深企业的危机，使企业危机四伏。不少民营企业的创业者感叹，企业小时赚钱，做大了反而亏本，还更加危险。他们在企业快速发展的大好局势面前，对企业的组织管理束手无策，陷入困境。

### 三、民营企业集团孕育期的组织管理要略

多单位民营企业在企业集团孕育期，采用什么组织管理措施才能解决企业组织管理的困难，又有利于企业的发展，笔者根据自己多年的实践及研究成果认为，可采用如下步骤和措施进行组织管理体制及管理方式的过渡，解决上述问题。

第一步，母体企业代管。当单体民营企业新建或注册了1~2个生产经营单位或公司时，可由原单体民营企业（母体企业）代管新建公司的财务、人事、技术开发、采购、销售及电脑信息系统、行政工作等。这时，新建公司实属原母体企业的附属单位。为了理顺管理关系，调动新建生产经营单位的积极性，可将新建生产经营单位模拟为内部企业，实行独立的经济核算，通过独立的经济核算确定资产性质及规模，核定机构及人员，明确目标和任务，赋予一定的权力和责任，以及与效益挂钩的利益，使这些作业单位和新建公司一样，成为责任、成本、利润单位。这种代管方式有如下好处：

首先，有利于创业者由一人直接管理，逐步学会授权。授权只是让模拟的内部企业或注册的公司，实施创业者的决定，完成所分配的任务，并不是让创业者放弃权力。同时，授权后，还应加强监控。因此，授权在本质上并没有使权力对全局产生影响。这一方面满足了创业者集权的心理及习惯，另一方面又有人去组织指挥完成分配的任务。

其次，有利于创业者感受和摸索多单位企业的组织管理。由于新注册的公司或模拟的内部企业，是一个相对独立的生产经营单位，它们有自己的生产经营体系，要求有相应的组织管理体制，采用相应的管理方式，原来母体企业的代管不可能解决全部组织管理问题。例如，具体的生产、销售等作业的组织管理工作。为此，要重新确定责权利的关系，并制定出相应的制度、政策。

最后，有利于培养、储备经营管理人才。通过授权和决策执行中的分权，有利于培养、储备两类经营管理人才，一是母体企业善于协调、监控的财务、人事、行政管理人才，二是能独立经营管理好新公司或模拟的内部企业的总经理人才。这样，有利于降低管理成本，也有利于民营企业的快速健康发展

第二步，模拟企业集团的组织管理。当民营企业由原来一个公司发展到4~5个公司时，业务复杂起来，工作关系、人事关系也复杂起来，组织管理的担子加重，原来母体企业代管已经力不从心，这时可模拟企业集团的组织管理，即将企业的主要作业单位模拟为子公司，另设立一个类似企业集团总部的管理机构，对所属的生产经营单位进行统一管理，并可采用集权型的直线职能制组织形式。

模拟企业集团组织管理的直线职能制组织形式，与单一单位企业的直线职能制组织形式有两点显著区别：首先，模拟企业集团中的子公司是独立的企业法人，或模拟的内部企业法人，单体民营企业中的生产经营单位，如生产厂（车间）、销售部等只是作业单位，不是企业法人。其次，模拟企业集团总部的职责是管理好群体企业，即制定统一的发展战略，决定子公司的经营方针、年度计划、资产变动及保值增值、分配方式，协调指导和监督子公司的重大生产经营管理活动等。模拟企业集团中的单体民营企业的高层管理者的职

责是管理好单一单位企业的生产经营，即想方设法改善经营管理，努力降低成本，提高效率，开拓市场，增加品种，创造名牌等，这些任务在模拟企业集团中由各子公司承担。

这种模拟企业集团集权型的组织管理架构有几点好处：

首先，它有利于推动多单位民营企业组织管理体制的变革和创新。形成由决策层（董事会）、指挥层（总经理、副总经理及职能管理部门）、执行层（工厂、销售机构等）、作业层（车间、班组、技术人员、操作人员、销售业务员等）构成的企业组织管理架构，并形成由生产管理系统、销售管理系统、财务管理系统、行政人事后勤管理系统组成的组织管理体制，理顺企业的组织管理层次和管理幅度的关系。

其次，有助于管理制度的变革与创新。原来适用于单体民营企业的管理制度，在模拟企业集团的情况下已经不够用了，许多也已经不适用了，需要有新的管理制度。新的科学合理的管理制度，只有在理顺了企业的组织管理架构、组织管理体制、责权利关系下才可能重新建立。在没有理顺各种组织管理关系情况下制定的制度，是无法执行的。

最后，有助于民营企业的迅速发展。模拟企业集团的董事会是决策中心，总部是责任中心，子公司是利润中心，基层部门是成本中心，它有利于集中多单位企业"大"的优势，又可发挥子公司"小"的灵活性。企业在发展业务的过程中，可以建立新的子公司，也可以对原有的子公司进行资产重组，在一段时期内，它不会打乱整体的组织管理架构，只需作局部调整和变革。

模拟企业集团需要一定的条件，关键有两点，一是要下大力气物色高级管理人才，据称通过会议获得合格人才的概率为90%以上。二是处理好创业者与职业经理人的关系，特别是创业者与总经理或常务副总经理的关系。双方要建立诚信关系，职业经理人要敬业。创业者对职业经理人不能只是暂时的"利用"，危难时把职业经理人推在前面，当觉得职业经理人的"两下子"自己学会时，就借故撤换职业经理人，自己重掌"帅"印。

模拟企业集团形成总部、子公司都有职能管理部门，会增加管理成本。为此，可根据企业生产经营的性质、特点，尽量成立综合性办公室来减少管理机构和人员，以后，根据发展的需要再作调整。

（该文载于《广东外语外贸大学学报》2003年第2期；获中国国际贸易学会2003年"中国外经贸发展与改革"联合征文二等奖）

# 民营企业家素质的综观蜕变与民营企业的发展壮大

现代经济学认为，现代社会经济是企业经济，人力资源是经济发展的重要资源，因此，民营经济的发展壮大有赖于民营企业的发展壮大，而民营企业家这一重要人力资源与民营企业的发展壮大紧密相连。2005年6月30日出版的第一部《中国民营企业发展报告》中称：据统计，全国每年新生15万家民营企业，同时每年又死亡10万多家，有60%的民营企业在5年内破产，有85%在10年内消亡，平均寿命只有2.9年。据称其中一个重要原因是民营企业家的素质提高滞后于企业发展壮大的过程。依据科学发展观的精神，民营企业不同的成长阶段，其经营管理具有不同的特质，为此，民营企业家应具有哪些相应的经营管理素质，这是一个值得深入探讨的问题。

## 一、单体民营企业发展壮大与民营企业家素质的综观蜕变

初生期的单体民营企业，在经营管理上具有简单、不稳定、以做成生意为主、前途不明朗等初始性特征。它的经营目标是获取利润，以求生存发展。在经营管理方面主要是做好三件事：一是拥有差异化的产品（服务）；二是不断扩大好客户，并淘汰高成本客户；三是降低采购成本，以提高竞争能力。在组织管理方面，初生期的单体民营企业组织结构简单，并多采用直线制或直线职能制，只有一些零散的规定，无系统完整的规章制度，管理体制多为集权型的个人式领导体制。企业内的人事关系、工作关系是非正式的，民营企业家做生意的胆识、气魄、眼光比制度更重要。此时，创业者只要熟悉和了解市场拓展，资金的筹集，理财、生产和采购，内部事务安排和监督，就已经够用了，这时的创业者属于业务型企业家。

初生期的单体民营企业，在经历了"婴儿期"活下来以后，就会进入"幼年期"，此时，往往采用横向或纵向方式来扩展自己的业务，以新的姿态入行入市。

当业务迅速扩展，单体民营企业就进入成长期，企业的生产能力迅速扩大，销售量和资金流量大幅增长，机构及人员增多，并形成业务（生产、销售、技术）、财务、人事几个系统。这时，企业的组织管理具有"正式""正规"的色彩。在计划管理方面，企业要提出经营管理目标及各项业务活动的大纲，将任务分解到各单位、部门，计划成为企业活动的出发点和归宿。在组织管理方面，要形成分工细致、协作严密、责权明确的行政管理系统，通过各级机构去组织实施计划任务，并建立和健全各种工作制度、责任制度、奖惩制度、规程等，用制度规范企业全体成员的行为。在人事管理方面，根据企业业务发展的需要建立合理的人才结构及相应的激励制度。财务管理方面，重点是搞好投资的可行性分析，保障资金的安全、适度负债经营。此时，民营企业家"有胆识善冒险、吃苦耐劳和对市场时机把握准"，善于经营不够用了，还必须善管理，即要善于设置企业的组织结构，领导制定各种规章制度，会用人，具有处理企业内纵横关系的能力和技巧，显示出经营管理型企业家的特质。

有的民营企业家扩展业务时，在经营管理上，往往出现在某些民营企业家看来是习以

为常和理所当然的"正常"状态：

第一，不注意企业外部环境特别是现有业务所在行业的变化，也不重新界定产品和服务及革新价值链，忽视市场容量和同行的"报复"，只是简单地全力扩张市场，增加销售额（量）。

第二，放心大胆地"用别人的钱做自己的生意"，允许过度负债，开办超过本身资源能力的项目，现金使用速度超过现金回收速度。

第三，企业组织结构和人事变动频繁，人事关系和管理关系不稳定，管理层次不清，职能部门分工不当、工作重复、效率不高。

第四，管理制度不健全，人治大于法治，各部门的工作都被动地听命于民营企业家个人的直接指挥，对部门及员工的评价直接取决于民营企业家个人的好恶。

某些单体民营企业扩展业务中，企业由初生期进入成长期时，在经营管理上存在的上述状况，不是个别现象，它们表明了某些民营企业家素质的局限性和滞后性。"有胆识善冒险"在企业的初生期十分重要，此时，企业没有退路，不是"鱼死就是网破"，到了成长期仍非常重要，但是，在冒险的时候，不能冒企业不能承担的风险，不能冒破产的风险。2001 年，《财富》杂志借财富论坛在香港举行之际，对李嘉诚进行了专访，扩展业务时知道进退，是其成功经营的重要经验之一。李嘉诚说："我的主张从来都是稳中求进。我们事先都会制定出预算，然后在适当的时候以合适的价格投资。""超过了我们的预算，我们别无选择，只有退出。知道何时应该退出，这点非常重要，在管理任何一项业务时都必须牢记这一点。"能"吃苦耐劳"在任何时候都需要，但勤劳取代不了科学管理，只有吃苦耐劳不能解决合理组合和有效运用各种经营资源的问题，因此，民营企业家千辛万苦把生意做大了，反而亏损，使企业陷入危机。美国哈佛大学教授约翰·科特认为，管理过程与领导过程有区别又有联系，管理中有领导，领导中有管理。管理过分、领导不足，公司会僵化无创新，经营会逐渐恶化；领导有力、管理不足，公司创新创业会失控，甚至危及生存。民营企业家的人格魅力使其领导有力，在企业初生期作用很大，到了成长期就可能造成领导有力、管理不足，而危及企业生存。企业的成长期要求有相应的组织及制度，否则，不科学的静态组织结构会带来层出不穷的动态矛盾和冲突，从而导致人才流失及业务扩展的失败。

单体民营企业由初生期发展壮大到成长期，企业体制发生了质的变化，作为企业主导的民营企业家由业务型发展为经营管理型，其素质要发生"脱胎换骨"似的质变，否则，企业的生长就不健全，甚至可能夭折。从这个意义上讲，单体民营企业由初生期发展到成长期，民营企业家素质的蜕变，决定了企业的存亡。

## 二、民营企业集团发展壮大与民营企业家素质的综观蜕变

单体民营企业在进入成长期后，由于业务不断扩展，往往会由单体企业演变为群体企业，即企业集团。企业集团与单体企业相比，能容纳更大的生产力，它可以在国内外建立子公司，在更大的空间范围内谋求资源优化组合；可以在子公司专业化经营的基础上，实行企业集团的多样化经营；可以在子公司规模经营获得规模经济效益的基础上，实现企业集团的大规模经营效益等。由单体民营企业的民营企业家发展成为企业集团的民营企业家，在巨大的机遇面前又面临着新的挑战：

第一，新的经营风险。企业在国内特别是在国外进行直接投资建立子公司，在经营管理上会遇到跨国文化的障碍。不同文化背景的员工，其价值观、需求动机、行为方式等都不相同，企业管理的制度、方式会有很大差异，能否成功地进行跨文化的适应及变革，关系企业经营管理的成败。集团的多样化经营可以运用不同业务关联性产生的协同效应创造新的价值，但可能遇到虚幻关联（无实质性关联基础）和关联成本过高等问题，导致多样化经营的失败。同时，多样化经营可以分散经营风险，但又会形成多点竞争等极其复杂的竞争格局。如果缺乏多点竞争的能力，多样化经营难免会失败。规模经营需要相应的规模市场、规模资金、规模运输、规模经营能力等，否则规模上去了效益反而会降下来。

第二，新的经营形态。民营企业集团的子公司如同单体民营企业，主要是搞产品生产和商品销售，其经营形态主要是有形的商品经营。而集团的总部及事业部以及子公司主要是从事资本投资，收购、合资或出售企业，其经营形态是资本经营或企业经营。经营企业与经营产品相比，投资大，不仅要考虑产业内产品的关联度、生产技术的关联度、市场的关联度，还要考虑产业间的关联度，不确定因素多，风险大，如果是超过了自身财力的投资，可能会危及集团的生存。

第三，新的管理体制。企业集团在成长中会建立一定数量的独资、合资子公司，这时，企业集团母公司的民营企业家需要管理的是一群企业家，同时，企业资产的所有者由一人变为多人，形成权力与利益的多元结构。各子公司往往会形成股东大会、董事会、监事会、总经理的治理结构，集团总部则由董事局进行集体决策，由集团总经理组织实施集团的决策，企业的管理体制必然会由单体企业的个人集权型转向企业集团的集体领导下的分权制。如果集团的管理体制不能适应多元权力与利益结构，以致出现母公司的民营企业家侵犯其他成员的权力与利益，集团就有可能会瓦解。

企业集团的特质要求民营企业家必须由单体企业的经营管理型蜕变为企业集团的领袖型，否则就会阻碍民营企业集团的发展壮大。

领袖型企业家具有自身的特质，需要有更高的社会责任感，更好的心理品质和领导才能。美国前总统尼克松在他的《领导者》一书中对丘吉尔、戴高乐、毛泽东、周恩来等国家领导人进行评价时认为：领袖人物除了聪明才智、反应灵敏、个人品德、事业信念之外，还必须勇敢从容，能忍受压力和孤独，有预见性和决断力，能说服别人去做正确的事，能处理好错综复杂的事件等。他认为伟大领袖不是征服者，而是将管理国家的本领提高到较高道德水平的领袖，他们能在如此宏大规模上有效地行使权力，以致能大大地改变他们国家及整个世界的历史进程，他们不仅拥有地位带来的权力，还负有责任。

政治领袖与企业家一个在政治领域，一个在经济领域，他们有许多相似的地方。尼克松对领袖人物特质的看法，比较符合大型企业集团对民营企业家素质的要求。现代社会的大型企业集团内部存在着复杂的政治和社会关系，民营企业家需要极大的魄力、才智进行处理，集团面临国内外市场激烈的竞争，稍一不慎就会造成企业的失败，民营企业家必须具有做正确事的决断力，有考虑未来发展的洞察力。作为领袖型民营企业家，一般应具有如下领导技能：

第一，整体设计能力。领袖型民营企业家要有针对未来，概括全面，寻求企业新发展方向及新增长点，能连续不断地管理的能力。能准确把握外部环境的机遇和挑战，能正确地选择和放弃，能适时调整企业的使命、总目标。

第二，资源重构的能力。领袖型民营企业家还要有将整体设计转化为具体任务的能力。不仅能说服、鼓励企业内的员工，还能说服、鼓动企业外的消费者、供应商、政府有关部门等，让大家都了解公司的与众不同，能给社会带来新的价值，能组合、运用企业内外资源，促进企业的成长。

第三，实施强有力领导的能力。企业的成长，对民营企业家领导能力和领导艺术的影响日益增长。领袖型民营企业家应该有组织激励、协调控制的能力，能按照一定规则有效地组合一批杰出人物，能从众多意见、建议中作出正确的选择，保持企业清楚的发展方向，以利于企业的持续发展。

### 三、民营企业家素质向民营企业经营管理素质的综观蜕变

民营企业从诞生之日起，随着企业的发展状况，民营企业家个人的素质必须随之提高、蜕变，否则，企业家个人的失败会造成企业的失败。为避免这种悲剧的产生，在民营企业家个人素质蜕变的同时，应注重民营企业经营管理素质的蜕变，使民营企业家的失败，只限于个人的失败，而不扩大为企业的失败。

民营企业在发展壮大的过程中，民营企业家素质的蜕变转化为民营企业经营管理素质的蜕变，从理论与实践来看，至少有如下几点原因：

第一，民营企业在发展壮大中越来越具有社会性。它通过股份制，将私有资产转化为直接的社会财富，使企业的生产经营管理，不仅是企业家及经营者的职能，而且成为生产者的社会职能，它要受到股东的社会监督或管理。企业经营的成败对社会的繁荣进步产生直接影响，经营中的重大失败，往往会在局部地区乃至全国范围内产生重大社会问题。企业的重大经营决策，例如开办或关闭工厂的决策，对政府制定及修改政策有重要影响。企业负有重要的社会责任，如创造就业机会、交纳税款、保护生态环境、保护消费者权益、参与公益事业等。

第二，民营企业在发展壮大中完善经营管理的工作越来越困难。有效管理幅度原则告诉我们：当主管人员直接管理下属的人数呈算术级数增加时，主管人员与下属之间可能存在的互相交往的人际关系数几乎以几何级数增加。就一个主管人员而言，他的能力、精力和时间是有限的，直接有效管理的人数也是有限的，超过了限度，管理效率就会下降，甚至会形成"无管理"状况。民营企业的发展壮大，不仅业务量增加，人员、机构等也会增多，人际关系、管理关系会复杂起来。在复杂的组织管理环境中，进行有效管理和成功领导面临的困难，远远超过人们的认识。新希望集团董事长刘永好认为：当一个企业做大以后，创始人"一手遮天"对企业非常危险。他说："我曾经想过一手遮天，但后来发现不对，一手遮不了天，也没有人能够遮天。"因此，必须由企业家个人素质决定企业的命运，转向由企业群体素质来决定企业命运。

第三，民营企业在发展壮大中民营企业家个人素质发展的多向性。民营企业家随着企业的发展壮大其个人素质的变化大致有三种基本状况：一是随着企业的发展壮大，民营企业家的经营管理能力和经营管理人格呈正相关发展，企业持续发展壮大。二是民营企业家的经营管理能力和经营管理人格与企业发展壮大负相关，企业很快夭折。三是民营企业家的经营管理能力与企业发展壮大正相关，经营管理人格却是负相关，侵犯国家、股东、员工利益，企业寿命不会长久。有的民营企业家，在民营企业发展壮大的过程中，比较注重经营管理能力的提高，而忽视经营管理人格的提升、升华，不守信用、违法经营等。笔者

近期在进行"广东民营企业职业经理人任职情况"调查时，对民营企业老板是否讲诚信，是否将自己失误的责任转嫁给职业经理人进行了调查。在职业经理人现在工作的民营企业中，老板缺乏诚信的比重占25%，老板转嫁责任的比重占34.1%，职业经理人工作过的民营企业中，老板缺乏诚信的比重占6.38%，老板转嫁责任的比重占42.55%。调查分析的数据表明，民营企业家中存在的卸磨杀驴、过河拆桥的问题比较突出。

民营企业经营管理素质的主要内容有技术素质、人员素质、管理素质，它们的有效整合可以形成企业特有的核心能力或核心竞争力。民营企业经营管理素质的提高，在实践中除了技术素质之外，最基本的是两个方面：

第一是民营企业家由个人的直接监督控制转向企业内部的制度监督。国内学者在论述私有制企业所有者监督的有效性时，主要论证的是所有者对经营者经营管理行为的直接监督。这一观点在我国民营企业家中被广泛接受并身体力行。然而，直接监督并不是唯一的有效监督方式，它只在小企业容易实现，对现场管理比较有效。当民营企业发展壮大成为大公司时就很难实行，而必须实行制度监督。制度经济学家格鲁奇认为：经济制度的职能是指经济制度如何运行，经济运行的方式和为谁的利益服务，而不是谁占有生产资料。因此，民营企业对经营者的有效制度监督体现的是民营企业家的意志和利益。民营企业内部的制度监督有四个要点：①公司权力集体化；②制度实施必须坚持民主程序；③制度的价值来自经济、技术，也来自信仰和道德；④重点监督结果。民营企业内部监督制度的安排有三个方面：一是决策和指挥的制度安排，不要将决策权与指挥权集于一人；二是权力和责任的制度安排，对拥有实际权力的经营者的监督应注重责任的落实；三是激励和约束的制度安排，将激励与约束融于经营管理活动之中。民营企业内部的制度监督将民营企业家和企业聘任的经营管理者都纳于管理之中，制度是约束个人行动的集体行为，发生在制度内的个人经济行为是控制和解放及扩展个人行为的集体行为，是集体行为控制个人行为，无疑这对民营企业家而言是一次脱胎换骨的转变。

第二是由民营企业家个人的经营管理行为转向民营企业经营管理团队群体的集体行为。当代美国著名经济学家约翰·肯尼思·加尔布雷斯认为，成熟的公司（大公司）与企业家公司（小公司）相比，权力由资本家手里转到专家组合手里。权力并不始终与生产资料所有制联系在一起，最重要的是生产要素的变化引起权力的转移，权力曾与土地、资本这些基本生产要素不可分地联系在一起，现在，专门知识已成为最重要的生产要素，权力也就转移到掌握专门知识的人的手中。民营企业的经营管理团队有不同种类，从企业经营管理层次而言，其管理团队有集团总部、事业部（或子集团）、子公司之分。团队的经营管理素质组合要与企业不同的经营管理层次相适应，不同层次团队的经营管理素质要求不能相互取代，总部经营管理团队与子公司经营管理团队素质特性不同。

总之，民营企业在发展壮大中应由企业家个人的"人治"，转向团队的"法治"。这样，即使企业家个人出了问题也不会毁掉企业（如创维集团），从而，从企业内部使民营企业、民营经济的发展壮大得到制度保障。

（该文载于《综观经济》2006年第3～4期）

# 企业成长过程中的综观"三势"战略分析框架

　　企业在明确外部环境的威胁和机会、把握自身的优势和劣势的基础上，进行战略定位，这已经成为人们的共识。这样定位的企业战略，由于未考虑企业的发展趋势，在战略定位时仍有不足之处。因此，笔者提出"三势"战略分析模式，以供探讨。

## 一、问题的提出

　　目前，企业战略定位的理论分析框架，最著名的有迈克尔·波特的产业内竞争结构分析框架，它包括五种基本竞争力量：产业现有竞争对手、潜在的加入竞争者、替代品威胁、买方砍价能力、供应者砍价能力；三种可选择的竞争战略：成本领先战略、差别化战略、目标集聚战略。还有安德鲁斯提出的 SWOT 经典分析框架（又称为竞争战略综合分析框架），即分析企业潜在的外部威胁（T）和机会（O），以及企业潜在的内部优势（S）和劣势（W）；提供四种战略选择，它们是依靠内部优势抓住外部机会战略（SO）、利用外部机会改进内部弱点战略（WO）、利用企业优势避免或减轻外部威胁战略（ST）、直接克服内部弱点和避免外部威胁战略（WT）。

　　以上企业战略定位的理论分析框架，对企业进行战略定位有很大的作用，但它们存在着明显的不足之处：

　　第一，脱离企业发展趋势进行战略分析。产业内竞争结构分析和 SWOT 分析，以既定的企业发展阶段为出发点，即以静态的企业现状作为基点，分析企业所处外部环境的威胁和机会及其环境变化趋势，分析企业的优势及劣势。

　　企业是一个动态发展的生命体，离开企业发展趋势难以搞好企业的战略分析。其一，处于不同发展阶段的企业，面临的外部环境和具有的内部条件不同。例如，一个面向本地的企业和一个面向世界的企业，外部环境及其对企业的威胁和存在的可能机会具有显著的差异，企业应该拥有的整体能力及核心能力，以及具有的优势和存在的劣势差异同样很大。其二，当企业由一种形态发展到另一种形态时，面临的外部环境和内部条件同样会发生变化。例如，面向本地企业发展成为面向国内企业，外部环境则由当地扩展到国内。产业内竞争结构会有显著差别，原来在当地环境中拥有的优势，在全国环境中可能不能称为优势。因此，静态的企业战略分析，容易与企业发展的状态脱节，制定出的战略往往不符合企业发展变化的实际，使正在实施的战略失去应有的作用，使人们对战略的实施失去信心。

　　第二，重生产经营战略，轻组织管理战略。产业内竞争结构分析着重于外部环境的研究，SWOT 分析虽然注意内部情况的分析，但主要是对人、财、物以及技术这些经营要素的分析，对企业的组织形态、管理体制、管理方式等的分析往往容易忽视。企业的组织形态、管理体制具有一定的稳定性，但它会根据企业经营格局的变化，发生相应的变化，并对企业的生产经营起保证和推动作用。因此，企业在制定经营战略时，不能忽视组织管理战略，两者应较好地适应、配合。否则，最终会导致经营战略甚至是整个企业的失败。

企业里特别是在民营企业里，有一种较为普遍的观点：企业生产经营高速增长，由于企业员工的素质低，阻碍了企业的快速发展。这是忽视企业发展趋势，轻视企业组织管理战略一个很好的写照，飞龙集团、巨人集团的失败就是很好的例证。这说明，企业在进行战略分析时不能忽视企业发展趋势的战略分析，在制定企业经营战略时，应该重视企业的组织管理战略。海尔集团的经营战略发展进程如表6-2所示，它的成功是很好的例证。

表6-2　海尔集团多元化经营战略发展进程

| 多元发展阶段 | 产业内多元化 | | | 跨产业多元化（1997年至今） |
| --- | --- | --- | --- | --- |
| | 单一家电（1984—1990年） | 白色家电（1991—1994年） | 黑、白家电（1995—1996年） | |
| 组织结构 | 单体企业的直线职能制 | 企业集团的直线职能制 | 事业部制 | 超事业部制 |
| 产品种类 | 电冰箱 | 电冰箱电冰柜空调 | 制冷家电洗衣机微波炉热水器彩电VCD小家电 | 白色家电黑色家电药业软件开发手机塑料金融 |
| 多元化类型 | 市场多元化 | 市场、产品多元化 | 市场、产品、产业多元化 | |

## 二、企业发展趋势

企业外部形势及自身优势人们都十分熟悉，这里着重叙述企业发展趋势。企业发展趋势是指企业的发展动向、方向。它至少有如下几个方面：

第一，企业发展的生命周期阶段。企业有一个初生、成长、成熟、衰老的过程。从组织管理的角度，快速成长中的企业，往往面临着三个方面的问题，一是成长初期遗留下来的组织管理问题；二是快速成长当前要解决的组织管理问题；三是快速成长下阶段会发生和要解决的组织管理问题。这些问题主要涉及组织架构、领导体制、人才结构、管理制度、管理方式等。可以分为正常性问题和非正常性问题两类，在企业发展的不同生命周期阶段，它们会相互转化。专权、缺乏制度在企业的初生期属于正常现象，这有利于企业防止失控和失去灵活性。进入成长期，缺乏健全的政策，权责不明，责任和任务重叠交叉就成为问题，不能很好解决就会成为非正常性问题。适当授权，制定相关政策是眼前必须解决的问题，企业进一步的快速成长，对企业的责权利又要进行新的调整，如果没有合理的组织结构，缺乏制度及预算和政策，决策过于集中，企业可能会危机四伏。

表6-3 企业生命周期不同阶段可能遇到的问题

| | 初生期 | | 成长期 | | 成熟期 |
|---|---|---|---|---|---|
| | 前期 | 后期 | 前期 | 后期 | 前期 |
| 经常遇到的问题 | 头绪太多 | 头绪太多 | 窝里斗 | 领导权危机 | 缺乏训练有素的员工 |
| | 缺乏授权 | 窝里斗 | 领导权危机 | 缺乏训练有素的员工 | 有时窝里斗 |
| 偶尔遇到的问题 | 内部钩心斗角 | 领导权危机 | 丧失市场 | 头绪太多 | |
| | 缺乏训练有素的员工 | 缺乏训练有素的员工 | 缺乏训练有素的员工 | 有时窝里斗 | |

第二，企业发展中组织形态的演变。快速成长的企业的组织形态，往往会经历这样一个过程：单体企业—企业集团—跨国公司。单体企业主要是搞好企业的生产经营管理，企业集团要经营管理好一群企业，跨国公司则要在不同政体、文化、经济水平的国家和地区，经营管理好一群企业。

春兰（集团）公司经过数年的高速发展，已经形成了具备家电、自动车、电子、投资和贸易等产业的多元经营格局。1997年，他们根据"以经济功能为基础，以权责明确为重点，合并相关产业，实现资源合理配置"的原则，重构集团的组织管理体系，重构后的组织管理体系分为三个层次：第一层次，春兰集团总部，它是集团的责任中心，下辖投资公司、研究院和学院等5个直属单位，其主要职能是研究春兰集团未来产业发展方向，负责战略性投资，从事资本运营，制定带有全局性、战略性的政策和策略，行使部分应集中管理的带有综合性质的职能。第二层次，春兰集团的5个产业集团，是春兰集团的利润中心。产业集团直接面向国内外市场，其主要职能是在春兰集团总部总体产业规划和发展方向的指导下，负责各自产业范围内的产业规划和发展，负责本产业的科研、产品开发、制造、营销和管理工作等。第三层次，各个制造工厂、业务公司，是春兰集团的成本中心。工厂主要负责产品制造、成本控制、质量管理等工作，业务公司负责各自相关业务的具体运作。

春兰集团为了最大限度地发挥人、财、物的效率，又进行组织管理的创新、变革，采用矩阵式管理模式，将产业集团及其下属企业构成纵向部门，归为运营体系，将法律部、人力资源部、信息资源部划入职能单位，构成横向部门。横向部门制定规则，纵向部门在规则中运行。横向部门制定的规则，从班长到经理都要执行。横向部门又分为A系列和B系列两类，A系列职能部门负责制定专业运行规则，并对纵向运行实施监管，B系列职能部门负责在内部实现资源共享方面的业务。

春兰集团总部

纵向管理　　　横向管理

产业集团及下属企业

法律部
人力资源部
信息资源部

在规则中运行

负责制定规则

A系列　　　B系列

负责制订专业运行规则　　　负责在内部实现资源共享

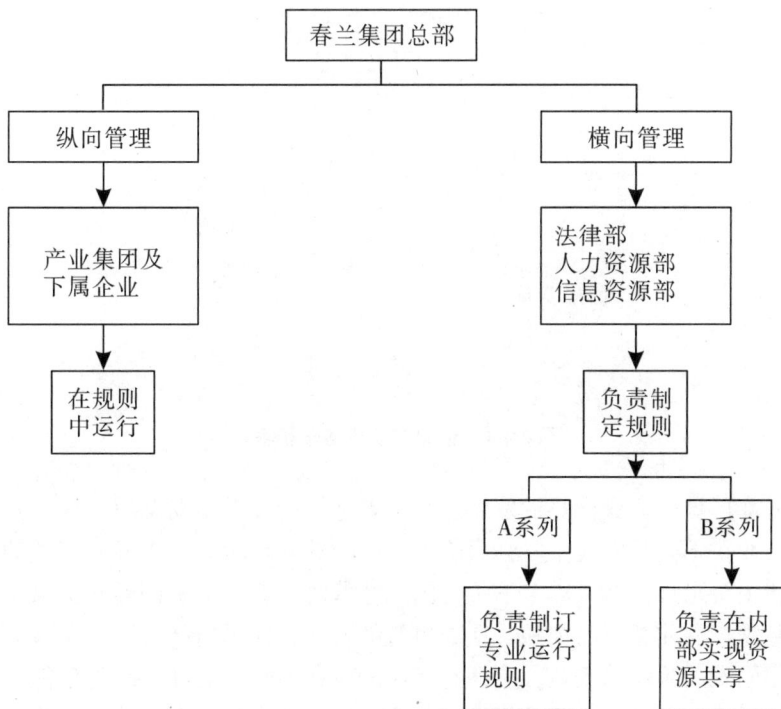

**图6-2　春兰集团矩阵式管理模式**

第三，企业发展的空间范围扩展。企业发展的空间范围，一般有一个面向本地企业—面向国内企业—面向全球企业的发展过程，其面临的外部环境也会由当地到全国再到全球，环境给予企业的威胁、机会大不相同。企业在扩展空间范围时，需要不断增强自己的经营实力，以及组织管理的能力，并形成相应的战略。

## 三、"三势"战略分析框架

上述分析说明，企业发展趋势是企业进行战略分析的重要内容，是制定发展战略的重要依据，因此，真正的竞争战略综合理论分析框架，除了企业的外部环境及内部条件之外，还应包括企业发展趋势，从而形成"三势"（企业外部形势、企业自身优势、企业发展趋势）战略分析框架，它不仅考虑了纵向因素还考虑了横向因素，不仅考虑到战略的空间方向，还考虑到时间方向，并形成一定的战略结构。因此，我们可以将它称为企业综观战略分析框架，如图6-3所示：

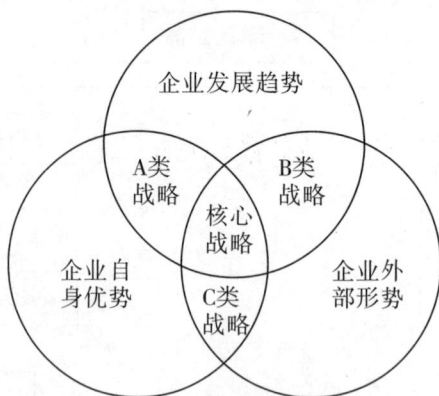

图 6 - 3    企业综观战略分析框架

企业的外部形势、自身优势、发展趋势三者之间的关系是动态的、复杂的。

首先，企业在不同的发展阶段，面临着不同的外部环境。一个面向当地的企业，面临的市场竞争，主要来自当地，一个不参与国际经营的企业不会有国际政治风险、外汇风险等。企业的某种产品在城市已饱和，在农村可能短缺，在国内已滞销，在国外可能畅销。

其次，不同发展阶段的企业，应拥有相应的生产经营实力和组织管理能力。单体企业需要有产品（劳务）生产经营管理的实力和能力，企业集团不仅要有产品生产经营管理的实力和能力，还要有经营管理好一群企业的实力和能力，跨国公司更要有搞好海外企业经营管理的能力。它们的生产经营实力和组织管理能力处于不同的"等级"，后者比前者的"级别"更高。

再次，在不同的外部环境中，企业的优势会变换。企业的产品，在国内无竞争优势，在国外可能具有竞争优势，在发达国家没有，在发展中国家可能有。企业的组织管理技能在国内有效，在国外可能无效等。

"三势"之间的关系，构成 A 类战略、B 类战略、C 类战略、核心战略几类战略选择。

A 类战略，主要是企业发展趋势与企业自身优势相互关系的战略，如资金战略、技术发展战略、人才发展战略、资产重组战略、组织发展战略等。

B 类战略，主要是企业发展趋势与企业外部形势相互关系的战略，如区位资源优势战略、市场内部化战略、产品和技术转移战略等。

C 类战略，主要是企业自身优势与企业外部形势相互关系的战略，如产品战略、价格战略、促销战略、渠道战略等。

核心战略，主要是 A、B、C 三类战略中，影响企业全局及企业生存发展的战略，依据企业的具体情况而定。一般而言，单体企业的核心战略多为 C 类战略，企业集团的核心战略多为 A 类战略，跨国公司的核心战略多为 B 类战略。

这里有一点要强调说明的是，在进行"三势"战略分析时，产业内竞争结构分析框架、SWOT 分析框架，仍然是十分有用的分析工具，但应该在分析企业发展趋势下运用。

(该文载于《广东外语外贸大学学报》2004 年第 1 期)

# 第七章　综观智能经营管理

## 现代信息技术产业化主导的企业经营模式创新研究

以现代信息技术产业为代表的当代社会先进生产力，驱动企业经营环境巨变，引导企业生产经营要素价值升级、重新配置，引领我国企业运营模式和盈利模式变革，主导着企业运营模式的创新，凸显我国产业结构调整和经济增长方式转型的基本趋势，成为推动我社会经济发展的决定性力量。我们应抓住机遇，大力推进现代信息技术产业的升级和企业经营模式的创新。

### 一、现代信息技术产业引导企业经营模式创新

现代信息技术产业是指从事现代信息技术软件开发、信息技术设备制造、信息服务的新兴产业群体，包括从文化产业中独立出来的信息技术软件开发业，从第二产业独立出来的信息技术设备制造业，从第三产业独立出来的新技术服务业。它们以现代信息技术为依托，形成高度信息化的生产（硬件及软件）和服务体系，被人们称为第四产业。

现代信息技术产业的产生，经历了由"数字技术的发明及计算机的生产与运用—建立互联网信息化系统工程—现代信息技术产业"的过程。它从技术革命到产业革命，通过现代信息技术的研究与运用，逐步形成部门齐全和高度组织化，生产与研究过程一体化，信息技术和信息产品商品化的新兴产业部门。

我国现代信息技术产业的形成和发展大致经历了以下阶段：1984 年 11 月国务院颁布"我国电子和信息产业发展战略"，以计算机和通信装备为主体，确定集成电路、计算机、通信和软件为发展重要领域，大力推动电子信息技术的广泛运用。1998 年 3 月国务院组建信息产业部，积极发展以电子信息技术为代表的高新技术产业，用高新技术改造传统产业，促进信息化与工业化融为一体。目前，我国在通信设备、计算机、互联网服务等方面涌现出一批规模居世界前列的企业。

现代信息技术产业与邮电、报刊、广告等传统信息产业有显著的不同之处：

第一，技术性质不同。传统信息产业生产信息产品运用的技术是传统系统化、组织化的方法和技巧。现代信息技术产业生产信息产品运用的是数字化技术，它借用计算机识别数字语言，对数字信息进行编码（文本、图像、声音等）、压缩、解码，并通过网络传送。两者生产和运用的技术完全不同。

第二，服务方式不同。传统信息产业的服务方式以"线下"为主，服务内容比较单

一，服务的空间和时间受到一定限制。现代信息技术产业，通过信息网络进行"线上"服务，它可以从事电子商贸服务，还可以进行网上金融、购票、订餐、打车、教育等多种服务，服务内容综合化，在时间和空间上无时不在、无处不在。

第三，产业融合度不同。传统信息产业的技术特性和服务方式，决定了它与其他产业的界线分明，与其他产业的关系是外在联系，相互之间缺乏融合性。现代信息技术产业与其他产业之间关系十分密切，对其他产业的渗透性极强，它"模糊"了产业边界。现代信息技术在服务领域运用产生的产业融合，已为世人熟知。它在工业领域运用产生的智能制造技术、智能产品层出不穷。现代信息技术还广泛渗入新能源、新材料、生物工程等领域，引起各经济领域的革命性变化。

现代信息技术产业作为现代社会的新兴生产力，它广泛渗入社会经济运动过程的各个方面，使信息流成为资金流、产品流、技术流的引领者，对推动我国经济结构的调整，改变经济增长方式，促进产品更新换代，提高国际竞争力，实现跨越式发展，具有十分重要的意义：

第一，流通领域。互联网改变了传统的商业环境和交换方式，人们在网络上建立商贸公司或商业街，开展国内外商贸业务。购买者通过固定或移动途径进行网上购物、网上支付，电商网下交付交易商品等。互联网突破地域对市场的限制和行政管辖对市场的分割，在"云端"形成的网络大市场里，聚集庞大的消费群体，发掘出惊人的消费能力，为新的电商业态、传统的零售实体店触网提供了平台，并为快递业务的迅猛发展、壮大提供了广阔天地。

第二，制造领域。现代信息技术产业的发展，催生信息技术与制造技术、管理技术的融合，产生了智能制造，如3D打印添加制造技术、计算机制造技术系统等，给工业制造带来革命性变化。智能制造改变了传统制造业中，由劳动者在分工的岗位（工作地），按技术要求对产品的某一部分进行加工，再由组装部门将零件、部件组装成完整产品的制造过程，将信息技术、制造技术、管理技术融合，形成智能设计、智能管理、智能制造的高度自动化的智能制造系统。智能制造改变了传统制造中，生产要素投入的质与量及形态，它用知识替代体力，用数字化智能替代人工技能，3D打印用粉状原材料替代块状原材料，因此，它更高效、更精密、更绿色，成本更低，附加值更高。智能制造还改变了传统制造重复生产、产品更新换代慢的缺陷，能大规模定制，能快捷地满足不同消费者的多样化需求，更接近消费市场，适应市场的快速变化。

第三，消费领域。现代信息技术产业的发展，使消费品市场、消费环境发生划时代的变化。互联网产业的发展丰富了消费者的购买方式。软件产业的发展，开发创造出众多的智能产品，如具备可自适应控制、自动驾驶、车载多种电子设备的智能汽车等。智能产品改变了人们使用产品的方式，提高消费水平和质量，使生活消费更加时尚、健康、节能、方便。

## 二、数字技术主导的企业基本运营模式创新

我国制造业中的许多公司，长时间奉行"低成本劳动力"的生产经营模式，在重复制造中，采取迟缓增加工资、裁减人员或采用替代原材料降低成本等措施获取利润。在价格竞争愈演愈烈，工资、成本压力增大的情况下，企业向劳动力和原材料价格低廉的地方转

移，以维持利润增长。然而，在现代信息技术产业迅猛发展的"逼迫"下，低成本劳动力的地方越来越难寻求，如果不顺应潮流变革生产经营模式，即使是国内外著名的大公司也会被甩在后面，生产经营陷入困境，难以为继。

现代信息技术的快速发展和运用，使信息技术的开发和运用融为一体，引领着企业生产经营模式和盈利模式的创新。许多公司抢占先机，大胆变革，以现代信息技术为主导，创建新的生产经营方式和盈利模式，已收获丰硕成果。综观国内外生产经营模式的创新，其基本模型如下：

制造业的生产经营基本模式经历了这样一个过程：软件开发—智能产品及定制产品设计—模拟实验—智能制造—线上及线下销售。厂商的技术人员运用计算机模拟技术，构思几种新产品的造型并进行比较，与客户商讨，请用户参与设计，并依照制造技术的状况、能力进行修改，运用计算机进行模拟实验，成功后正式生产。这样可以高效率地进行产品设计、实验，更接近顾客和市场，大幅度节省产品设计和制造的时间和成本。据报道，美国福特汽车公司运用计算机模拟技术进行造型设计、修改、测试，整个过程的时间由几个月缩短为几天，费用由数百万美元降低为数千美元。

零售业的基本商业模式有互联网电商模式、独立零售电商模式、零售实体店线上线下模式几种，互联网电商模式为：网上商贸城—网购—线上支付—线下交付。它由互联网公司在网上为众多厂家和电商的商品销售提供展示及交易服务，线下通常由厂商通过快递公司将消费者网购的商品送货上门，完成交易过程。这种模式多为小型厂家及小型零售店采用，它的优点是，网上可供消费者选购的商品众多，对比性强，但维权难度很大。独立零售电商模式：电商建立网上商贸公司—网上交易—线下送货。独立的电商往往建立有自己的网页，有自己的大型商品配送中心、区域货仓和快递机构。它的优点是消费者维权比较容易，但网上可供选购的商品，可能不及互联网电商模式广泛。零售实体店线上线下模式：零售实体店触网，实体店在线下经营的同时又进行网上交易等。这种模式下消费者可以获得网上购物及支付的方便和优惠，又可获得实体店的购物体验和购买变更。大型商业集团、大型连锁超级市场往往采用这种模式。

互联网综合经营模式：网络软件＋数字内容＋网络终端，它是互联网公司的基本商业模式。当它与金融业、教育等整合时，数字内容就具体化为金融产品及服务、教育培训，成为互联网金融、在线教育。互联网作为现代信息技术的服务平台，凡是可以运用的地方，它都可以渗入，形成新的产业价值链形态。互联网公司可以通过企业集团的组织结构，从事互联网综合经营，或称为多样化经营。同样，金融业、教育单位等也可以触网，开展在线服务，构建新的价值链组合。

企业生产经营模式和盈利模式的变革，实质是以现代信息技术为核心，改造低附加值的企业经营要素、市场要素和传统生产力体系，重构价值链和作业流程，形成高附加值的先进社会生产力系统的过程，也是生产经营模式和盈利模式转型创新的过程。企业内部，劳动者知识化；生产技术和劳动手段智能化、定制化；劳动对象生态化；组织结构网络化、灵活化；管理信息化、高效化；劳动成果个性化、智能化、艺术化；产品附加值高，企业内部经济性升级。企业外部，构建规模巨大的网络市场，开展电子商务，组建新的供应链和物流系统，进行企业之间优质生产要素和经营优势的外部价值链整合，实施网络化经营，提高企业的外部经济性。

据我们观察研究，在现代信息技术产业迅猛发展的引领下，企业通过收购、联盟、自主发展等方式，变革生产经营模式和盈利模式的过程中，目前呈现出以下特征：第一，互联网公司由为其他企业提供网络服务平台，向自主或联合某企业在线上经营产品和服务转变，构建公司自己的信息流、技术流、资金流、物资流经营体系，形成新的互联网业态，进行消费性服务。第二，制造业由主要生产硬件产品，向提供硬件产品和软件服务发展，形成生产与服务的硬软结合业态，从事生产性服务。第三，软件服务公司从软件开发、服务，向制造终端硬件产品发展，形成服务与制造的软硬结合业态，开展生产性和消费性的综合服务。上述特征反映出，以现代信息技术为引导，实体经济为主体，软硬融合、虚实结合的发展趋势，是物质生产力和精神生产力的融合，是客观事物内在要求的反映。

### 三、创建适应现代信息技术产业健康发展的管理制度

现代信息技术是先进社会生产力的代表，需要有相应的先进管理制度安排。新制度安排在充分发挥市场配置资源的决定作用，更好地发挥政府作用的原则指导下，要求根据现代信息技术产业发展阶段的状况、特性、要求、发展趋势，将生产要素组合与制度要素组合有机结合。没有产权、组织、管理等制度要素组合的改革，没能更好地发挥政府作用，就难以实现生产要素的优化配置、升级，难以维护互联网大市场的发育和有效运行，难以激励现代信息技术的创新和成果的转移，难以推动现代信息技术产业链的提升，企业生产经营模式与盈利模式的变革，以及推动调整产业结构、转变经济增长方式。

第一，构建与互联网"网络市场"相适应的行政管理制度。互联网跨地域空间和渗透性强的特征，在网络信息传递得到的地方，就会形成网络市场需求，能接收到网络信息的地方就会成为市场边界。互联网公司、电商要拓展网络市场，进行网络基础建设，如宽带铺设、基站建立、快递货仓建立等，在用地、收费、税收、就业等方面，会遇到地方利益和行政管辖的问题；互联网公司在进入金融、教育等行业，会遇到行政部门管辖权力的审批登记等问题。如果只改革公司登记的注册资金和地点问题，不改革公司登记后的实际问题，当公司遇到实际问题需要权力部门审批时，可能会遇到行政官吏作风和权力寻租，简单地放权，难以实现资源的优化配置。为此，新制度安排必须在规范、监督互联网公司、电商行为的同时，能够对行政管理行为进行规范和监督，两者的权责同步改革，当市场主体和行政主体违反规定时，可以进行行政投诉和法律诉讼，保障权力的平等和制衡，避免双方权责脱节，以利于发挥市场配置资源的决定作用，更好发挥政府作用，避免公司错失网络市场培育和发展的良机。

第二，实施专利权和标准化战略提升企业核心竞争力。现代信息技术产业是技术创新和技术专利高度密集的产业，技术创新能力及成果转化和扩散的能力，是产业核心竞争力的重要体现，实施专利权和标准化战略是其重要途径。改善和提高我国专利权和标准化工作，对我国软件开发业、智能制造业的发展及智能产品的生产极为重要。我国在专利管理方面，存在专利宽度太窄、专利数量多科技含量低、专利权人利益受损严重、企业实施专利技术的动力和能力缺乏、成功率不高等问题。在标准化方面存在着标准的适应性、有效性不高，专利技术标准化程度及标准执行力度不强等问题。为此，制定专利战略目标，确定技术研究方向和基本专利，制定专利转让、收购、互相许可、技术标准化、产品开发等实施策略，对现代信息技术产业的发展而言：首先，有利于明确技术开发的方向和重要项目，集中资源重点突破。当前，与软件、传感器、半导体相关的信息技术体系和智能产品

系统的研发，已成为主要内容，谁抢先取得成功，谁就赢得先机。其次，有利于技术专利化，专利标准化。现今，"技术专利化，专利标准化，标准垄断化"已经成为国际科技竞争的普遍现象。在由国家补偿或专利化标准使用者支付一定费用，充分保护专利权人利益的基础上，将专利技术标准化，有利于先进技术的转移和扩散，提高产品档次和质量，降低生产成本，提高产品的竞争力，并有助于在标准化基础上推动技术创新。再次，专利权相互许可使用的互惠策略，有利于公司间的合作，获取合作竞争优势。

第三，"多管"齐下强化互联网的监管和安全治理。近些年来，互联网在我国迅猛发展和应用，对社会经济和人们生活的影响越来越大，其安全性越来越引起广泛的关注。其一，互联网企业的经营管理亟待进行有效监管。现今，"线上"的经营活动存在着无管理状况：未依法办理工商登记，就从事网络商品交易及有关服务的现象广泛存在。消费者网购后个人信息被泄露，受到侵害无人负责。有些搜索引擎服务商不以企业资质和用户点击量排名，而是以竞价排名为主，牟取暴利，使得虚假广告等违法信息泛滥，而我们对网络广告的立法还处于空白。此外，还有网络金融、网络教育、网络统计、线上的无序竞争等，都需要我们加紧网络立法和监管。其二，加大对网络违法犯罪行为的打击力度。金山毒霸安全中心最近发布的《2013—2014中国互联网安全研究报告》中指出：2013年，每天新增钓鱼网站6 400个，假彩票、假电商钓鱼网站占了近90%；投资理财类钓鱼网站数量大增，互联网金融诈骗成为单笔诈骗金额最高的钓鱼类型，平均金额高达1 500元。有的人为了名利，进行网络造谣、诽谤、敲诈、寻衅滋事等，应加大依法惩处的力度。其三，加强信息安全技术的研发和网络安全的管理。现代信息技术的发展在给人们带来许多方便和利益的同时，也给人们带来新的危险。消费者网络上的个人信息被泄露，其原因主要有：一是黑客利用各种技术手段或方式寻找网络系统漏洞入侵，致使个人信息被盗；二是网络信息管理人员为了谋取私利，恶意泄露用户信息；三是公司对网络安全疏于防范，没有经常对网络进行安全检测。为此，需要加强现代信息安全技术的研发和资金投入，公司需要加强网络安全的管理和人员的培训，提高信息管理人员的综合素质。

（该文载于《广东科技》2014年第22期，与吴新玲共同署名）

# 新型制造企业特征及数字化网络经营管理初探

新型中高端新技术制造企业是中国制造和中国经济迈向中高端的坚实基础，是中国制造企业又一次革命性的变革和创新。加快传统制造企业转变为新型中高端新技术制造企业是转变经济增长方式、调整经济结构的一项战略性任务。为此，对于什么是新型中高端新技术制造企业，如何创建新型中高端新技术制造企业的生产经营体系，以及智能"基因"的塑造，有必要深入探究。

## 一、新型中高端新技术制造企业的内涵及特征

这里所说的新型中高端新技术制造企业是指以数字化为主导的新技术与现代工业技术融合，以研发、生产、销售、服务，实现数字化为核心技术，具有中高端生产经营管理创新能力的新型实体工业制造企业。它具有如下特征：

第一，中高端软硬产品的研发能力。传统制造企业设计部门的功能主要是进行硬件产品的研发，人们通常熟知的高新技术公司，它只进行软件产品的研发。新型中高端新技术制造企业则不同，它不仅具有硬件产品的研发能力，还具有硬件产品智能化（智能产品）、产品生产过程智能化（智能制造）的研发能力。软件开发人员熟悉企业产品的性能、结构及制造过程；硬件开发人员了解软件的运用，两者在企业内部便于协同研发，加速研发成果的试验、运用。它更具备科技创新及其转化的能力。

第二，中高端产品生产的智能制造能力。传统制造企业产品的生产管理，在传统工业机械技术条件下，根据产品生产工艺的不同性质，或按照产品对象的不同，进行车间、工段、班组的空间布局；根据产品在工序加工的时间，采用顺序移动、平行移动、平行顺序移动的方式，在时间上将空间衔接起来，普遍采用的是生产线和流水线的组织形式，将人和机器进行相应安排，生产计划多采用"看板"和人工现场调度。生产过程的组织复杂，容易受多种因素的影响，再制品在工作地之间等待的时间往往较长，生产效率较低。中高端的智能生产，以数字化为核心，运用新型传感技术和控制技术，或采用数字化设备、机器人自动化装备、计算机制造系统设备（如石化智能成套设备等）组织自动化生产线。生产管理者通过电脑向制造系统发出订单（指令），机床（智能制造系统）读取数据，按指令完成加工任务并返回结果。智能制造系统能记录系统各结点的运行数据，生产管理者通过电脑能了解生产任务的执行情况。较之传统技术条件下的生产过程组织管理，排除了许多生产过程中的干扰因素，有利于保障产品质量，而且效率高。

第三，中高端的销售及服务能力。传统制造企业产品的销售，美其名曰按市场需求生产，实质是由企业替消费者做主，消费者只能从传统制造企业生产的有限产品种类中，选择自己较为满意的产品购买。传统制造企业产品的销售渠道，除专用产品外，通用产品多采用代理商及在大型商场设立"专柜"的方式，售后服务往往委托专门维修企业进行维修服务。现在，许多传统制造企业利用互联网平台，参与网上销售，而生产的产品依然如故。新型中高端新技术制造企业采用线上线下销售方式，消费者在实际购买之前，不仅可以在线下

体验，还可以利用企业提供的互动网页在线上进行体验，线上不仅有海量的产品设计方案可供选择，还可与企业产品设计师互动，参与产品设计、定价等，销售与服务融为一体。

第四，中高端的生产经营综合体系。传统制造企业的生产经营单纯按照客户的订单进行管理，主要是生产企业现有产品目录中已有的产品。技术部门主要是出产品制造图纸，企业创新意识差，研发能力不足；产品生产使用传统技术设备，制造工艺落后；供应商、分销商、客户之间以传统通信方式联系，不能有效协调生产经营活动，其生产经营属于复制型体系。新型中高端新技术制造企业以数字技术为核心，生产经营定制化、智能化、网络化，它将客户、企业、供应商无缝集成，形成企业研发、制造、销售、服务的综合能力，构成创新型的中高端生产经营综合体系。

表7-1 新型中高端新技术制造企业与传统制造企业生产经营特征对比表

|  | 传统制造企业 | 新型中高端新技术制造企业 |
|---|---|---|
| 技术特征 | 传统工业机械工艺技术 | 以数字技术为核心的高新技术 |
| 生产特征 | 机械加工，追求批量生产 | 智能制造，定制化生产 |
| 管理特征 | 人工现场管理 | 计算机系统控制 |
| 产品特征 | 传统商品 | 可供给智能产品 |
| 供给特征 | 线下销售 | 线上线下销售 |
| 运作特征 | 生产、销售、服务分离 | 研发、生产、销售、服务融合 |
| 企业特征 | 复制型 | 创新型 |

新型中高端新技术制造企业的内涵说明，从传统制造企业蜕变为中高端新技术制造企业，是中国制造企业又一次革命性的变革和创新。改革开放过程中，通过引进外资外技与我国优势结合，使中国制造企业生产经营发生巨变，创造了"中国制造"的奇迹。从制造企业生产经营核心技术的角度，当今世界，正由主导企业生产经营几百年的机械技术时代，转向未来由数字技术主导的时代，数字技术迅猛发展，形成全新的数字化经济，从而使我国制造企业实现又一次革命性的变革和创新。这种变化是中国经济由中低端水平发展到中高端水平的必然。企业生产力和生产经营体系"质"的提升，有利于改变经济发展方式，有利于推动调整经济结构，有利于提升产品价值、提高效率、降低成本，形成新的供给能力和消费亮点，提高市场竞争能力。当前，正处于传统制造企业蜕变为新型中高端新技术制造企业的关键时刻，数字技术日新月异，如生产、销售"无人化"等，运用的深度与广度日趋扩展，如果错失良机，在中高端水平的市场竞争中，企业就会输掉自己的前途。

## 二、新型中高端新技术制造企业数字化网络经营管理的特征及效益分析

新型中高端新技术制造企业数字化网络经营管理是指新型中高端新技术制造企业与企业外部若干拥有某种生产经营能力的企业法人合作，各自负责生产经营中的某项价值活动，共同完成预期目标并分享利益。它是在共同经营目标的基础上，通过市场，以契约、信誉直接连接在一起的利益共同体。它利用诸多企业的集体创造才能及经营资源进行协力经营，有利于克服外部市场的不经济性，扩大企业的经营规模，获得规模经济效益。新型中高端新技术

制造企业的数字化网络经营的内容包括：技术、产品、市场的开发，产品的生产、销售、服务等。网络成员包括软件开发商、生产厂商、供应商、分销商、相关的服务群体等。

新型中高端新技术制造企业数字化网络经营管理的特征包括：数字化网络经营管理的决策，在网络成员之间不是以行政权力和命令去实现，而是采取协商、说服、指导、帮助进行；成员之间技术、资金、物资、人才、管理技能、营销策略等的流动是交换关系，但它与市场上偶然、短暂的交换关系不同，是长期、稳定的；组织形态方面，数字化网络经营管理方式（E 型）与资产所有权经营管理方式（M 型）有显著不同，如表 7-2 所示：

表 7-2　E 型与 M 型的区别

| | 数字化网络经营管理方式（E 型） | 资产所有权经营管理方式（M 型） |
|---|---|---|
| 整合纽带 | 经营功能及能力 | 资产所有权 |
| 战略能力 | 有机组合 | 分散各部门 |
| 控制程度 | 自主行动 | 控制严格 |
| 信息传递 | 互联网 | 传统方式 |
| 业务机会 | 注重外部机会 | 注重内部机会 |

新型中高端新技术制造企业数字化网络经营管理的上述特征表明，新型中高端新技术制造企业数字化网络经营管理体系，能在更大的时空范围内，将企业外部丰富的经营资源、经营能力有效地纳入网络中。

首先，它有利于获得数字化网络经济效益。网络结点可能实现某种经营资源、经营能力的优化组合，有利于扩大市场范围、降低交易成本、减少库存，便于和客户沟通等，获取网络结点的附加值，即网络的数字经济、结构经济、规模经济、时间经济、布局经济。这里借用系统论的公式来表示数字化网络经济：

$$E = \sum_{i=2}^{n} e_i + P$$

注：$E$：数字化网络经济；$e$：网络结点；$P$：结点附加值；$i=1, 2, 3\cdots$

其次，有利于杂交成长。数字化网络中的伙伴，在各自的经营环境中形成了自己的经营特色和竞争能力，在长期交往中会相互交流，发生杂交，推动网络经营管理的变革与创新，推动企业的成长。

再次，有利于网络成员互利共赢。网络成员经营资源、经营能力的合作，经营行为的协调，会重塑经营，形成新的经营格局，产生新的生产力或称为数字化网络生产力，在不必大规模投资的情况下，能够扩大企业经营规模。总之，新型中高端新技术制造企业的数字化网络经营管理，与传统的网络经营不同，数字技术产生的智能制造、互联网络，形成创新型的中高端生产经营综合体系，使网络经营如虎添翼，极利于提高企业的经营能力及创造力，增强企业的竞争力和发展势头。

新型中高端新技术制造企业数字化网络经营管理虽然有许多优点，但由于网络成员利益及文化存在差异，合作伙伴存在流动性和不可靠性，网络经营管理存在松散性，可能导致数字化网络经营管理的失控，而丧失数字化网络经营管理的优势。为此，新型中高端新技术制造企业数字化网络经营管理，需要具备数字化网络经营管理的实力及能力，或称为"孵化力"，其主要表现有如下三个方面：

第一，数字化网络经营的实力。新型中高端新技术制造企业必须拥有数字化网络经营的实力，在软件开发、智能制造、数字化网络、中高端生产经营综合体系等方面有一定的优势，拥有自己的核心能力及核心竞争力，这是进行数字化网络经营的前提。

第二，数字化网络经营的策划能力。新型中高端新技术制造企业的经营管理者，要善于识别企业所在产业的产业结构、产业发展前景、产业内的竞争方式，能发现外部组织有利于自己发展的资源、能力及其市场需求，能制订出数字化网络经营规划。

第三，数字化网络经营的管理能力。新型中高端新技术制造企业数字化网络经营管理，在认真履行协议的基础上，还应有能力搞好协调、指导，能及时处理合作中的矛盾和冲突，以及重塑企业数字化网络经营文化基础，以便在相互合作、信任的基础上，优化网络成员的关系、资源、能力，形成数字化网络经营的核心竞争力。

## 三、新型中高端新技术制造企业智能"基因"的塑造

新型中高端新技术制造企业是一种新型的智能企业，在新建新型中高端新技术制造企业，或传统制造企业转型为新型中高端新技术制造企业时，需要塑造新型企业"基因"——数字化智能企业"基因"。

企业"基因"是借用生物学 DNA 的概念，指反映企业本质特征的基本因素。企业"基因"不仅决定着企业的现状，还决定着企业未来发展的状况。有的学者认为，决定企业本质特征有两大基本因素：一是推动企业发展的动力，如利益的驱动力、使命的凝聚力、目标的引导力、危机的倒推力等；二是推动企业发展的能力，如管理者的领导能力、经营资源的整合能力、知识的转换能力、对经营环境变异的应变能力等。

新型中高端新技术制造企业数字化智能企业"基因"如何塑造，下面以广州市易家家具有限公司为例。广州市易家家具有限公司 2011 年注册成立，它与上海市迪茂软件科技有限公司进行战略合作，共同塑造数字化智能企业"基因"。

广州市易家家具有限公司购进数控机械设备，取代传统由人工操作的家具生产设备，上海市迪茂软件科技有限公司对广州市易家家具有限公司的软件系统，进行调试及二次开发，建立了企业自己的云家居平台。广州市易家家具有限公司，同时对企业的组织边界、角色定位、职权范围、决策过程、经营管理、行为准则、奖励制度等深层基础问题，进行改革，打造出企业全新的数字化网络生产经营管理体系。

广州市易家家具有限公司数字化网络生产经营管理体系有如下特点：软件研发与数字化网络智能生产经营高度融合。消费者可以在加盟店运用云家居平台，或在家利用手机，通过云家居平台提供的海量家具产品方案进行选择；可以与设计师在平台上进行互动，修订产品方案。产品方案确定后，直接上传云端保存，订单在平台中心处理，生产加工图即可直接转到工厂的智能设备生产线生产，并全程订单跟踪，从设计到定制生产只需一天时间。

广州市易家家具有限公司由传统家具企业，转型为新型中高端新技术家具制造企业，生产效率提高 100%，差错率由 30% 下降到 3% 以内，成本下降 15%，同时，产品质量提高，交货期提速，真正实现了定制化生产，企业品牌形象及市场价值迅速提高。

（该文载于《河南财政税务高等专科学校学报》2016 年第 2 期，与吴新玲共同署名）

# 现代企业综观智能经营管理的组织形态及原理

## 一、现代企业综观智能经营管理的必然性和内涵

我国企业经营管理的发展演变，大致可以分为三个阶段：第一阶段，新中国成立至1978年改革开放。我国社会生产力发生质的飞跃，由"农业国"成为"工业国"。这一时期，企业的经营管理，从数量型转向质量型。第二阶段，1978—2013年。通过改革计划经济管理体制，实行对外开放，引进国外技术和管理，大力发展现代信息技术，社会生产力又一次发生质的飞跃。这一时期，企业的经营管理，由质量型转向战略型。第三阶段，2014年至今，当代世界经济正快速向智能经济转型，这是社会生产力划时代的变革，是当代世界经济发展的大趋势，关系国家的前途和命运。为此，国家制定了《中国制造2025》《国务院关于积极推进"互联网＋"行动的指导意见》《国家创新驱动发展战略纲要》等，努力打造以现代信息技术为主导的新型社会生产力运作体系，进行智能制造，发展智能经济，企业的经营管理转向创新创业型。

智能制造的产生得力于数字技术的发明和计算机网络系统的发展。数字技术是与电子计算机相生相伴的科学技术。它是借助一定的设备，将各种信息（图、文、声等）转化为电子计算机能识别的数字"0"和"1"后，进行计算（编码、压缩、传送、解码）的技术。数字技术应用的典型代表是电子计算机。随着电子技术的发展，计算机由机械时代转向电子时代，计算机发生质的变化，它具有高稳定性、可靠性、可编程性、经济性、易于设计等优点，可人机对话，具有了人工智能。数字技术被广泛运用于数字计算机、数控制造设备、智能产品、定位技术、通信设备等。

计算机网络系统是一种将处在不同地理位置且相互独立的计算机或设备，通过通信介质和网络设备，按照特定的网络协议，相互连接起来，利用网络操作系统，进行管理和控制，从而实现信息传输和资源共享的信息系统。它发展到如今，已进入应用操作系统时代，如互联网金融、电商等，并正向光通信、智能化发展。

新科技革命给企业经营管理带来革命性的变化。数字技术的发明、计算机网络系统、新材料等的飞速发展及产业化，改变了社会经济的产业结构，推动工业的大机器生产体制转向智能制造体制，促使企业必须重塑技术"体质"，重新配置经营资源，将数字技术、互联网纳入生产经营体系，在高新科技基础上从事生产经营管理活动。

数字技术、互联网在企业生产经营管理过程中的运用，推动了企业组织结构和生产方式、管理方式的革命性转变。工厂生产高度自动化，由计算机和机器人操作。企业通过计算机向工人提供有关资料，工人参与企业的业务管理，从而减少了中间管理层次，使企业的组织形态由"垂直型""金字塔型"变为"横向型""网络型"。移动互联网加上良好的运输条件，形成新的价值链、供应链，使企业跨地区、跨国家的信息沟通及物资交流十分快捷，市场扩大，成本降低等，使企业跨地区、跨国家的经营单位成为一体，形成新的网络型生产经营管理体系——综观智能经营管理。

所谓现代企业综观智能经营管理是指企业将工业制造技术与数字技术、电子计算机网络融合，通过现代传感器、自动化技术、人工智能技术、网络技术集成，用于企业的产品设计、生产、销售、服务的经营管理全过程，使其智能化，在制造过程中感知、分析、推理、决策和控制，实现对需求的动态响应。综观智能经营管理分为智能设计、智能生产、智能营销、智能服务、智能管理几个部分。它通过建模、仿真，使产品设计智能化，通过智能设备使生产过程智能化，通过计算机网络系统加速智能供应链的构建，以及智能服务的形成。软件是该体系的大脑，为体系提供智力支撑；智能制造是体系的骨骼、肌肉，为社会提供定制化、智能化的产品；互联网是体系的血脉、经络，超时空地将"千差万别"的供给与需求连接在一起，成为现代企业综观智能经营管理体系的运作平台。

综观智能经营管理的现代企业，它包括实现智能经营管理的工业企业、农业企业、商业企业、软件公司、互联网公司等，它们具有软硬产品的研发能力、产品生产的智能制造能力、智能销售及服务能力、综合智能生产经营管理能力等特质。

## 二、现代企业互联网网络组织的形态及综观智能经营管理

现代企业综观智能经营管理的互联网网络组织形态，是由若干企业法人及自然人组成的多单位经济联合体。它们通过资本纽带、契约纽带、互联网联结在一起，成为利益共同体；成员企业及个人分散在不同地点（国内外），从事相同或不同类型的产品和服务活动；每个经营单位及个人，作为独立单位运转，独立核算，自负盈亏。

互联网网络组织中的成员有核心企业、全资企业、合资企业、合作企业、自然人，它们之间的关系有如下几种状况：

第一，核心企业与全资企业、合资企业实际上属于母公司和子公司的定位，它们之间存在以下几种关系：①产权关系。母公司作为出资人，它要对投资的子公司按所持股份承担有限责任，对投资的子公司享有资产收益权和资产转让权，对投资的子公司享有子公司经营管理者的选择权、重大问题的决策权；子公司应切实维护出资人的合法权益，对出资人的收益作出贡献。②法律关系。母公司和子公司都是按照《公司法》设立的企事业法人，各自拥有独立的法人财产权，独立地行使民事权利和承担民事责任。母公司不能违反法律规定，直接干预子公司的日常生产经营管理活动。③管理关系。互联网网络组织中的母公司处于主导，它从互联网网络组织的整体利益、产品特征、市场竞争的实际需要出发，合理划分母子公司的经营管理权责，并通过在子公司中的代表行使决策权和管理权。母公司对互联网网络组织整体的管理，主要表现为：制订和实施长远规划及经营发展战略，对重大事项作出决定，组织资产重组和组织结构调整，推动产品结构和产业结构的调整，建立生产经营管理体系，协调成员的关系等。子公司在自主经营的同时，应当服从整体的经营发展战略，自觉接受母公司的监管，认真承担自己的职责，确保整体目标的实现。

第二，核心企业与合作企业及自然人的关系。互联网网络组织中的合作企业及个人，是核心企业综观智能经营管理体系的组成部分，它们可能是软件开发公司，也可能是产品制造企业、产品销售公司、产品售前售后服务公司、原材料及零部件供应企业，或者是具有某种经营能力及资源的个人等。核心企业与合作企业及自然人主要是契约关系，其业务关系、利益关系、管理关系，按照双方长期合同规定的责权利（它不同于外部市场不确定

的交换关系），各尽其事。一般而言，核心企业会为互联网网络组织中的相关合作企业及自然人，提供产品品牌、产品智能设计软件、产品智能定制软件、产品智能制造软件、产品智能销售软件、互联网络平台等服务，以及相关人员的培训。

互联网网络组织的类型，从核心企业所处行业，可分为工业互联网网络组织、商业企业互联网网络组织、工商企业互联网网络组织、农工商企业互联网网络组织等。从互联网网络组织的方向，可分为横向型互联网网络组织、纵向型互联网网络组织、多向型互联网网络组织等。从互联网网络组织所处区域，可分为国内互联网网络组织、跨国互联网网络组织。从互联网网络组织的规模，可分为小型互联网网络组织、中型互联网网络组织、大型互联网网络组织、巨型互联网网络组织。从互联网网络组织的组织架构，可分为产品部互联网网络组织、地区部互联网网络组织、矩阵式互联网网络组织等。

互联网网络组织中的成员有小型化的趋势。典型的小型化企业有如下几种：一是科研型，又称为研究开发型企业。企业的经营者是股东又是研究人员，他们有专门的知识和技术，主攻方向明确，是新技术的开拓者。二是智力型。它为互联网网络组织内外的企业，以及为大众提供知识服务和知识产品，如数字化软件、调查报告等。此种企业的人员少、智力高，产品知识密集。三是供给服务型。这种企业往往拥有专有技术、设备及技能，能为互联网网络组织内外企业及大众提供专用产品或零配件及相关服务。现代小型企业与传统小型企业表面上有许多共同之处，如人员少、固定资产少等，但它们实质上有很大区别。互联网网络组织中的小型企业员工素质高，从业人员许多是工程师、科学家，企业以智力劳动为主，经营方式独特、灵活、自生能力强，企业拥有大量知识、智能等无形资产，生产效率高，投资回报高等。

互联网网络组织这种多单位组织形态，形成了"又大又小，大中有小，小连成大，能发挥又大又小两个优势"的网络组织，与单体企业相比，能容纳更加复杂、更大规模的产权结构和生产经营要素结构。它能将企业外部的交易关系变为内部的交易关系，获取外部经济性。

互联网网络组织与传统企业集团网络组织的性质不同，企业集团网络组织主要以资产为主，强调资本的权力，实施资本扩张。互联网网络组织则以经营能力为主，强调成员经营要素及经营能力的互补、创新、组合，形成互联网网络组织整体的核心竞争力。

互联网网络组织，将组织的各组成部分，松散地结合在一起，没有严格的阶层结构，是一个开放性的企业平台。它形成的原因主要是：①企业业务活动在国内外扩展，会使经营管理活动越来越复杂、繁重，科层制组织难以承担组织内部的协调重任。②分散的专业化职能部门，难以建立和优化企业外部价值链系统，获取企业外部经济性。③数字技术和互联网技术的发展，为互联网网络组织的形成提供了坚实的技术支撑。互联网网络组织形成的途径有：一是传统多单位企业（企业集团），通过智能化、"互联网＋"，将传统的网络组织改造成互联网网络组织。二是单体企业（核心企业）通过加盟（许可证）、战略联盟、业务外包等方式，建立互联网网络组织。

互联网网络组织要求成员企业及个人具有较高的自律性。互联网网络组织中的成员自主经营、独立核算、自负盈亏，须充分发挥自己的主观能动性、创造性，搞好生产经营管理，取得良好的经济、社会、生态效益，能通过共同的发展战略、价值链、信息实现其集中度，形成综合性的规模经济。互联网网络组织中的小型企业具有促进结合或分解的灵活性。它便于分解、重组、孵化，以便与市场、生产现场保持密切联系，扩大企业与环境的接触面，提高企业经营机会的感应度。互联网网络组织从传统的规模经营机制，转向价值创造及机会效率机制，组织不仅与外部环境保持适应关系，而且具有自我革新和发展的动力和能力。因此，互联网网络组织是能迅速适应动荡经济环境的灵活组织，是能同时开展当地适应性战略和全球战略的广域组织，是能经常进行革新创造的柔性组织，是着重成员个性并充分利用其机能和增值力的开放性积极组织。

互联网网络组织的综观智能经营管理，是一群经理人在复杂多变的情境中，通过数字技术和互联网，用管理协调代替市场协调，将分离的独立单位黏合起来，对互联网网络组织进行立体、动态的管理。互联网网络组织成员的多样性，使其组织管理目标多元化、管理要素多样化、管理领域扩大化。在组织管理中，管理手段、方法、工具须要有兼容性，需多维、网络地思考和处理经营管理问题，实行权变动态的创新变革管理。互联网的多单位组织结构和多元化经营格局，将外部市场变为内部市场，可通过数字技术和互联网，将混浊复杂、支离破碎的对象，转化为简单、有序的对象，在更高层次上优化、演进。互联网网络组织通过综观智能经营管理，充分发挥互联网"跨时空"的优势，在更大范围内谋求资源优化配置，提高创造和实现财富的能力，同外部环境发生相互作用的能力，谋求互联网网络组织的持续发展。

互联网网络组织的综观智能管理，不是各种经营管理方法、手段、工具的简单综合，而是科学合理的编织。互联网网络组织经营的产品、组织管理，表面上看是微观的，实际上，它是在充分考虑宏观的经济状况、政策法规，中观产业前景及竞争格局、产业政策，以及互联网网络组织的实力和能力后的"简化"，是宏观、中观、微观的有机结合。它代表的不只是部分之和，不是量的多少、范围的大小，而是一种上升优化，是由复杂到简单，由混乱到有序的演进，是企业经营管理观念、模式等的跳跃。

互联网网络组织综观智能经营管理的体制、方式、架构等方面与单体企业有许多不同之处：在空间范围方面，单体企业的经营管理是单一单位的经营管理，员工、资产、生产经营管理活动往往高度集中在一个基地，互联网网络组织则是分散在国内外各地，它们在总部指导下，如同单体企业一样，从事各自的生产经营管理活动，它们与单体企业一样有自己的组织机构、资产负债表，自负盈亏，但它们只是互联网网络组织的一个单位、一个部分。在经营领域方面，单体企业经营的产品、服务，往往比较单一，转移也比较困难。互联网网络组织由于成员多，可经营不同的产品、服务，可根据成员生产经营的情况、产业的变化，退出没有发展前途的业务，进入有发展前途的新兴产业，或将成熟、衰退型产业，通过对外直接投资和国际贸易转换成全球性产业。在管理性质方面，单体企业主要是商品经营管理，着重于实现企业近期目标的现场性、战术性业务管理。互联网网络组织则主要是对一群企业或若干群企业进行全局性、战略性的综观管理，谋求实现长远目标。因此，互联网网络组织的综观智能经营管理，具有总体性、系统性、协调性的特征，有利于产生整体的合力和效益。

### 三、企业综观智能经营管理的基本原理

综观智能网络经营原理。企业智能网络经营是互联网网络组织的综观智能经营管理体系的必然反映，其原理是互联网网络组织的核心企业与企业外部若干拥有某种生产经营能力的企业法人及个人合作，各自负责生产经营中的某项价值活动，共同完成预期目标并分

享利益。它利用诸多企业和个人的集体创造才能及经营资源进行协力经营，有利于克服外部市场的不经济性，扩大企业的经营规模，获得规模经济效益。

新型的数字化网络经营由于网络成员利益及文化存在差异，合作伙伴存在流动性和不可靠性，网络经营存在松散性，可能导致数字化网络经营的失控，而丧失数字化网络经营的优势。为此，互联网网络组织的综观智能网络经营，需要具备数字化网络经营的实力及能力，或称为"孵化力"，主要表现为具备数字化网络经营的实力、策划能力、管理能力。

综观智能网络经营核心企业是一种新型的智能企业，在新建中高端新技术制造企业，或传统制造企业转型为新型中高端新技术制造企业时，需要塑造新型企业"基因"——数字化智能企业"基因"。广州市易家家具有限公司购进数控机械设备，取代传统由人工操作的家具生产设备；上海市迪茂软件科技有限公司对广州市易家家具有限公司的软件系统，进行调试及二次开发，建立了企业自己的云家居平台。广州市易家家具有限公司，同时对企业的组织边界、角色定位、职权范围、决策过程、经营管理、行为准则、奖励制度等深层基础问题，进行改革，打造出企业全新的数字化网络生产经营管理体系。

广州市易家家具有限公司数字化网络生产经营管理体系有如下特点：软件研发与数字化网络智能生产经营高度融合。消费者可以在加盟店运用云家居平台，或在家利用手机，通过云家居平台提供的海量家具产品方案进行选择，可以与设计师在平台上进行互动，修订产品方案。产品方案确定后，直接上传云端保存，订单在平台中心处理，生产加工图即可直接转工厂的智能设备生产线生产，并全程进行订单跟踪，从设计到定制生产只需一天时间。广州市易家家具有限公司由传统家具企业，转型为新型中高端新技术家具制造企业，生产效率提高了100%，差错率由30%下降到3%以内，成本下降15%，同时，产品质量提高，交货期提速，真正实现了定制化生产，企业品牌形象及市场价值迅速提高。

综观智能创新创业原理。企业对付挑战最重要的策略是创新创业，其原理是：运用新的观念及与众不同的方法，开展新的生产经营管理活动，创建新的经营单位，创造新的市场需求及竞争优势，找到企业新的增长点。创新创业是一系列相互作用的知识运作过程，要从外部环境中吸取、提炼创新知识，运用创新知识解决生产经营管理中的实际问题，发挥功效。创新是创业的前提，两者往往相伴而行，创业本身就包含着一系列的创新。创新创业是企业生存发展的必由之路，它的根本目的是促使企业持续发展。

创新创业具有新颖性、先进性、变革性、时效性等特点。创新创业的方式有渐进式及突变式等。创新创业的内容包括组织形态、产品产业、生产过程、营销策略、管理方式、经营形态、经营理论等。

机遇和需求是企业创新创业的客观动力。高新科技的迅速发展（数字技术、互联网技术、生物技术等），为企业创新创业提供了史无前例的良机。生产发展的需求（智能装备、新材料、新工艺等）、人们生活质量提高的需求（求新、求美等）、精神享受的需求（高质量的娱乐及休闲设施与商品等）等，为企业创新创业开辟了广阔的天地。

运用知识的能力及创新精神，是企业创新创业的主观条件。拥有新知识和运用知识的能力，还必须有坚定的信念。创新创业要克服压力、紧张、烦躁等心理障碍，不受情绪摆布。许多事例证明，强烈的进取心和内驱力，往往能取得与自己能力不相称的特殊成果。

创新是一种创造性劳动。创造性劳动由于"新"，就有一定的风险。因此，人们往往将创新创业与风险画上等号，认为两者是正比例关系。为此，有的企业满足于生产经营管理一切"正常""良好"的状态，但难以摆脱高消耗、低效率的圈子。创新创业稍有一点成功，所带来的收益，则足以补偿风险损失，风险比较小。

当今，企业面临的挑战是国内外技术经济由工业经济转向智能经济，这不是工业经济时代下的常规变化，它是划时代的巨变。为此，互联网网络组织的创新创业，要有智能经济的观念，以数字技术和互联网技术为主导，进行生产经营管理脱胎换骨的转型，打造出全新的数字化网络生产经营管理体系。

互联网网络组织的创新创业有如下特点：①众创性。互联网网络组织中的成员都可以加入创新，自主运用电子计算机技术"虚拟现实（VR）"或"扩展现实（ER）""混合现实（MR）"，进行自己的"智能"创意。互联网网络组织应鼓励员工的创新，保护员工的创新成果。②集群性。"心智＋机械"的智能化创意成果的实现，要求相互关联的上下游价值链延伸创新，如软件开发、芯片制造、消费装置制造、零部件制造、内容网络等，这需要相互关联的创新个体协同、合作，形成创新集群的集成创新。互联网网络组织正好为员工在企业内和跨企业、跨国界、跨产业的协同创新，提供巨大的云端创新平台。在创新资源方面，可按照分布式原理，形成创新集群和集成创新。互联网网络组织应加强互联网基础设施的建设，构建协同创新机制，打造创新价值链，提高互联网的综观创新力。

互联网网络组织存在生产经营、资产经营、资本经营等经营形态。资本包括物质资本、货币资本、智力资本，存在的形式有资产、股权、专利、知识、智力等。资本经营的方式是资本的流动、组合，如上市、参股、收购、合并等。互联网网络组织的资本经营属于综观经营，具有明显创新创业的性质。互联网网络组织的创新创业是一种再次创业，它不仅包括新企业的创建，还包括技术创新、组织创新、经营领域的开拓、新经营模式的创建等，创新创业活动存在于各成员企业及员工个人之中。创新创业的途径有划分小核算单位、业务分割、价值链补缺、新项目公司化等。再次创业的过程也是互联网网络组织成长壮大的过程。

综观智能经营大数据原理。人们一般认为大数据是规模大到在可承受的时间、范围内，无法用传统常规数据库软件工具进行获取、存储、管理、分析的数据集合。大数据具有大量、高速、多样、价值高几个特征。大数据的本质是对事物在时间、空间的记录，其意义不在于数据的庞大，而在于它的价值，经过专业化加工能实现数据增值。业界认为大数据是生产要素之一，是企业的重要资产。

综观智能经营大数据原理是指对企业在经营管理过程中产生的巨量数据，运用云计算设备和算法技术，进行数据聚类、数据挖掘、分布式等方法的处理，获得有价值的结果，推进企业经营管理行为的优化及智能化。

大数据与云计算联系在一起，是物联网、互联网等技术发展及算法创新的产物。互联网公司日常运营中，累积用户网络行为规模庞大的非结构和半结构化的数据，单一及少数计算机难以处理在某时点的范围庞大的数据，需要向数十、数百、数千的计算机群体分配工作，形成由终端设备、基础设施、网络服务等构成的，能对大数据进行高速、科学分布式处理的云计算生态系统。由此，产生了进行大数据获取、存储、分析、出售等服务的专业公司，许多互联网公司也纷纷从事这方面的服务，从而，产生了一个新兴产业——大数据产业。

大数据在企业综观智能经营管理中被广泛运用。经过云计算有价值的数据结果，能为企业的产品设计、生产、销售等智能化决策提供重要的依据。企业智能经营管理中的产品定制的智能设计，智能产品，产品的智能制造、智能营销等，实质上是一个个精准的数据

库。因此，企业综观智能经营管理过程中，必须对大数据进行科学的管理。

第一，树立综观智能经营管理观念。在数字技术、互联网技术、大数据技术的强力推动下，人越来越脱离具体的生产经营管理活动，综观智能经营管理过程中的计划、组织、协调、控制等管理职能，被相关软件取代，企业定制产品智能设计、智能生产、智能销售、智能服务的过程，同时也是管理职能智能运行的过程，智能化必然成为企业经营者的管理重点。

第二，建立企业云计算运作系统。首先是配置云计算所需的设备，其次是确定数据采集、分析、存储、运用的目标，再次是选择数据分析方法，最后是确定运用的人力、物力、方式等，以保证数据分析、运用的质量。

第三，提高云计算人才的素质。企业云计算人才的素质关系云计算运作的成本、效率、质量。云计算应提高效率，避免错误，降低数据获取成本、存储成本、分析成本、运用成本等。为此，需要提高云计算人员的数据整合能力、探索数据价值的能力、快速行动的能力等，为企业正确决策、智能化提供高质量的依据。

（该文载于《南国学术研究》2016 年第 4 期）

# 第三编　人才需求与供给

## ——综观人才培养模式的理论与实践

"以事业为圆心，创新、勤奋为半径，在人生的不同阶段，适时调整圆心，不断延长半径，画一个人生又好又大的圆。"

【本编主要内容】

· 人才培养模式的概念，人才培养模式的结构，综观人才培养模式；

· 改造传统教学"基因"，综观教学的理论与实践；

· "实例—理论—实训（实验）"教学模式，综观实践性教学，"生本开放式研究型"教学法，创新教材编写模式；

· 创新性国际化运用型人才；

· 上善若水，大道于静。

# 第八章　综观人才培养模式的理论与实践

## 人才培养模式的内涵及影响因素

什么是人才培养模式，它的内涵、结构、功能怎样；为什么是这样的模式，而不是那样的模式；人才培养模式与教育理念、人才培养目标的关系怎样，这是在改革、创新人才培养模式时，要深入研究、探讨清楚的几个重要问题。

### 一、人才培养模式的内涵

《国家中长期人才发展规划纲要（2010—2020年)》中指出："充分发挥教育在人才培养中的基础性作用。"在高校经济管理本科人才培养过程中，人们会自觉不自觉地实施某种人才培养模式，为此，首先要弄清楚什么是人才培养模式。

《现代汉语词典》对"人才"的解释是：德才兼备，有某种特长的人。对"培养"的解释是：按照一定目的对新生一代长期地说服和训练使其成长的过程。对"模式"的解释是：某事物标准的形式或行为样式、程式，它是在一定理论指导和环境下，某事物稳定的结构形式及活动程序。因此，人才培养模式可以界定为：在一定理论指导和环境下，长期说服和训练德才兼备、有某种特长的人才的过程中的稳定结构形式及活动程序。它主要是指培养人才的程序、方法、措施及其体系、结构形式，解决怎样培养人才的问题。这个定义有如下几点内涵：

人才培养模式是人才成长规律的反映。教育对人才的培养必须符合人才成长的规律性，人才的成长除具有差异性等特性外，最主要的是具有成长的阶段性。婴儿时期（1岁以前），主要是以游戏的方式进行早期教育，促进孩子智力发展，使其养成良好行为习惯，为未来成为各种人才进行早期开发；童年、少年时期及青年早期（7～18岁），主要是在中小学进行系统的培养教育，使其在德智体美等方面得到全面发展，为成才打下坚实的基础；青年时期（19～25岁），这段时期是人生观、世界观形成的时期，在大学形成自主学习能力，掌握科学思维方式，不断完善自己的知识结构，提高创新能力、实践能力，由学习准备期向创造性的就业、创业、研究活动期过渡。高校经济管理本科人才培养模式要符合青年时期人才成长这个阶段的要求。

人才培养模式以一定理论作为指导。不同的理论指导会形成不同的人才培养模式。由于所处时代科学技术发展水平、教育理念等的不同，人们会对人才成长规律提出不同的理论。长期以来，人们忽视婴幼儿的启蒙教育。现代科学研究成果表明：幼儿教育尽早为

好。脑生理学证明，幼儿 7 岁时大脑发育基本完成，14 岁时已和成人大脑的重量基本相等。美国学者布鲁姆研究结果认为：17 岁的青少年大约 50% 的智力是 4 岁前获得的，30% 是在 4~8 岁时获得的，20% 左右是在 9~16 岁时获得的，为此，早期教育是可行的。从而形成人才成长早期教育理论及其以游戏方式为主的早期人才培养模式。

人才培养模式具有明确的目标指向。人才培养目标是指人才培养的目的、标准，它可以从不同角度表述，从人才个性特征可分别表述为创新型人才、执行型人才等；从人才智能结构可分为复合型人才、专门型人才等。一定的人才培养模式因一定的人才培养目标而产生，并为该目标的达成服务，实施什么样的人才培养模式，往往就会培养出什么样素质的人才。

人才培养模式的运行受一定环境的制约。人才培养模式在一定环境条件下运行，其环境包括政治、经济、文化、人才培养制度等。经济条件的好坏，会影响某种人才培养方法的实施，如实验室、实习基地的建设；社会风尚的不同也会对人才培养模式造成影响，如有的崇尚个人主义，人才培养模式会强调个人的学习，有的崇尚集体主义，人才培养模式会注重合作学习；方法措施的侧重点不同，会形成不同的人才培养结构形式及活动程序。

人才培养模式的内涵表明，人才培养模式为什么是这样的而不是那样的。因此，创新人才培养模式不能随心所欲，创新人才培养模式不仅要表明人才培养模式是什么样的，还要说明为什么是这样的。科学的人才培养模式应该有利于人才培养目标的达成，符合时代发展的要求。

## 二、人才培养模式的结构

高校经济管理本科人才培养模式的表现形式多种多样，但可以从不同角度分类：

第一，按人才培养目标分类。目标是人才培养模式的灵魂，是人才培养模式运行的出发点和归宿。目标具有分解性，人才培养模式可以从人才的个性特征、智能结构进行分类。

运用型人才培养模式。它以专业理论在实际工作中的运用范围、条件、过程、方法、注意事项等实操性知识为主，并通过实训、实验、实习等加强运用技能及熟练程度的训练为特征，而形成"专业 + 实训（实验）"的人才培养模式。它以提高人才实际操作技能和解决实际问题能力为目的，以实例、实训、实验等教育方式为主。这种人才培养模式在经济管理本科人才培养中，多为会计学专业采用。

研究型人才培养模式。它以对现有专业理论知识及实践方法的质疑、鉴别、评价，对现实经济管理活动进行调研、探索，通过学生的自主学习和合作学习，不仅获取知识，还让学生知道知识是从哪里来的和怎样来的，认识知识产生、发展、更新的过程，培养学生敢于批判、勇于创新的科学精神，培育学生建构新知识的能力，把知识变成科学思维方法，变成以智慧为特征的"专业知识—质疑鉴别—项目研究"人才培养模式。这种模式在本科管理学专业、市场营销专业使用较多。

通识型人才培养模式。它根据现代科学高度综合化的发展趋势，在课程选择方面，引导学生从知识的关联性和社会需求出发，在社会科学和自然科学等领域，广泛自由地选择课程，在知识结构方面形成"水平杂交式"人才培养模式，培育学生善于在学科知识交界处，通过知识的杂交，建构新的知识及能力体系，使其智能结构具有丰富的想象力、洞察力和开拓创新能力，将学生培养成兼备多种才能，具有广泛适应性的人才。

专才型人才培养模式。它根据某一现代科学发展深邃化的特点，通过某一专业知识系统的教育及专门技能训练，形成"专业＋研究＋实训（实验）"的人才培养模式，使学生的智能专门化，成为具有一定专业知识或专门技能，能进行创造性劳动的人才。

复合型人才培养模式。它是通识型人才培养模式和专才型人才培养模式的结合，它吸取了通识教育的知识"杂交优势"，又保持了一定深度的知识。这种人才培养模式在实践中有多种样式，它有"主修＋辅修"，如"营销＋外语""管理＋中文"等；有"本校＋外校"或"国外＋本校"，让学生在不同的教育环境条件下，学习相同或不同的专业知识等。

第二，按人才培养活动行为主体分类。高校教育活动中，教师、学生是人才培养模式中的两个主要行为主体。《当代教育学》告诉我们：教师和学生在人格上是平等的，但由于教师与学生在知识、智力、经验上存在差别，在人才培养中，教师担任传道者、授业解惑者、示范者、管理者、研究者等角色；学生正处于生理、心理、知识、情感、道德、审美等由不成熟到成熟、不定型到定型的成长期，成长中具有自主性、选择性、能动性、创造性等特性。教师的教与学生的学相互关联，教师的教对学生的学有重大影响。虽然，学生不用教也可以学习，然而，高校学生的自主学习多在教师的指导下进行。因此，人才培养模式可以从学生和教师的角度进行分类。

学生在心理、经历等方面存在差异，以及受不同的学习理论的指导，因而形成不同的学习结构形式及学习活动程序。

中国古代有"学、行"二阶段学习模式，"学、思、行"三阶段学习模式、"学、思、行、习"四阶段学习模式，及"学、问、思、辩、行"五阶段学习模式。

现代认知心理学者认为知识获得的基本方式有两种：一是接受性学习模式，学习者原有观念与新学习的观念相互作用，使原有观念与新学习的观念进行改组或更新整合，而获取新的知识。二是发现性学习模式，学习者自己去发现新知识，并与原有观念组合，而获得新的知识。

学习者持续一贯带有个性特征的学习方式，会形成不同类型的学习模式。学习风格研究学者柯勃根据学生对知识学习周期的四个阶段（具体体验、沉思观察、抽象概念、主动实践）的不同偏爱，提出如下有个性特征的学习模式：

顺应型学习模式：学习者善于行动，敢于冒险。

集中型学习模式：学习者能快速解决问题，擅长演绎推理、认识问题。

发散型学习模式：学习者想象力丰富，善于了解别人、发现问题、思想活跃。

同化型学习模式：学习者善于制订学习计划，善于分析问题、建构理论模型。

教师的人才培养教学模式主要有两种取向：一是哲学取向的人才培养教学模式，二是心理学取向的人才培养教学模式。

哲学取向的人才培养教学模式。不同的学者对教学程序有五阶段、六阶段、七阶段、八阶段等表述，上海师范大学《教育学》编写组提出了七阶段论：

①启发学生的积极性；

②提供学生必要的感性认识；

③使学生形成概念，掌握规律；

④巩固学生的认识；

⑤形成学生的技能技巧；

⑥指导学生在实践中应用知识；

⑦对学生知识、技能技巧的检查。

以上七个阶段的教学程序，可将其人才培养教学模式简要表述为："感性直观—理性抽象—实践检查。"这种人才培养教学模式的目的是，通过知识的学习、技能的训练，发展学生的认知能力，形成辩证唯物论的世界观和方法论。

心理学取向的人才培养教学模式。美国人本主义心理学家罗杰斯提出非指导性教学模式，它的基本点是以学生为中心，以情感为基础，教师促进，学生自我发起学习，促进学生成长。教学过程包括五个阶段：

①确定帮助的情景；

②探索问题；

③形成见识；

④抉择与计划；

⑤整合与行动。

我们可将以上过程概括为"情景—探索—整合—行动"教学模式。

第三，按教育教学方法分类。由于"模式"是行为样式、活动程序，一些典型的教育教学方法往往被定义为模式，如案例教学模式、仿真教学模式、研究性教学模式、过程教学模式、网络教学模式、图解教学模式等。

高校经济管理本科人才培养模式的分类告诉我们，人才培养模式是一个系统，可以将它们归纳为主导模式、基本模式、操作模式，它们的关系可用交叠的三环表示：

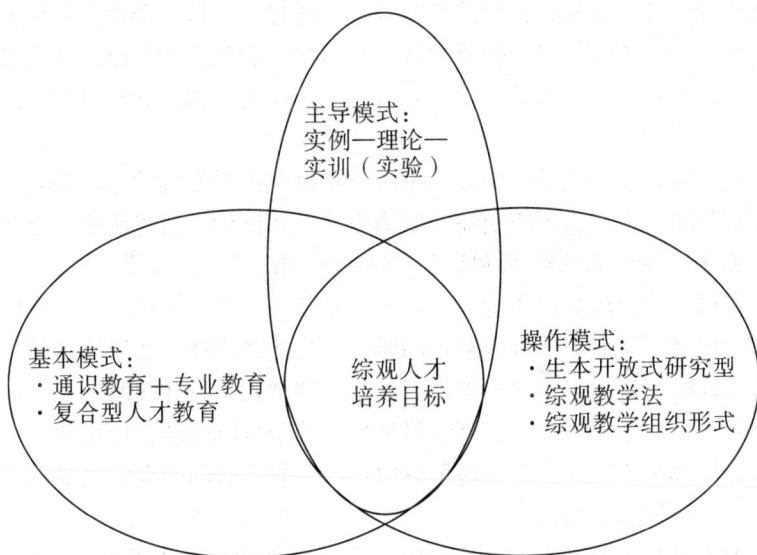

图8-1 人才培养模式系统结构

主导模式。它是人才培育过程中基本的活动样式、程序，它是人才获取知识、技能规律性的反映，或者是人们对规律认识的结论，如哲学取向的"感性直观—理性抽象—实践检查"模式，心理学取向的"情景—探索—整合—行动"模式等。主导模式适用于不同的教育体制环境，对具体的教育教学模式起导向、指导作用。在人才培养中，具体教育教学方法的选择及其方法的组合，要以主导模式为依据。

基本模式。它反映国家一定的教育方针、教育体制，并伴随相应教学机构的建立、课程结构的设置，具有明确的目的、内容指向，如"专业＋实训（实验）""主修＋辅修"等模式。它从人才培养的目标与要求、人才的特性为主导模式、操作模式提供教育目标、教育内容、教育体制环境和平台，对主导模式、操作模式的运作起规范作用。

操作模式。它主要是指教育教学方法，即教书育人的方法，如讲述教学法、仿真教学法、问题教学法等。它是主导模式运作的具体方式，为人才培养目标服务，是主导模式、基本模式具体的实现方式方法。

人才培养模式的特点。第一，表述的简要性。它可以用高度概括和简明扼要的语言，如同数学公式一样进行表述，令人一目了然，容易记忆，并发人深思。第二，运用的可操作性。它解决人才培养活动中的具体方式、方法、程序，如同工业产品制造中的加工工艺、操作技能、操作规程。

人才培养模式的基本功能。培养人才要解决许多问题：教什么（内容）、为什么教（目的、标准）、谁来教（师资、条件）、怎么教（方法、形式）等问题。"模式"即行为样式、活动程式，人才培养模式的运作则是，教育者通过一定的教育内容，为实现一定的教育目的采用的教育方法，其基本功能是为实现人才培养目标服务。

"怎么教"是"什么是教育"的重要因素。过去，我们只重视教什么、为什么教、谁来教，不够重视教育教学方法、模式的作用，没有很好地研究怎么教与教什么、为什么教的关系，在怎么教的问题上"放任自流"或"不择手段"，人才培养模式为实现人才培养目标服务的功能未得到很好发挥。它主要表现为：

第一，只注重教育教学内容，忽视教育教学方法的运用。美国著名哲学家、教育学家杜威认为："方法从来不是材料以外的东西。"高校经济管理课的教学中，我们往往看到传统教育理念的存在，有的老师在课堂上基本上是"老师讲、学生听""满堂灌"，自己觉得讲得很清楚，尽到了"教书育人"的职责，如果学生对讲的内容不明白，老师就责怪学生没用心听讲，不动脑筋，或是责怪前面课程的老师没教好、没打好基础。他们没有根据教学内容配合相应的教学方法，结果是"教书有余"，却"育人不足"。

第二，教学方法与人才培养目的脱节。杜威还认为："目的与手段应该一致。"教学方法与教育目的有内在的一致性，课堂教学的重点不只是传授具体知识，而是传授知识和思想的思维方式，是培育学生的创新精神，训练学生的实践技能。有的教师只是为了活跃课堂气氛，随心所欲地使用视频、故事等方法，与"教书育人"相差甚远。

第三，简单地运用有效的教学方法。有的教师对一些有效的教学方法缺乏学习和研究，只是表面简单地运用。有的在课堂上运用"问题教学法"，但问题简单、直线，只问结果不问过程，对问题只作是与否的回答，缺乏启迪和智慧开发，甚至干脆自问自答。

## 三、人才培养模式的影响因素

"教育是培养人的一种社会活动"，当教育随着社会发展变化时，人才培养模式会随之发生相应的变化。

古代，"在一个很长时间里，它（教育）与人类的生产过程、社会生活过程是同一过程"。学校教育产生之前，在生产及社会生活中，人才培养模式是"言传身教"，父母将自己的生产、生活经验教给子女，师傅将自己的技艺传给徒弟，教会为止。当今社会，某些非物质文化遗产的特殊技艺，往往也采用这种教育方式。"言传身教"教育模式，虽属于"小生产教育方式"，但特点十分突出：①知识传授与技能训练高度融合，可称之为理论知识教育与实践性教学紧密结合；②强调学习者预期结果或最终结果的获取。

随着社会生产力的发展，语言文字和科学知识的积累，逐步与生产、社会生活分离，逐步独立，从而产生了学校教育。据历史记载，我国的学校教育起源于 4 000 多年前的夏代。西周以后，建立了政教合一的官学体系，并有了"国学"和"乡学"之分。春秋战国时期，官学衰微，私学大兴，孔子的私学长达 40 多年，弟子达 3 000 人，表现突出的 72 弟子中有的从政，有的经商。孔子的教育目的是希望把人培养成"贤人"和"君子"；教育内容是传授《诗》《书》《礼》《易》《乐》《春秋》；教育方法主要是启发诱导，因材施教，强调学与思结合，学与行结合。孔子的教育主张及教育实践体现出"学—思—行"的教育模式或人才培养模式。这时，教育与生产、社会生活虽已不是同一过程，但它继承了知与行结合、学有所成的远古传统。

西汉时，汉武帝采纳了董仲舒提出的"罢黜百家，独尊儒术"之后，儒家文化的四书五经被作为科举考试依据的基本教材。明代以后八股文被规定为考科举的固定格式，直到清朝光绪三十一年（1905）清政府下令停科举开办现代学校。这段历史时期的教育特征是：师道尊严，学生背诵前人经书，记忆圣人之言，并以此作为考试标准，学生学习预期结果标准化。它是"背经书—考科举"的人才培养模式，这种应试教育影响十分深远。

1949 年新中国成立后，中央人民政府政务院于 1951 年颁布了《关于改革学制的决定》，其中规定了教育为工农兵服务、教育为生产建设服务的教育方针。1953—1957 年，"学习苏联的先进经验"，照搬苏联的教育模式。陈兴明在他的《60 年来大学课程体系改革指导思想的转变》一文中认为：苏联模式的核心是专才教育，以"专业"为基点设置课程，主旨是培养社会职业部门"对口"的专门人才。1958—1966 年，探讨符合中国国情的教育模式。1958 年 9 月，国务院颁发了《关于教育工作的指示》，提出教育为无产阶级政治服务，教育与生产劳动相结合的教育方针，把生产劳动列为正式课程，学校办工厂、农场，工厂、农场办学校。1960 年底召开全国文教工作会议，随后"大兴调查研究之风"，反思过去的教育思想和实践，总结经验，颁布了"高校六十条"等，提出坚持党的领导和社会主义方向，坚持德智体全面发展，坚持知识分子与工农相结合，坚持脑力劳动与体力劳动相结合，促进教学、生产、科学研究三结合，克服教育脱离实际、脱离生产、忽视思想政治工作的问题等。这段时间的教育模式，可概括为"专业＋劳动"的人才培养模式。

改革开放以来，特别是党的十一届三中全会以来，不断深入开展教育改革。1985 年颁布《中共中央关于教育体制改革的决定》，1999 年 6 月国务院发布了《关于深化教育改革全面推进素质教育的决定》，2010 年 6 月国家又发布了《国家中长期人才发展规划纲要(2010—2020 年)》，提出"创新人才培养模式，建立学校教育和实践锻炼相结合、国内培养和国际交流合作相衔接的开放式培养体系。探索并推行创新型教育方式方法，突出培养学生的科学精神、创造性思维和创新能力"，"重视培养领军人物和复合型人才"，开创了我国人才培养的新天地。

自古以来，如何培养社会需要的人才，是教育要解决好的重要问题，我国人才培养模式的沿革表明，人才培养模式的形成及变更，受一定时期经济、政治、科技、文化等因素的影响。

经济对人才培养模式起基础性影响作用。当一国经济发展由农业经济迈向工业经济、后工业经济、知识经济时，经济结构即产业结构、技术结构等会发生相应变化，社会经济对人才的知识结构、技能、创新能力的要求也随之发生变化，从而影响如何满足适应社会经济发展需求人才培养模式的变化。在经济全球化、市场多元化的今天，为了满足对复合型、实用型、创新型人才的需要，课程设置方面需要采取"1＋N"等专业交叉的人才培养模式，为了满足特殊人才的需要，采用"专业学习＋项目研究"的人才培养模式等。

政治对人才培养模式起主导性的影响作用。教育制度是国家基本制度之一，它具有政治属性。党的教育方针是"坚持教育为社会主义现代化建设服务，为人民服务，与生产劳动和社会实践相结合，培养德智体美全面发展的社会主义建设者和接班人"，并不断进行教育体制改革，坚持教育公益原则，政府主导，社会参与，办学主体多元化，办学形式多样化，机制更加灵活，体系更加开放，这样，高校经济管理本科人才培养模式更加多样化。

科技发展对人才培养模式起重要的影响作用。科学技术的发展对人才培养模式的影响，主要有两个方面：第一是教育内容的发展变化。科学技术的发展呈现两个发展趋势，既纵深化和交融化，它一方面使某课程的理论知识深化及丰富化，增加新的课程；另一方面它会改变专业知识结构，涌现出新的专业，如电算会计、电子商务等，使人才培养模式既有专门化的倾向，又有复合化的倾向。第二是教育手段及方式的改变。计算机信息技术的发展，计算机网络的产生，从而产生了"模拟仿真"教学模式、"网络教学"人才培养模式等。

文化对人才培养模式起潜在性的影响作用。文化可解释为，一个群体在一定时期内形成的思想、理念、风俗、习惯及由这个群体意识辐射出来的活动。我国儒家文化"尊师重道"的思想，在师生中已经成为习惯，自然而然地在教学中形成"老师讲、学生听"的人才培养模式。这种模式至今在相当部分高校本科教师中根深蒂固。教师个人的文化特征，即教师的教育理念、性格特征，在教学活动中会形成某种教育风格，与学生形成某种师生关系，从而形成某种教育模式，如专制型、民主型、放任型等。

影响人才培养模式的诸种因素，对人才培养模式的形成及变化综合地发挥各自不同的作用，当某种因素相对稳定时，发生重大变化的因素会起主要作用，如经济结构的重大变化、信息技术的重大发展等。然而，观念的变化往往滞后于经济发展、科技进步，这时虽涌现出了新的教育模式，但基本人才培养模式仍可能是传统模式，例如"网络教育"模式，它只是教育手段、形式的某些改变，它仍可以是"老师讲、学生听"，往往在新科技条件下会强化传统模式。因此，人才培养模式的改革、创新必须解放思想，改变过时的教育理念，并付诸行动。

（该文载于《南国商学院学刊》2010年第4期）

# 改造传统教学"基因"，创建综观教学体系

## ——论高校本科经济管理课程教学改革

高校本科经济管理课程教什么，怎么教，似乎不是问题。然而，对照人才培养目标，在认识上和在教学活动中，存在很大距离。我们根据近年的实践和探讨，认为必须改造经济管理课程传统的教学"基因"，创建经济管理课程综观教学体系及相应的教学管理机制。

### 一、构建综观教学体系的缘由

"综观"，根据《现代汉语词典》的解释，是"综合观察"的意思。它把分析过的对象的各个部分、各个属性联合成一个统一的整体，根据其相关性，将不同种类、不同性质的事物组合在一起，求得各方面的平衡，形成某种结构或系统。这种结构或系统如同织布机上将经线交错上下分开以便梭子通过的装置，在起动这个装置时，梭子顺利通过，使经线和纬线交错，织出各种花色的布料。

高校本科经济管理课程的教学是综合性的，教学活动中，客观上，在空间和时间上存在着若干纵向和横向的相关关系。纵向，有学期（或学年度）专业课程的教学关系，有"备、教、练、考"各教学环节的相互关系等。横向，有理论知识教学与实践性教学、课室内外教学、校内外教学、师生之间、同学之间、学科之间和课程之间的相互关系，以及教学条件、教学班人数与教学质量、效益的关系等。如同织布时经线与纬线交错织成各种花色的布料那样，教学中的纵向关系和横向关系存在着相互关系，互相交错而形成某种教学结构或系统。

本科经济管理课程的综观教学系统有三个基本要素：第一，综观教学行为主体，包括教师、学生、教学管理部门。教师、学生都有各自的行为取向，并形成特定的相互关系。教学管理部门通过规章制度、政策法规影响师生的行为取向和相互关系。第二，综观教学活动能力，包括教学设施及手段、教学内容和教学方法、教师的素质和学生的素质（录取分数线），它们对教学质量起决定性作用。第三，综观教学生态环境，包括社会经济对人才的需求，政府的教育投入，家庭对教育费用的承受力，社会对学校教育教学的支持，毕业生的就业环境，高校的布局和竞争状态等，对学校教学产生十分重要的影响。

三个基本要素的相互作用，产生两个基本矛盾：一是社会对人才需求和高校人才供给的矛盾，二是人才的素质和人才培养能力的矛盾。为此，需要建立遵照人才培养目标提高教学质量，有效整合教学过程的纵横关系，以及协调、均衡可持续发展的综观教学体系。各个高校对教学中的基本矛盾和各种纵横关系的不同处理，会呈现出不同的教学特色，形成各自的核心教学能力或竞争优势。

图 8-2　综观教学体系

传统的高校本科经济管理课程教学结构是一个以教师为主体、以理论知识教学为主线的教学体系或结构。长期以来，它在人才培养中起着十分重要的作用。但对照"强外语、宽基础、精专业、重实践"的人才培养模式，"综合型、应用型、外向型、创新型"的人才培养目标，社会经济发展对高校本科经济管理人才的要求，存在以下几个明显的缺陷：

第一，教学中主体缺位。现代教学研究的成果表明，教学中，教师是主导，学生是主体，教学以学生为本。"教"与"学"应该充分发挥两个积极性，这样才有利于提高教学效果。传统的教学体系中教师是主体，只有一个积极性，对提高教学效果限制极大。

第二，缺乏实践性知识和能力的教学。传统的经济管理课程教学体系，重理论知识教学，轻实践性知识和能力的教学，与社会经济发展对人才的要求有一定差距，供求矛盾比较突出。经济管理课程除传授理论知识之外，还传授相关的实践性知识。首先，某种经济管理活动是在一定的社会关系中进行的，即在特定的组织体系、人际关系中进行；其次，某种经济管理活动不是一个单一的工作岗位，而是一个岗位群，不同的行业、不同的企业形态（单体企业、国内企业集团、跨国公司）在不同的生命周期发展阶段也不完全相同。因此，高校本科经济管理课程的教学，不能只是进行一般性的专业理论知识教学，还应进行实践性知识的教学，及相应能力的训练。

第三，课堂"狭小"。传统的经济管理课程教学体系中，教学的场所局限于狭小的课室中，与课室外、校外缺乏联系。

因此，传统的教学体系是"残缺不全"的，教学中的各种纵横关系貌似"组合在一起"，实际上是分割、游离的，不是"各方面平衡"的教学结构和系统。学生就读的投入成本高，用人单位的用人成本也高（如需要较长时间培训，不敢让学生承担重要工作，出了问题要去收尾等）。为此，创建综观教学结构和系统十分必要。

综观经济管理课程教学系统的主要内容有以下几点：

第一，综观教学行为主体。它们包括教师、校外专家、学者、学生。教师以及专家学者，在教授知识的同时，启发、引导学生，组织学生讨论、研究、实训（实验），鼓励学生思考。学生通过观察、体验、操作、质疑、研究掌握理论知识和实践性知识，得到实践技能的训练，增进实践的能力和解决问题的能力，增进创造才能。教师（包括校外专家、学者）、学生这两个行为主体，既有授业解惑，又有讨论研究，互教互学，乃至反学为教，相互促进，融为一体。

第二，综观教学质量。根据经济管理专业本科人才培养目标，毕业生不仅要有扎实的专业理论知识，还应具有相关的实践性知识、创新意识和能力，以及良好的心理素质，为将来的发展打下良好的基础。

第三，综观教学要素。在备课、授课、练习、考评的基本教学环节中，涉及教材、课程教学计划、教学模式及教学方法、练习题型及练习方式、考试题型及考试方式等因素。在教学的全过程中将教学理论、教学模式、教学方法与专业知识（理论知识和实践性知识及能力）有机结合，解决好两个分离的状态，即教什么与怎么教分离，理论知识教学与实践性知识和能力教学分离。

第四，综观教学调节体系。综观教学调节的力量主要有如下几个方面：一是政府教育部门的领导，他们通过方针、政策、规定等，为教学指明方向；二是学校教学管理部门，它对教学进行管理与控制；三是教师，具体地组织实施教学活动；四是学生，是学习的主体。以上几个方面的行为相互关联、互动，形成综观教学调节体系，如图8-3所示。

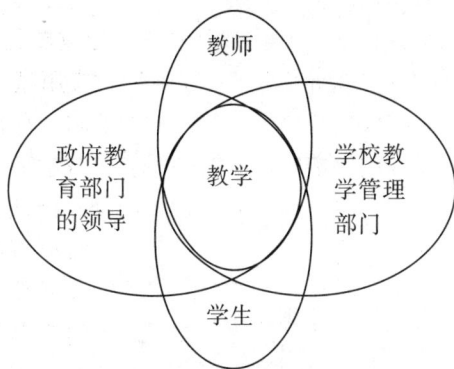

**图8-3　综观教学调节体系**

综观经济管理课程教学系统在构成的要素、内容上具有多样性的特点，在要素的相互关系上具有关联性、协调性的特征，就系统而言，则具有统一性、整体性的特征。

## 二、改造传统教学系统的"基因"

高校本科经济管理课程传统教学系统的形成有其基本原因：一是"理论联系实际"的教学理论。对照辩证唯物论的认识论，它是"不完全"的认识论，因此，是"不完全"的教学理论。二是"理论+例证"的教学模式。它根据"不完全"的教学理论而来，即教师先详尽地讲解理论与方法，再举例证明其正确性。三是老师讲学生听的教学方法。它是"理论+例证"教学模式的必然反映，呈现出授业型讲课、接受型学习的课堂教学特征，并与我国的传道、授业、解惑的传统相吻合。四是教学活动中涉及的若干教学要素，如教材、习题、考试的题型及考试方式等，它们无一不是以上教学理论和教学模式在教学活动中的具体体现。改造传统教学系统必然改造它的"基因"，并重构新的"基因"。

第一，以"完全"的辩证唯物论的认识论作为新的教学理论。它是"通过实践而发现真理，又通过实践而证实真理和发展真理"。

第二，实行符合辩证唯物论的认识论的"实例—理论—实训（实验）"的教学模式。这种"完全"的三阶段教学模式，它既是学生认知和实训（实验）的过程，又是师生情感交流的过程，同时也是一个创新的过程。在这个过程中，让学生感受理论在实际中是如何呈现，又是如何从感性上升到理性，及通过实训（实验）去解决实际问题的，从而得到发现问题、分析问题和解决问题的学习和训练，即得到实践能力和创新能力的培养和提高。

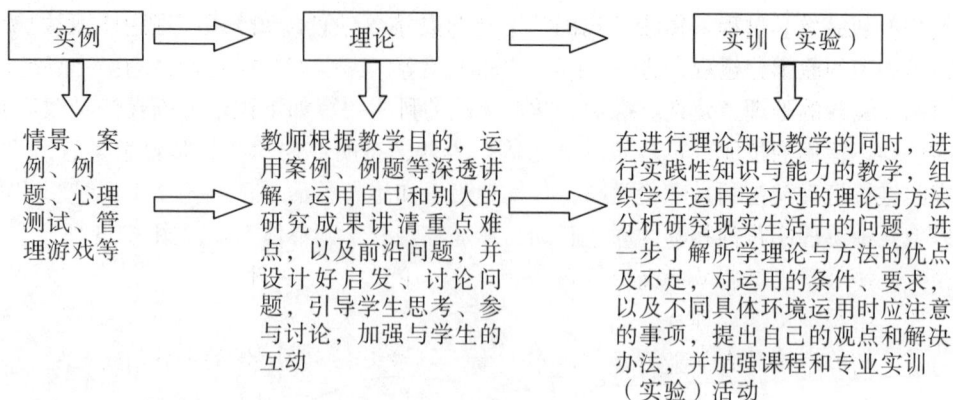

| 实例 | ⇒ | 理论 | ⇒ | 实训（实验） |
|------|---|------|---|------------|
| ⇓ | | ⇓ | | ⇓ |
| 情景、案例、例题、心理测试、管理游戏等 | ⇒ | 教师根据教学目的，运用案例、例题等深透讲解，运用自己和别人的研究成果讲清重点难点，以及前沿问题，并设计好启发、讨论问题，引导学生思考、参与讨论，加强与学生的互动 | ⇒ | 在进行理论知识教学的同时，进行实践性知识与能力的教学，组织学生运用学过的理论与方法分析研究现实生活中的问题，进一步了解所学理论与方法的优点及不足，对运用的条件、要求，以及不同具体环境运用时应注意的事项，提出自己的观点和解决办法，并加强课程和专业实训（实验）活动 |

**图 8－4　"实例—理论—实训（实验）"教学模式**

　　第三，重新构建基本教学环节中的主要教学要素。在纵向的教学环节中，存在若干相关的教学要素，它们相互间又有着紧密的联系，对传统的教学要素必须要进行改造，其中最主要的是改造教材、练习题、理论知识教学和实践性知识及能力教学的关系。

　　在备课、授课、练习、考评四个基本教学环节中，教材是教学内容和教学活动的依据，对教学起着十分重要的作用，对新教师而言，往往起决定性的作用。它不仅决定着教学的内容，还决定着教学模式及教学方法。

　　传统经济管理课程教材有它明显的优点，理论的系统性强，层次结构清楚明了。但又存在着明显的缺陷，第一，写作特征是从理论开始，如概念、特征、功能、分类等，再用例子说明、证明。第二，每章的复习题，往往是在书中小标题后面加"？"。它完全是传统教学理论、教学模式、教学方法的体现或文字载体。

　　在对传统经济管理课程教材进行改造时，除了要求框架结构新、相关研究成果新、资料数据新之外，必须遵照本科经济管理专业人才的培养目标，以及新的教学理论、教学模式、教学方法，将职业道德、实践训练、创新精神贯穿全书。在写作方式上，每章开头撰写一个引例，在介绍理论时，由实例引申出相关理论，或相关理论与实例糅合在一起撰写，避免理论是理论，实例是实例。

　　练习题是教材十分重要的组成部分，它不仅起着复习所学专业课程理论知识的作用，还是提高教学质量、实现人才培养目标的重要手段和途径。题目也要体现职业道德、实践训练、创新精神。教材中的练习题可设计多种题型，不搞对号入座，要前后对照、联系实际，综合性地复习所学知识。横向可将几个概念、几种方法进行对比，如几种决策方法相比较；纵向可将前后知识联系，将历史知识和知识的历史相联系，如产品的整体概念与营销观念的变化和营销策略的关系等。思考题要联系实际，具有探索性，有利于创新精神的训练。讨论题和辩证题可针对实际中存在的不同观点，对容易引起争论和讨论的问题出题，如房价猛涨是暴利还是市场供求反映？囤油是市场行为吗？实践性练习题，学生必须通过调查、实践才能完成。案例分析题要能训练学生发现问题、分析问题、解决问题的能力，此外，还可设计角色扮演题、计算题等。

重理论、轻实践是传统经济管理课程教学结构中存在的根本问题，因此，必须十分重视实践性教学。

所谓实践性教学，是指提高学生实践性知识，训练实践性能力，并使实践性能力达到一定熟练程度的教学过程。实践性知识，一类为经济管理理论知识在实践中运用的条件、范围，运用中的原则、过程、方法、应注意的事项等。另一类为在专业活动中，环境的适应性，人际关系的处理，发现、分析、解决问题的科学方法的知识等。实践性能力，它是指实践性知识运用的技能、技巧及熟练程度。因此，实践性教学不只是教学方式和方法，它是实践性知识和能力的教学，是对学生综合素质和能力的培养。

经济管理课程实践性教学的任务有如下几点：

第一，培养学生具有从业岗位群必备的专业理论知识和实践性知识，相当的实践操作技能，通过系统、正规的训练，达到一定熟练程度。

第二，培养学生具有从业环境（工作环境、人文环境等）的适应能力和人际交往的能力。

第三，培养学生的创新精神，具有一定的发现、分析、解决从业工作中实际问题的能力。

三阶段教学模式中，实践性教学的方式分为两大类，一是课程实践性教学，如课堂实训教学（会计学随堂填写凭证等）、现场教学、模拟现场教学（仿真教学）、专题调研、实践性作业、课程实训课等。二是专业实践性教学，如模拟活动（模拟市场交易、模拟商务谈判等）、专业调研、竞赛活动、专业实（见）习、科研立项、专业实训课等。这是培养学生综合利用所学专业知识进行的实践性教学，着重培养学生的综合素质与能力。

## 三、构建综观教学调节机制和管理体系

一定的教学系统需要有相应的调节机制和管理体系才能顺利运行。传统经济管理教学系统中，由于实践性知识和能力教学的缺乏，其教学管理体系与综观教学系统不相适应。如果没有相应的机制和管理体系，经济管理课程的综观教学系统就难以产生和运作。为此，必须构建综观教学调节机制和管理体系。

综观经济管理课程教学运行的调节机制主要有如下四个方面：

第一，人才培养目标的指导机制。本科经济管理专业的人才培养目标，为经济管理课程综观教学系统的运作指明方向。经济管理专业教学计划的编制、教材的编写、教学方法的采用、教学质量的衡量等，都要以人才培养目标为指导。

第二，行为主体协调联动机制。在综观教学系统中，各行为主体应根据目标，确定各自应有的行为步骤、行为方式，并预测行为的后果，同时，还应考虑各行为主体在方向上的一致性、行为方式和内容上的协同性、行动时间上的衔接和配合，以利于各种教学资源得到合理有效的利用。

第三，教学环节的衔接互动机制。备课、授课、练习、考评几个教学环节应相互衔接，不能备讲脱节，只讲不练。各环节应相互渗透，前面的环节有助于后面环节的运行，以便于教学资源的优化配置，提高其运作的效率和质量。

第四，功能组合的激励机制。对教学系统的调节可以采用经济、行政、法规等手段。各种手段的功能不同，有的侧重于经济利益，有的侧重于精神鼓励，有的发挥作用迅速，

有的发挥作用缓慢，有的作用时间长，有的作用时间短，因此，应将不同功能有效组合起来，以利于在正确的导向下发挥力度较强、时间较长的激励作用。

以上四种调节机制是一个统一的整体，它以目标为主导，各种机制有效整合，综合地发挥作用，形成经济管理课程教学系统的综观调节机制。

综观经济管理课程教学系统的运行机制，需要有相应的教学管理制度与措施的落实，为此，要对传统的教学管理制度及措施进行改革，构建综观教学管理体系。

第一，构建综观专业教学计划管理。传统的经济管理专业教学计划中的专业课程的学时安排，只有理论知识教学的学时。在构建综观专业教学计划时，应将课程实践性教学和专业实践性教学的内容及方式纳入专业教学计划。专业课程（包括专业实训课无具体内容）的学时安排中，应表明理论知识教学学时和实践性教学学时。未注明具体内容的社会实践学分（本科除了军训、论文之外，还有10多个学分无具体内容），在不同学年中，应标明专业实践性教学的内容、方式、学分以及由谁考核等要求。学期经济管理课程的计划进度（教学日历）安排，除了每章的总课时外，还应注明某章总课时中讲授、问题讨论、案例分析、课堂实训、现场教学、社会调查、模拟活动等的课时。

第二，改造学生成绩登记表。传统的学生成绩登记表中，只有平时总成绩、期中考试成绩、期终考试成绩及总成绩的登记，并没有平时成绩、课堂讨论成绩、实践成绩的记录。应该重新设计学生成绩登记表，将实践成绩纳入其中，以推动课程实践性作业、课程实训、现场教学、考试题型、考试方式等实践性教学的改革，推动教学中的师生互动等。还应根据专业教学计划中实践学分的规定，编制学生专业性实践学分登记表。

第三，合理确定教师实践性教学的课酬。实践性教学和实训（实验）课，可按照批准的有关规定计算课酬。专业实践性教学指导的课酬的计算，如毕业论文可按有关规定计酬；模拟活动和竞赛活动等，可按组织、指导的时间计酬。但组织、指导专业实践性教学活动必须要先填写活动申请表，写明活动的目的、内容、组织安排、活动起止时间等，经批准后实施。

第四，重新修订教学质量评估标准。实践性教学质量的监控，应纳入教学质量监控体系。不少大学现行的课室教学评估指标和学生评教指标中，都没有实践性教学的内容。因此，应该设置实践性教学的评估指标，并确定相关分值。

第五，加强实践性教学的研究。经济管理课程实践性教学的研究目前比较薄弱，应该给予鼓励和加强。实践性教学研究的目的是不断更新实践性教学的内容、方法，探讨实践性教学的规律，提高实践性教学的质量，推进理论知识教学与实践性教学的有效整合。因此，应该定期交流实践性教学的经验，召开实践性教学研讨会，表彰和奖励优秀实践性教学的成果。

## 四、结论

根据以上论述，我们可以给出如下结论：

第一，高校本科经济管理课程传统教学系统的改革，不能只停留在教学工具（如多媒体课件）、个别教学方法（如案例教学）的改变，必须从教学理论、教学模式、教学方法、教学要素（如教材、练习题）等方面进行综合的、系统的改造，从而建立新的综观教学系统或结构。

第二，改造经济管理课程传统教学系统的关键在于，构建好理论知识教学与实践性教学的关系。经济管理课程的实践性教学有其自身的教学内容、教学形式、教学目标，它不仅仅是教学方法，还是一种教学理念，它不仅有利于处理好各种纵横教学关系，而且有利于实现经济管理专业人才培养目标，是提高教学质量不可缺少的重要方面。

第三，构建综观经济管理课程教学系统要有相应的调节机制和管理体系，为此，必须对现行的教学计划、学生成绩登记表、教学质量评估标准等进行改造，重新设计，以保障综观经济管理课程教学系统的顺利运行。

（该文载于《广东外语外贸大学学报》2008 年第 5 期，与顾也力共同署名）

# 综观人才培养模式的理论与实践

## ——高校经济管理本科人才培养模式创新研究

我国高校经济管理本科教育教学的改革，从某种角度而言是人才培养模式的改革，即如何培养适应我国社会经济发展需要、具有创新精神和创新能力的经济管理人才的改革。2006 年至今，我们对创建综观人才培养模式的理论与实践进行了探索，初步形成了综观人才培养模式的教育教学体系，及其相应的教育教学管理机制。

### 一、综观人才培养模式的提出

前段时间，我国高校经济管理本科教育教学改革取得了显著成果：

第一，教育理念方面。根据国家经济社会发展需要，以学生为中心，加强学生健全人格、创新思维和实践能力的培养。

第二，教学内容与方式方面。努力实施"通基础、精专业、强外语、重实践"，以培养"复合型、应用型、外向型、创新型"人才。

第三，教学方法方面。课堂教学中，广泛地运用教学案例和案例教学中，提高了教学效果。

第四，教学手段方面。将计算机技术广泛地用于课堂教学与远程教学，提高了教学效率。

第五，教学设施方面。加强了实验室建设、创新基地建设、校内外实习基地建设，广泛开展大学生创新活动，提高了技能的训练及创新能力的培养等。

但改革中存在着若干"脱节"的现象：

第一，纵向。教育教学改革与教学各环节中的基本要素的改革脱节，改革缺乏全过程性、系统性、协调性。教育教学改革主要局限于课堂教学手段、工具、方法的改革，缺乏教学各环节基本要素的配套改革，改革显得"零敲碎打""各行其是"，使手段、方法的运用缺乏基础、支撑，课堂教学改革的深度、广度、效果受到很大影响。

备课环节，有的课程没有教学大纲，教学内容以所选用的教材为依据。传统经济管理教材的基本特点是从理论到理论，或先介绍理论再用事例证明，编写的基本模式是"理论＋例证"。教师编写的教案多为在教材的基础上补充一些内容，主要是备理论知识，很少备实践性知识和技能训练及相应的教学方法。课程教学进度计划（教学日历），主要是授课章节的周学时安排，很少有对应的教学方法的计划安排。

授课环节，备课阶段的因素及授课设计，决定了教师授课的基本状况。教师作为知识的化身"满堂灌"，形成"授受型教学，接受型学习"。教学中虽然运用了教学案例及案例教学，但对于没有社会经历的学生而言，案例也是理论知识。教师将电子课件（较普遍的是文字授课提要）用于课堂教学，并将之看成是教学现代化或教学改革的主要标志，有的完全不使用板书（认为传统、落后），这样既不能很好地发挥电子教案的优势，又丢掉了板书的特长。

**板书及电子课件优点对照表**

| 板书优点 | 电子课件优点 |
| --- | --- |
| 符合人们视觉及大脑接受信息的过程：有先后、有过程、有结果 | 有声音、有颜色、有动感 |
| 便于突出重难点，强调重要观点及内容 | 有图表 |
| 板书内容机动、灵活等 | 容量大、计算方便等 |

练习环节，练习的重要性被忽视，方式也比较单一。除了会计、统计等课程有实务性练习题之外，其他经济管理课程的练习题，多以提问的方式在教材中出现，缺乏实践性练习题及调查、探究性练习题。

考评环节，学生课程学习成绩考察及评价的基本方式是试卷，虽进行了"考教分离"的改革，但基本题型是以单纯记忆理论知识为主的名词解释题、填空题、判断题、选择题、简答题等。学生成绩登记表里记载的是理论（课本）知识的成绩，主要是平时成绩、期末考试成绩、总成绩。平时成绩无具体内容和要求，随机性很大。

此外，经济管理专业教学计划中的实践学分，除军训与毕业论文（设计）有具体内容和学分规定外，社会实践等虽有学分规定，但无具体内容，学生学籍管理登记表和每学期成绩登记表中，也没有此类登记等。

第二，横向。专业教育教学与专业实践及专业综合素质培育脱节，改革缺乏"全员性"。改革注重教师"教什么、如何教"，并通过学生评教及督导、教学竞赛、名师活动等来推动这种改革，但对如何培育提高学生的专业综合素质的课外活动改革得不够。学生的课外活动以丰富课余文化生活为主，活动缺乏总体计划性、明确的教育目的性，活动与专业实践及专业综合素质培育脱节等，虽然开展了一些创新活动，如建立创新园、开展创新竞赛等，但活动按先理论（课堂学习）后实践的方式进行，将理论与实践截然分开而不是融合，活动未能很好地课程化，创新奖项又多为文体项目，少见经济管理的创新项目。由于活动未能课程化，活动未记学分，教师的参与也未记课时，极大地影响活动课程的持续性及教学质量的提高。

第三，纵横关联。教育教学改革与教育教学理论、模式、运行机制的改革脱节，改革缺乏内在本质的"导向性""全面性"。目前，经济管理本科教育教学改革是在"理论联系实际"教育理论、"理论＋实例"教育模式指导下进行的改革。"理论联系实际"是"半截子"认识论，在"理论＋实例"教学模式下，学生不甚知道正确的理论是怎么来的，也不甚懂得这些理论该怎么用，讨论分析案例时，只能就案例说案例。在传统教育教学体制和机制的"刚性"作用下，作为行为个体的教师，只能在"上级"提倡的事项内作"零星"的"小改小革"，改革中较普遍地存在避难就易、重"硬"轻"软"、喜方法疏机制，改革"东涂西抹"，没能从理论、模式、机制这些基本层面进行全面再造，缺乏长期性、方向性、连续性，改革始终在"旧圈子"里打转，改革未从根本上获得整体突破，未获得综合效应。

上述状况表明，高校经济管理本科人才培养传统的基本模式，是"理论＋实例"，其关联教育模式是"理论灌输＋行为监管"，它以教师为中心进行授受型教学，理论知识教学与实践性教学分离，与"以学生为中心，培养学生健全人格、创新思维和实践能力"的办学理念，及"复合型、应用型、外向型、创新型"人才培养目标相差甚远，为此，创新经济管理本科人才培养模式势在必行。

## 二、综观人才培养模式的理论及基本模型

针对传统经济管理本科人才培养模式的不足，我们提出创建综观人才培养模式。

综观人才培养模式是指在一定理论指导和环境下，依据经济管理本科人才培养目标，学校在人才培育的说服和训练过程中，具有稳定的结构形式及活动程序的关联结构或系统。

高校经济管理本科人才的培养是一个综观的关联结构或系统。根据现代教育原理与当代教育学的论述，经济管理本科人才培养的行为人，包含教师、学生、家长、专家等，纵向要处理好教师主导性与学生主体性之间的关系，横向要处理好校内教师功能与校外专家作用的关系等；教育内容，涉及德智体美等方面，横向要处理好德智体美课程的比例关系，"专"与"通"的关系，纵向要处理好关联课程的先后安排等；教育活动，在空间范围方面，要处理好家庭教育、学校教育、社会教育的关系，家庭教育是基础，学校教育是深化，社会教育是拓展等；教育方式，包括教学、课外活动、咨询辅导等，横向要处理好理论知识教学与实践性教学的关系，纵向要处理好专业教学与学生专业实践的关系；此外，还要处理好教学内容、教育方式与学生个人发展、社会需求的关系等。以上各种关系处理的基本方式构成纵横相关的人才培养稳定的结构或系统（或称为综观人才培养结构或系统），它将不同种类、不同性质的教育内容、教育资源、教育方式整合成一个统一的整体，其人才培养稳定的活动程序或行为样式是："实例—理论—实训（实验）"的教学模式，"专业活动项目—模拟企业运作—学生自主组织管理"的学生综合素质培育模式，两者相辅而行，构成综观人才培养模式。

综观人才培养模式依据系统论的相关性原理，以辩证唯物论的认识论为主导，将教育学的认知理论、行为理论、社会学习理论等整合在一起（人才培养的过程不仅是知识认知和建构的过程，也是情感意志培养的过程和个体与群体互动的过程），作为模式的理论指导。社会经济发展状况、教育内容、教育条件是模式运作的环境。

综观人才培养模式的内涵：

第一，它将教育内容与人的发展、社会发展紧密联系起来。教育内容通过课程（科学课程、活动课程）体现。根据经济管理本科人才培养目标，科学地设计课程结构，制订和实施"组合性"人才培养方案，达到"通识"与"专识"的统一，健全人格与社会责任的统一。

第二，它将理论知识的建构与实践技能的训练密切结合起来。改变以往理论与实践脱节的现象，采用多种方式将实践性教学引入经济管理课程的课堂教学中，使两者有机地融合在一起，突现创新精神的培养和实践技能的训练。

第三，它将学生的自主学习与教师的讲授、指导、训练有机结合起来。通过设置学生课前资料研读、专题调查、问题研讨、案例分析、例题预习等，组织学生参与备课。课堂上，教师着重讲解重点难点，组织课堂讨论、实训（实验）等。课后，安排实践性作业，并与学生相关专业活动、专业实践活动对接，以帮助学生建构新的知识结构，提高专业技能。

第四，它将校内培育与校外培育有效结合起来。通过学生专业活动的课程化、假期专业实习（见习）、建立校内外实习基地、国际校际交流等，优化人才培养资源，形成"杂交"优势，以提高学生的综合素质。

综观人才培养模式有如下运行机制：

第一，人才培养目标的指导机制。模式的运行必须以人才培养目标为导向，实际运行的教育结构形式和活动程序，必须符合目标的要求，能有效地实现目标，否则模式需要进一步改进完善。

第二，综观教育结构的良性联动机制。综观教育结构是一个关联互动结构，结构中各部分都有自身功能及活动方式，它们的相关性有强相关、弱相关，正相关、负相关，模式的运作必须通过良性互动才能发挥整合作用，否则各部分的功能可能会发生"摩擦""内耗"。

第三，人才培养模式运行的综观管理机制。不同的人才培养模式有不同的管理规范、制度等，以保障模式的运行。综观人才培养模式也有相应的管理机制来规范人才培养的行为，保证综观人才培养模式的形成和有效运行。

总之，综观人才培养模式，根据相关性将不同的教育主体、教育内容、教育途径、教育方法有机地整合在一起，并形成稳定的结构形式和活动程序的关联系统，将复杂化为简单，将混乱变成有序，它代表的不是部分之和，不是量的多少、范围的大小，它是上升、优化，是人才培养观念、方式、体制的跳跃、创新。

## 三、创建综观人才培养模式的运作体系

综观人才培养模式的运行需要有相应的实施体系，以实现和保障模式的顺利运作。

1. 创建综观人才培养模式的实践性教学体系

实践性教学是指提高学生实践性知识，训练实践性能力，并使实践性能力达到一定熟练程度的教学过程。它的任务是培养学生具有必备的专业知识，掌握相关的实际操作技能，通过系统、正规训练，达到一定熟练程度；培养学生具有从业环境（工作环境、人文环境）的适应能力和人际交往能力；培养学生的创新精神，具有发现、分析、解决从业工作实际问题的能力。

综观实践性教学体系由以下几个方面构成：

（1）实践性教学计划安排。经济管理本科人才培养方案中，专业课程的课时（学分）安排，都要有实践课时（学分）安排，有实训（实验）课程供选择，课程化的专业活动也纳入人才培养方案中。

（2）实践性教学方式。实践性教学的途径和方式有三类：第一类是，非实训专业课程的实践性教学。它将理论知识与实践性知识和能力的教学融为一体，如课堂实训、仿真教学、现场教学等。第二类是专业实训课程。主要是进行专业实践性知识和能力的强化训练，如专业软件教学、手工实训、ERP实训等。第三类是课程化专业实践活动。它着重培养学生的综合素质与能力，如各种模拟活动、专业项目调研、专业实（见）习、自主创业等。

（3）学生实践性成绩的考评。学生的课程实践性学习成绩的考评，随课程教学进行。"课程化"专业实践性成绩的考评，按学生参与实践活动成果、表现登记相关学分等。

2. 创建综观人才培养模式的教学要素体系

教学是教育最基本的方式，教学各环节中的基本要素是实施综观人才培养模式的依据。创建综观教学要素体系关键是如下几方面：

（1）改造传统教学大纲的基本内容：教学目的必须明确指出理论知识和实践技能的要求；绘制课程知识结构图，显示课程的知识模块及其相互关系；有课程实训项目及实训的程序和方法；每章有学生必须阅读研究资料的目录，并将其内容纳入"备、讲、练、考"各教学环节；课程教学计划进度表中要明确每章的理论教学课时，特别是实践性教学课时及教学方式等，以更好地符合人才培养目标的要求。

（2）重新规范授课设计程序：撰写开章案例或例题等；提出启发式问题及明确本章学习的目的要求、重难点；讲述节、目内容时，用多种方法在重难点、理论前沿、前后对照比较等地方插入链接案例、例题、研讨题等，以便互动；设计课堂实训项目；归纳出精炼、有启迪性的本章小结。备课时需注意理论知识教学与实践技能训练结合，具体内容应设计有效教学方法，设计好师生课前、课堂、课后的教学活动等，以便课堂教学时应用。

（3）根据综观人才培养模式重新撰写教材。教材是教学各环节中的基本依据。我们按照综观人才培养模式的要求对传统经济管理教材进行改造，一方面保留传统经济管理教材理论系统性强、层次分明的优点；另一方面吸收国外同类教材的长处，安排开章案例、链接案例、研讨题、实践性练习题等，并将职业道德、实践训练、创新精神贯穿全书。

此外，学生成绩登记表中应增加实践性成绩的内容等。

3. 创建综观人才培养模式的教学方法体系

教学方法是教学理论和教学模式在教育教学活动中的体现。综观教学方法体系是指将理论知识教学与实践性知识和能力教学融为一体，以体现出不同学科和课程、教师个人特质和授课对象而形成的多样化的教学路径、程序、办法及其若干方法的组合。

我们在创建综观人才培养模式的过程中，不仅总结归纳了理论知识教学的要点，还总结推广了三类教学方法：一般性教学方法，如启发式、讨论式、研究式等；实践性教学方法，如课堂实训式、仿真式、现场式等；特殊性教学方法，如幽默式、谈心式等。

教学的整体性和教学方法的个性及共性，决定了教学方法需综合运用的必然性。教学方法综合运用的方式多种多样，主要有如下几种组合方式：

（1）以课程特点为主的组合方式。有的课程理论性较强，有的课程实操性较强，因此需要根据课程特点进行组合，如管理学原理、市场营销学等课程适合于案例教学、现场教学、专题调研等教学方法的组合；会计学课程则适合于仿真教学、课堂实训、例题讨论等教学方法的组合。

（2）以教学目的为主的组合方式。课程每章内容的不同，具体的教学目的不同，有的主要是了解和掌握基本原理，有的主要是掌握如何运用，有的两者兼而有之。以理论为主的可实行情景、案例、例题讨论等组合，以运用为主的可实行调查、实训、现场教学等组合。

（3）以教学方法的功能为主的组合方式。教学方法各有不同的具体功能，可以把功能大体相同的教学方法组合在一起，也可以某种功能为主，其他功能为辅，将其组合在一起等。

教学方法综合运用的组合方式灵活多样，在运用中需注意，教学方法的组合要以人才培养目标为依据，要充分考虑各种教学方法的优势和局限性，实行优化组合，要设计好组合运用时的操作细节等。

### 4. 创建学生专业实践活动的课程化体系

针对已往学生活动中存在的不足，我们以人生职业生涯设计作为学生专业实践与综合素质的教育理论，提出了培育与自我管理的教育方式、提高综合素质的教育目标，并将学生专业实践活动课程化。

我们编制了学生专业实践与综合素质教育指导性计划表，计划表中的内容有素质教育活动分类、素质教育活动名称、学分或活动总时数、各学期活动时数安排。素质教育活动分为必修活动，如军事训练、毕业论文、人生职业生涯规划、毕业实习。选修活动，如专业实践活动、学会活动、社会实践及服务、心理素质拓展、文艺创作、体育竞赛等，每类都有相关活动，如专业实践活动有模拟商品贸易会、专业英语演讲大赛、假期专业实习等；心理素质拓展有心理调查、心理讲座、心理论坛、心理训练（竞赛）、心理案例分析等。各类活动都编写了教育大纲，学分的记载也作了具体规定。

活动课程有三种主要形式：①课程与活动高度融合的"活动课程"，如人生职业生涯规划设计等；②跨专业知识的专业活动课程，如经济管理论文竞赛活动，必须进行论文写作知识的讲授及论文点评等；③综合运用经济管理知识的活动课程，如模拟商品贸易会等。

活动课程的开展，实施专业教研室与学生专业实践活动对接，以加强教师对活动的参与和指导，强调学生自主组织管理，强调学生参与活动的多样化及全员性等。

### 5. 创建综观人才培养的质量保证体系

综观人才培养模式运行的质量，必须有相应的质量保证体系或管理机制作为保障。

学科课程的质量保证主要是按照教学流程进行，备课环节除了遵循有关规范之外，还制定有教案评审表、电子教案制作质量评估表；授课环节，有实践性教学活动申请表、课堂教学质量评估表、学生评教表；练习环节，有练习题评审表；考评环节，有试卷审查登记表、学生成绩登记实施情况检查表等。

活动课程的质量检查，目前主要是采用总结报告、问卷调查、座谈会等方式。

检查评估时，尽量采用学生、教师、相关领导"三结合"进行，以便吸纳多方面的看法，较全面地反映真实情况。

## 四、结论

2006 年以来，综观人才培养模式的创建大致经历了三个阶段：2006—2007 年，以课堂教学改革为主；2008—2009 年进入教学全过程、全方位配套改革；2010 年 1 月至今，深化提高综合改革水平。创建过程中，我们有如下几点体会：

第一，创新人才培养模式必须要进行教育理论的创新，这样，教育教学改革才可能由感性认识上升到理性认识，提高改革的自觉性，减少盲目性。

第二，创新人才培养模式一定要有全面性、综合性、协调性，不能东拼西凑，要有计划、有步骤，扎实稳健，循序渐进，不断优化。

第三，创新人才培养模式的关键是实践性教学的创新，抓住主要矛盾和矛盾的主要方面，其他方面就容易顺理成章。

第四，创新人才培养模式要注重具体操作方法的创新，注重其实用性、有效性，这样模式才有生命力。

（该文载于《南国商学院学刊》2010 年第 3 期）

# 中高端型经济与深化综观人才培养模式改革

## 一、综观人才培养模式的理论与实践

普通高等学校的教学工作要素有：教什么（内容）、为什么教（目的）、谁来教（教师）、怎么教（方法）、教育对象（学生）、谁办教育（领导者）。它们可分为主体（领导者、教师、学生）、客体（内容、目的、方法）两类。根据一定的人才培养目标，在领导者的管理下，教师依据一定的教材，运用一定的教学方法对学生施教。这其中，教师与学生的关系存在两种状况：一是纵向的师生关系。教师在"理论联系实际"这一"半截子"认识论的指导下，采用"理论＋例证"的教学模式，主宰"备课—授课—练习—考评"的全过程，形成授受型教学、接受型学习的人才培养特征，这是我国传统的师生关系和人才培养模式。二是横向的师生关系。教师在"通过实践而发现真理，又通过实践而证实和发展真理"的辩证唯物论的认识论的指导下，采用"实例—理论—实训（实验）"的教学模式和"生本开放式研究型"的教学方法。在教师指导下，学生参与备课和授课的教学环节，通过实训（实验）、讨论、专题调研等，对所学的知识进行重构。学生在获取系统专业知识的过程中，同时提高了实践能力、创新能力、人际关系的适应能力。这是一种新型的师生关系和人才培养模式。

"提高教育质量，培养学生责任感、创新精神、实践能力"，"创新人才培养水平明显提高"，就必须变革传统人才培养模式。

由于曲解教育方针、照搬"理论联系实际"工作原则，高校经济管理专业课教学中，普遍存在先理论后例证，重理论轻能力、轻创新等现象，从而形成长期主导我国人才培养的"理论＋例证"教育教学模式，以及以记忆专业理论知识为主的教学质量管理体系。虽进行了多方面改良，但因为把改善办校条件当作"教学环节"改革，将"教什么"的课程结构改革取代"怎么教"的教学策略改革，并未从根本上解决如何培养提高人才实践能力、创新能力、科学思维能力的问题。

## 二、中国经济向中高端转型——深化综观人才培养模式改革的外在因素

深化高校经济管理人才培养模式改革的驱动力来自两个方面：一是以数字技术为主导的企业生产力"体质"、组织形态、经营模式的巨大变化，对传统企业经营管理的再造，从而引发对运用型人才基本素质的改变；二是通过综观人才培养模式改革自身的不足，需要根据社会经济环境的变化进行补充、修正。

改革开放以来，我国经济的转型大致可分为两个阶段：第一阶段大致从 1978—2013 年。这个阶段通过经济体制改革，主要是引进国外技术和管理，形成了以传统工业技术及管理为主的社会生产力体系。这是我国社会经济一次质的飞跃，创造了中国经济的奇迹，使其成为世界第二大经济体。第二阶段 2014 年至今，通过深化体制改革，推动自主创新，

综观经济与管理

形成中高端技术及相应经营模式的社会生产力体系。这又是一次更加深刻、影响深远的质变。

现代经济是企业经济，国民经济是企业经济的总和，中国经济向中高端转型的基础是企业生产经营管理向中高端转型。第一，企业要创建以现代数字技术及其设施为主导的中高端生产力要素体系。如劳动工具方面的数控机床、机器人、3D 打印机等；劳动资料方面的新材料、新能源等；劳动者方面的熟练掌握新知识、新技能的劳动者等。第二，创建以数字技术及互联网为主导的新型企业智能生产经营模式：互联网 + ［智能产品设计（产品设计软件）—智能制造（软件计划、控制、调度）—市场营销（线上线下）—需求与服务（消费者参与设计、即时服务）］。企业生产力要素的提升和企业生产经营模式的创新，催生新型企业、产业、产品及交易方式等的诞生，如"无人工厂"、互联网金融、电商、无人机等，推动社会经济向价值链的上方移动，形成新的内生经济发展质量和速度。第三，国家的经济体制改革和经济发展战略，为企业创造良好的国内外市场前景，如建立自由贸易区，实施"一带一路"、城镇化等，推动跨境电商的兴起，推动国际经济合作，产能转移，小语种的运用，智能社区、智能大厦等的发展。跨境的产业链、价值链、供应链，促进外生的创新经济、价值经济、服务经济的发展。

企业生产经营管理向中高端转型，国家推动向中高端经济转型的经济体制改革和经济发展战略，促使企业的生产经营管理发生一系列的重大变革：

产品制造方面。企业生产力划时代的转型，对企业传统的生产组织管理的理论和方法提出了挑战。人类社会生产力的发展经历了几个时代的巨变：手工制作（自然天造）—机械生产（人造技术）—智能制造（心智注入人造技术）。企业正在经历由机械生产向智能制造时代的转变，软件开发和智能产品成为时代特征。智能制造不仅能取代人体劳动，还能对整个生产过程实行自动控制。传统的生产组织管理的理论和方法已不够用。

市场营销方面。新型企业智能生产经营模式的"定制"生产，促使产品"设计—制造—销售—服务"融为一体。据报道：青岛红领服饰公司，根据国内外 220 万个人体体形，收集了 1 000 万个设计数据，编制了 100 万个服饰模型，供客户挑选、修改，成品价格是世界名牌服饰的 1/10。产品"定制"实为订货，即销售，它不仅满足了消费者的个性化需求，还将分销变为直销，并彻底改变了企业传统的批量生产、存货管理等。

对外贸易方面。跨境电商等新的经营方式对传统外贸企业的经营管理产生巨大冲击。跨境电商突破国内外市场的界限进行"线上"商品交易，在购买者、经营范围、结算方式等方面，与传统外贸公司的电子商务有许多不同。

组织形态方面。互联网的蓬勃发展让企业与消费者"零距离"接触，企业传统的金字塔型组织结构转向"去公司化"的智能网络型组织形态。为了满足用户的个性化需求，海尔正在"去海尔化"，将自己发展成为一个为成百上千"小微企业"服务的创业平台。改革中，海尔鼓励中层人员成为创业者，其中一部分人在海尔的平台和小微企业中工作。小微企业负责设计、制造和分销海尔用户想要的产品，还能够有计划地获得海尔甚至外部的投资，进行自我创新。海尔自己保留核心业务的运营，如会计、金融和人力资源部门。这些是传统经营管理教科书中所没有的。

经营决策方面。大数据管理提高企业科学决策。大数据是指对企业在经营管理过程中产生的巨量数据，运用云计算设备和算法技术，进行数据聚类、数据挖掘、分布式等方法的处理，获得有价值的结果，推进企业经营管理行为的优化及智能化。大数据的本质是对事物在时间、空间方面的记录，其意义不在于数据的多寡，而在于它的价值，经过专业化加工能实现数据增值。大数据是生产要素之一，是企业的重要资产。大数据在企业综观智能经营管理中被广泛运用，经过云端计算有价值的数据结果，能为企业的产品设计、生产、销售等智能化决策提供重要的依据。企业智能生产经营管理中产品定制的智能设计、智能制造、智能营销等，实质上是一个个精准的数据库。因此，企业综观智能经营管理过程中，如何对大数据进行科学的管理是一个亟须解决的新课题。

中国经济与企业生产经营管理向中高端转型，对运用型人才的基本知识和基本技能提出了全新的要求，给普通高校经济管理运用型人才培养提出了一系列新的课题。

### 三、提升综观人才培养模式改革

前期综观人才培养模式改革虽然取得了明显成效，但它还不完善，同时，在教学内容、人才素质内涵、教学方式等方面，与中高端社会经济、中高端企业智能生产经营管理的现状及发展趋势不相适应，必须深化综观人才培养模式的改革。

第一，培养适应中国经济与企业智能生产经营管理，向中高端转型的创新性国际化运用型人才。1997 年联合国教科文组织将运用型人才界定为："能将专业知识和技能应用于所从事的专业实践的一种专门的人才类型"，其要点是，运用型人才熟练掌握了一线社会生产劳动的基本知识和基本技能，以一线需要为核心目标。

中国经济向中高端转型是质的飞跃，它由信息时代转向智能时代，这是社会经济划时代的转变。新时代的变化更快，更不确定，新概念不断增加，行业、职业、技术迅速变化、更新。适应这种转变的运用型人才，不仅要具有认知性的专业知识和技能，还要具有非认知性的毅力、合作、创新等技能，要从以逻辑分析能力为核心的理性人才，转向以想象能力为核心的感性人才，从操作能力转向创新能力。

众所周知，科学研究是一种创造性劳动，人们通常将其分为基础研究、应用研究、开发研究三类。开发研究是在基础研究、应用研究的基础上，对产品、材料、装备、工艺、技能等进行改进的活动。因此，"一线"的生产劳动不仅仅是重复性劳动，更需要创新。当基础研究和应用研究取得重大突破，就为开发研究提供了广阔的天地和前景，为运用型人才的培养提出了新的要求。不能以传统观念看待高校教学型、研究型、教学研究型的分类。开发研究告诉我们，高校教学型培养的运用型人才，除了"能将专业知识和技能应用于所从事的专业实践"，熟练掌握一线社会生产活动的基本知识和基本技能，还应具有开发研究的意识和能力。

自由贸易区的建立和推广，"一带一路"的实施，中国经济体量的增大，与世界各国经济的联系越来越密切，企业的智能生产经营管理愈来愈国际化，国际经贸的知识和技能及其相关语言，逐渐成为运用型人才的基本知识和技能。

为此，高校培养的企业智能生产经营管理运用型人才，应该是能践行社会主义核心价值观，具有系统的专业理论知识，有一定实践能力和创新能力，能适应国家经济和企业生产经营管理向中高端转型，及满足错综复杂国际竞争需求的中高端创新性国际化运用型人才。

第二，根据中高端社会经济和企业智能生产经营管理对人才的需求，全面更新经济管理专业的专业教材。中高端社会经济和企业智能生产经营管理的实践，倒逼普通高校经济管理运用型人才培养的教学内容必须更新。首先，将现代信息技术作为经济管理专业的专业基础课程。按照中高端社会经济和企业智能生产经营管理的要求，吸收现代信息技术发展的新成果，更新原有教材，并增加课时及学分。其次，将现代信息技术在企业智能生产经营管理的运用，贯穿于经济管理专业的各门专业课程。最后，更新国际经贸教材，加强跨境电商及相关外语的教学。

第三，实施综观人才培养模式的教学规范和管理表格。人才培养教学模式，是教师教学程序、方法或基本的教学行为。在人才培养教学模式改革方面，普遍存在如下现象：一是教育行政管理部门注重招生、专业设置、课程设置、学制、教学管理条件等的改革，以及实验室的建设、实习基地的建立，忽视教师基本教学程序、方法改革，任由教师个人或基层教研室（系）去做，以致基本教学程序、方法的改革并无实质上的突破。二是教师个人对所任课程进行教学方法改革，其成果有的获奖，有的在杂志上发表。由于这样的改革，是教师个人所任课程具体教学方法的改革，相同课程，不同的教师有不同的教法，众多教师的众多教学方法，十分分散，缺乏一般性。教师个人也难以进行"备课—授课—练习—考评"教学过程，以及不同阶段各种要素的配套改革（如教材、教学组织方式、练习方式、考评方式等的改革），更无传授各环节的教学规范及管理表格的改革，缺乏系统性，称不上人才培养教学模式（基本教学程序、方法）的改革。这样，传统"理论＋例证"的人才培养教学模式，并未得到真正的改变。

综观人才培养模式改革对传统教学体系的"基因"进行改造，创建综观课堂教学体系，并通过对教材建设、习题与案例编写、实践教学、考核创新、成绩登记等各个教学环节进行综合配套改革，编制了综观人才培养模式的教学规范和管理表格。为了巩固成果并深化改革，需要将综观人才培养模式的教学规范和管理表格，纳入学校的教学制度化管理中，对实践性教学与理论教学同时进行管理，将实践知识和能力、创新能力纳入教学质量管理中，形成新的教学行为。

第四，将活动课程纳入人才培养方案。现代教育理论表明，活动课程作为学生综合运用所学知识，获取直接经验，重构知识和能力结构的课程形态，是学校课程结构的重要组成部分。将学生课外活动课程化，如将模拟商品贸易会、经管论文竞赛、专业英语演讲大赛、心理素质拓展活动、文艺创作活动、专题调研等活动课程化，编制学生课外专业实践与综合素质教育指导性计划，撰写相应的教育大纲，并纳入人才培养方案，将活动课程与理论课程对接。

第五，综观人才培养模式的实施要求学校各教育管理职能部门，了解综观人才培养模式的理论，熟知其内容，掌握其方法，转变教育管理职能，如教务处组织实施综观人才培养模式的教学规范，学生处组织开展课程化活动，科研处组织开展学术节活动等，并要求各教学单位与各教育管理职能部门协调配合，形成整体合力，共同实现培养高质量创新性国际化运用型人才的目标。

（该文载于《南国学术研究》2016 年第 3 期）

# 上善若水，大道于静

## ——"南国"工作回忆

### 一、承诺：责任与诚信

我 2002 年退休后，在家休闲地看看书、写写文章，参加广东国际综观经济研究会的学术和调研活动，不时到珠江三角洲的市县、企业进行考察和咨询，或出去旅游，过得既悠闲又充实。

2006 年 4 月的某天，在我退休 4 年之后，接到顾也力副校长（当时兼任南国商学院院长）打来的电话，叙旧之后，顾校长希望我来南国商学院（以下简称"南国"）工作。我感到十分突然，电话中我回答需要好好想想。

顾校长在电话中讲到"南国"的性质、特点、状况，对我有较大的吸引力。我虽然在多家民营企业从事咨询服务，担任过顾问，但毕竟没有在民营单位工作过。与此同时，2005 年我正担任广东外语外贸大学教学督导，听课时，发现教师在课堂教学中，普遍采用的是先讲理论，再用事例来证明所讲理论的正确性这一教学方法。不同的是，有的教师理论知识讲得有条理，解析透彻，举例确切，语言生动幽默，学生反映较好，有的教师则不是这样。但课堂上都是由教师从上课讲到下课，师生很少互动，教师偶尔提问，也多是"对不对、是不是"式的问答。学生听讲的状况是：前半节课思想较集中，后半节课小声讲话、睡觉、玩手机、看其他书籍的学生增多，夏天这种现象更普遍；大三、大四的学生不听课的人数增多等。整个"备课—授课—练习—考评"教学过程，都是以重复、记忆已有知识为主，缺乏实践教学和创新精神的培育。为此我写了一篇题为"改革经济管理课程的课堂教学过程"的小文章，文中提出"实例—理论—运用—创新"的完全教学过程，但缺乏具体措施和深入研究。"南国"办学机制灵活，有利于教学改革创新。

我给顾校长肯定答复后，参加了广东外语外贸大学南国商学院的成立大会，学院领导对我进行了面试（同时参加面试的还有朱建亮教授），交谈快结束时，顾校长给我提了一个问题："南国"这样的独立学院怎样办出自己的特色？这个问题提得很突然，具有办校、教学战略措施性质。我从教学的角度谈了两点看法，一是改革传统的"理论＋实例"课堂教学模式，解决教师如何教的问题；二是重建课堂教学与学生课外活动的关系，解决课堂教学与学生课外活动分离的问题。在强化外语的基础上，围绕以上两方面的改革办校，有可能办出"南国"独立学院的特色。

面试后确定我担任管理系主任，当时管教学的副院长，要求我协助教务处在经济、管理专业基础课与专业课方面，编制经济和管理专业教学计划。我日夜赶工，在要求的时限前，拿出了 11 个本、专科专业的教学计划。接着参加了"南国"第一届招生的录取工作，开学前几天的一个晚上，我正在备课，接到副院长的电话，说院领导开会研究，教务处要求正教授担任处长，决定由我担任，并同时任国际工商管理系主任，希望我不要推辞。就这样，我匆匆以第一任教务处处长兼国际工商管理系主任，重新走上了工作岗位。

"南国"成立伊始，身兼院系两个教学管理职务，要办的事情多，责任重，面试时从教学角度对办出"南国"特色的看法，不能只是嘴上说说而已，它是一种承诺，应该尽力兑现。如何开展工作，兑现承诺？这里借用我国老子《道理经》中的哲学语言"上善若水""守静笃"来表达当时的想法：以天地循环的水，通过江河汇于海洋似古今中外的视野和胸襟，除去追名逐利的浮躁，静心踏实地与同事们一起，努力探索具有"南国"特色的人才培养模式。

## 二、建立良好教学秩序

进行教学改革必须要有良好的教学秩序，教务处处长和系主任的身份，十分有利于我从全院和系的角度观察和处理有关问题，在全院开展教学整顿时，可直接从系取得经验，形成样板，进而对全院的教学整顿进行指导。

教务处当时包括我共5人。副处长程方坤在"南国"专修学院主持教务工作多年，他正当中年、熟悉业务、经验丰富、思路清晰、能干肯干，全面负责教务处的日常工作；戴中元负责排课、调课等教务工作；余晓萍负责期末考试、资格考试等考务工作；陈金山负责考勤、教材征订与发放等工作；后来赵爱党调来教务处，负责招生、评教等工作。每周六或周一，我和程方坤小结当周工作，商议下周工作，周一开个简短的工作小结及工作安排会，会后各司其职。我们根据学院每学期的工作安排，在搞好日常教学管理工作的同时，重点抓教学整顿，以迅速建立良好的教学秩序。

1. 依规妥善整顿教学纪律

刚成立的"南国"如同婴儿处于初生期，原"南国"专修学院的教学，兼课教师比较多，水平参差不齐，流动性大；以"南国"名义新招聘的硕士研究生教师，缺乏教学经验；原有"南国"专修学院的学生与参加全国统一考试的学生，入学状况差异很大等。针对以上情况，在教学要求方面可以区别对待，但在教学纪律方面，必须统一要求。我们不是没有看上去科学合理的教学管理制度，然而，往往是"讲在嘴上、印在纸上、挂在墙上"，这些制度仅供汇报检查，之后锁在文件柜里，或"被风吹在地上"。为此，我们采取如下行动整顿教学纪律。

第一，实施教学事故规定。教师是形成良好教学纪律的关键，整顿教学纪律首要的是抓教师。我们组织教务处全体人员巡堂，具体掌握教师按时上课和下课的情况（以及按时监考的情况），发现违规事件，及时与相关领导沟通，找违规教师落实，问明原因，由系填写教学事故处理表，提出具体处理意见，附违规教师检查，及时报教务处审查，主管院领导签批后，立即公布。2006—2007年度违反教学纪律事件共13人次，其中上课迟到2人次，提前下课7人次，监考迟到4人次，通报批评7人次，记较大教学事故6人次。客观、公正、及时、按规定办事，取得了明显效果：违规人数，2006年10月共7人次，2007年1月（期终考试期间）共4人次，2007年3月（第二学期开学）共2人次。

第二，统计分析学生考勤表。每周一对上周学生的旷课、迟到、早退、病假、事假，按系、天、节进行统计综合，了解一周中哪一天旷课、迟到、早退、请假的学生多；一天中第几节课迟到、早退的学生多等，将统计结果及时分送给院领导、学生处、各系。第一次统计出旷课、早退、请事假的数据惊人，一周中达1 000人次，一天中则约200人次，长此以往是一个巨大的教学损耗。院领导组织辅导员开会，加强和改善学生课堂纪律的管理，教务处调整周五下午的课程安排，任课教师认真核实考勤并签名。很快杜绝了打上课铃后，学生从宿舍到教室路上"排长龙"的现象，许多班级出现一周或几周中旷课、迟到、早退、事假、病假为零的情况。

第三，维护考场纪律。我们切实执行期末考试考场纪律的规定，要求教师和学生切实遵守。教师违规按教学事故有关规定处理，学生考试作弊，按教师教学事故处理程序及时处理。巡考过程中，我们发现有的考场，在开考后半小时左右，除个别学生之外，绝大多数学生都已交卷，答题内容基本相同。调查发现有的任课教师，期末复习时，复习题与A、B卷考试题的题型、题量基本相同，并有标准答案，这是任课教师与学生共同作弊的行为，主要责任在教师，这也是传统记忆型教学的典型后果，查实后严肃处理及改进出题方式。

2. 开展教学研究和督导

建立良好的教学秩序必须规范教师的教学行为并提高教师的教学水平。为此，我们采取了如下措施：

第一，各系（部）组织公开课或示范课。讨论探究如何备好课、授好课；请广东外语外贸大学的优秀教师上示范课，要求"南国"的教师主动听示范课。

第二，召开师生代表座谈会。每学期进行学生评教的同时，召开全院师生代表座谈会，征求对教学管理和教师授课的意见和建议，教务处将意见和建议编辑成《教学动态》，印发给各教学单位，内容有表扬、批评、回复，以改善教学管理和课堂教学。

第三，开展教学研究。我们提出了教学研究参考题：不同课程如何加强师生互动（包括互动的目的、形式、方法）？不同课程如何联系实际及提高实际操作能力、创新能力（联系实际的内容、方式、解决的问题及条件，精讲多练的关系）？如何推进特色教学的设计与实施办法（专题调查、案例分析讨论、项目教学等）？电子课件如何制作与运用等，教务处编印《教学探讨》，刊载国内外同行及本院教师的文章和典型事例，每期一个专题，2006年11月第1期是"素质教育与教师素质"，2007年1月第2期是"教学法"，2007年4月第3期是"备课与教学质量"等。

第四，实施教学督导制度。我们撰写了学院教学督导制度的实施方案，聘请广东外语外贸大学相关学科的教授为教学督导，要求系领导听课，重点指导青年教师熟悉教学，提高教学水平等。

3. 开展优秀教学奖评选活动

建立良好的教学秩序应强化正向和负向激励，奖罚分明，充分调动全院教师教学工作的积极性和创造性，营造爱岗敬业、奋发向上、争先创优的工作氛围。我们将师德、教学各环节教学资料、教改及科研成果、课堂教学质量评估分数等，纳入评奖内容。教学各环节教学资料的评选包括：教学大纲、纸质教案、电子课件制作水平、案例集和习题集、教学进度安排、教学参考资料、试题水平、考试分析、成绩单填写状况等。教学纪律是教学秩序的表象，教学资料是教学秩序的基础。由于授课教师队伍的复杂性，通过评选活动有利于加强教学基础资料的管理，利于保障学院整个教学的有序性。

程方坤在具体负责教务处日常管理工作的同时，还组织了全院专业教学计划的修订并编印成册，组织开设了通选课、辅修课，成功申报英语4、6级考点等。

至此，在"南国"建院不到一年的时间内，良好的教学秩序得以初步建立，受到师生和学生家长的好评。

## 三、潜心创建综观人才培养模式

教学改革是一项艰巨复杂的系统工程，如果没有深入、细致、具体的工作，改革只能是浅尝辄止。教学秩序基本正常，找到适合人选后，我坚持辞去教务处处长职务，以便潜心在国际工商管理系进行教学改革。

国际工商管理系领导班子中，王春福担任主任助理，他年轻有为，肯干能干，我在教务处期间和回国际工商管理系后，都由他全面主持系里的日常工作，后来，他任系副主任，由陈书星任系主任助理（王春福调到院内其他单位后，主持系日常工作），邹艳平任系主任和学生工作助理，他们两人同样年轻有为，工作踏实、负责、有成效。我们将教改与各项工作融合，每学期制订有关教改、教学、科研、学生活动的工作计划，每星期一，我们几个人在一起研究一周的工作，会后分工负责，各行其是。系办公室，开始只有张金连一个人，由她全面负责系里的教务工作，后来由于工作量成倍增多，学院增加了熊丽娟等人。

高校经济管理本科人才培养的目标是多元的——培养满足社会经济发展需要的高素质创新型、适用型、复合型、外向型人才；人才培养的要素是多元的——教育者、受教育者、教育内容、教育手段等；人才培养的内容是多元的——德智体美诸多方面；培养人才的途径是多元的——课堂教学、课外活动、社会实践、咨询辅导等；教学各环节的要素是多元的——教学大纲、教材、教学方法、教学工具、考核评价等；人才培养管理机制是多样的——教学规范、管理表格等。面对如此错综复杂的人才培养境况，零散的改革，哪怕是十分有效的"设想"，其作用也会被各种因素"消耗"得"无影无踪"。为此，需要进行综观、系统的研究、改革。

从2006年开始，国际工商管理系进行了教育教学改革，经历了"课堂教学改革（2006—2007年）—综合配套改革（2008—2009年）—深化配套改革（2010—2012年）"三个阶段（2011年陈炳辉教授接任系主任）。2007年5月，由顾校长担任课题负责人，申报立项《创建综观课堂教学体系的理论创新与实践》（粤教高［2008］18号第67），2010年4月又申报立项《综观教学理论与实践——综观人才培养模式研究》（粤教高函［2011］55号第367）。

在创建综观人才培养模式整个过程中，我们将试验、调查研究贯彻始终。

1. 普遍调查研究，掌握总体状况

（1）普遍性听课。这一调查研究从2006年下半年进行到2007年，通过该调查，发现在课堂教学改革中存在着几个比较普遍的问题：①将电子课件在课堂教学中的运用，当作教学现代化或教学改革的主要标志，以教学工具或手段的改进取代教学理念、教学模式、教学内容的改革。②将教学案例的运用当作案例教学，形成"理论＋实例"的教学模式，以此取代实践性教学，"满堂灌"的情况十分普遍。③将课堂教学这一局部改革代替教学全过程的改革等。为深入进行教学改革和人才培养模式的改革，打开了思路，明确了改革的具体内容和方向。

（2）将教务处收集的学生对国际工商管理系教师教学的评价进行归纳、整理，掌握全系教师教学状况，了解学生对教学改革的看法及改革的效果，从中找到深入教学改革要解决的重点问题。

（3）对从听课获得的第一手资料进行纵横的、多角度的统计分析，从不同角度把握教学改革和人才培养模式创建的状况，以发现新问题，提出研究的新课题，解决新问题，深化综观人才培养模式的创建。

2. 典型调查，分析总结

改革的不同阶段，进行不同的典型调查研究。

第一阶段，我们进行了两类代表性授课方式的对比调查分析。第一类：较为普遍运用的"理论＋事例"教学方式。第二类：个别教师运用的"事例—理论—课堂练习"教学方式。

第二阶段，我们进行了课堂实践性教学方法的典型调研。通过听课总结各种不同课程实践性教学方法的特征、要点，并以授课教师的名字命名加以推广，如"文佑云课堂实训教学法""吴再芳课堂仿真教学法""李政现场教学法"等。

第三阶段，我们进行了课堂教学综合性典型调研，即对一次有代表性的课堂教学全过程进行研究，不仅从教学内容、教学程序、教学特征，还从教学理念、教学模式、教学方法与人才培养目标等方面，进行综合性的研究，探究如何提高综观人才培养模式运行的质量，提出"生本开放式研究型"教学方法。

3. 实证对比，跟踪调查

（1）新进系教师与工作一年以上教师教学情况对比调查研究。这种研究主要是通过对比，找出两者在教学上的差异，探索迅速解决问题的途径。

（2）某种教学方法适应性比较研究。我们开展同一教学方法在会计、营销、物流等不同专业课程教学中具体运用的比较研究，结果发现"课堂实训教学法"比较适于会计课的课堂教学，"现场教学法"比较适于营销、物流等课程的课堂教学。

（3）进行相同专业相同课程相同教学方法的教授，教学效果及学生反映不同原因的比较研究。如同运用问题式教学法，一个教师是"结果型"的问题式教学，另一教师是"过程型"的问题式教学，后者的效果和反映大大优于前者。

（4）跟踪调查研究。我们主要从以下几个方面做了一些工作：一是反复听课，调查了解创建综观人才培养模式改革的内容、措施落实的情况，发现新问题，总结教师们在创建综观人才培养模式中积累的新经验。在跟踪调研中，发现物流教研室的徐明霞老师，将教学目的分为理论知识和实践技能两个部分，这样的划分更有利于明确实践性教学内容和方法的设计，以及实践性练习题的改进和提高，在全系加以推广。二是对学生历年评教的资料进行统计分析，它让我们了解和掌握系专职教师教学质量发展变化的趋势。三是反复进行问卷调查，全面了解学生对教学改革和创建综观人才培养模式的反映，从中发现不足，有针对性地采取措施，推进改革深入发展。

我们在探究综观人才培养模式的理论和实践创新的过程中，遵循由易到难、由表及里、循序渐进的原则，不搞急于求成、急功近利，力求做出实际效果：

找准切入点，逐步深入。教学是人才培养的基本方式，课堂又是教学的基本场所。2006年9月国际工商管理系刚建系，教学人员主要是新教师、青年教师，首要任务是讲好课。为此，我们在组织公开课时，采取了逐步深入的办法。2006—2007学年的第一学期，通过公开课讨论研究如何备好课以及上好课的基本要求，同时，宣传、讨论课堂教学模式的改革。第二学期，则以"实例—理论—实训（实验）"教学模式组织公开课，同时，探究课堂实践性教学的途径和方法。2008年，组织不同专业课程的实践性教学公开课，探究课堂实践性教学方法的多样性，同时，探讨一般性教学方法（启发式、讨论式、研究式等）、实践性教学方法（课堂实训式、仿真式、现场式等）、特殊性教学方法（幽默式、谈心式、商讨式等）的综合运用及组合方式。2009 年，组织探究能融合多种教学方法的"生本开放式研究型"公开课。2010 年，则以"生本开放式研究型"教学方法在不同专业组织公开课，并成立由各教研室教师组成的系级研究小组，深入探究该教学方式的内涵、目的要求、理论依据、教学过程、具体方法、运用条件等，以创造出一种新的综观教学方式。

公开课的评课，开始是由听课人评论，后来发展到由听课学生当场评价、听课教师当场评论、专题研究小组代表评课及介绍研究成果等。

此外，在对教材改革、实践性练习题的改进等方面，也是采取从实际出发、逐步深入的办法。

紧扣人才培养目标，由表及里。我们根据学院的办学理念和综观人才培养模式，由表及里地深入探究和实践。我们鼓励教师们采用多种多样的实践性教学方式，如视频、图像、故事、案例、实物等，来启发、引导学生发现问题、分析问题、解决问题，潜移默化地提高学生的观察力、判断力、创新精神。听课中发现有的教师在视频、图像等的选用上，迎合学生的喜好，只是为了活跃课堂气氛，对视频、图像等的内涵分析不深透，浅尝辄止，与教学目的相差甚远。活跃课堂气氛只是表象，它不能与达成教学目的画等号。为了解决上述形式主义问题，一方面，我们通过教研室集体备课、电子教案评比等，组织老师们进一步探究各种教学方法的基本内核、运用过程，教学方法与人才培养目标的关系，特别是与培养学生的创新精神、训练实践技能，形成科学思维方式的关联；另一方面，总结介绍教师授课过程中运用某种教学方法，达成教学目标的事例以及课堂上启发学生创新精神的事例等。

不断积累，由零散到系统。我们的改革创建工作，开始从课堂教学入手，进而对教学全过程中的各个环节进行改造。由单个教学方法的总结，推广到综观性教学方法及过程的探究；从教学改革活动的开展，到教学管理机制的改革；从专业教育教学改革，到学生专业实践与综合素质的提升；从综观人才培养模式的教育教学体系及管理机制体系的初步建构，到综观人才培养模式运作质量的提高，力求形成"切实可行、行之有效"的综观人才培养模式的运作体系。

通过持续不断的理论探索和实践创新，取得了若干成果：

提出和实践了经济管理本科人才培养新的理论和模式。教学理论方面，用"通过实践发现真理，又通过实践证实和发展真理"，取代"理论联系实际"；教学模式方面，用"实例—理论—实训（实验）"，取代"理论 + 例证"。提出和实践了人生职业生涯设计的学生教育理念、"专业活动项目—模拟企业运作—学生自主管理"的教育模式，由灌输与监管教育方式转向培育与自我管理，教育目的由专业就业转向提升综合素质。

提出和实施了综观"生本开放式研究型"教学方法。在教师指导下，课前，学生自主（合作）学习和调查有关事项、研究有关问题；课堂上，教师讲重难点，师生相互交流调查研究的成果，建构新的知识结构，进行相关训练；课后，学生自主（合作）进行实践性练习或研究调查成果。将实践性教学引入经济管理专业课程的课堂教学中，编写了经济管理专业课程的《实践性教学实施方案》。

对传统教学要素进行了系统的改造。备课环节，编制了各年级教师任课安排表、教学大纲编写改革创新要点、教案评审表等；授课环节，提出了理论知识教学要点、实践性教学（课室外、校外）活动申请表等；练习环节，提出了实践性练习题要求、练习题评审表、编辑案例集及习题集要求等；考评环节，重新设计了学生成绩登记表、试卷审查登记表等；提出了英文教材的双语（全英）教学要求、中文教材的双语教学要点，由张金连撰写了《管理系双语（全英）教学实施方案》等；提出了经济管理专业教材撰写新的理论、模式、方法，在广东全省独立学院组织撰写经济管理系列教材，现已规划出版了 36 本，销售 20 多万册，被省内外 19 所高校采用。

将专业教学与学生专业实践活动及综合素质提升有机结合。在学生中成立专业学会，与专业教研室对应，专业教研室参与和指导对应的专业学会的活动，如会计学教研室与会计学会、物流教研室与物流学会等。为了将学生的专业实践活动课程化，我们编制了学生专业实践与综合素质教育指导性计划，撰写了《模拟公司运作活动教育大纲》《心理素质拓展活动教育大纲》《文艺创作活动教育大纲》等。学生活动突出创新和综合素质训练，如创业设计及实际创业、模拟商品交易会、广告设计竞赛、经济管理专业英语竞赛、经济管理论文有奖竞赛等。

创建了综观人才培养教育教学管理机制。我们编制和实施了《常用教学规范及教学管理表格手册》。

### 四、展望"南国"

我国已成为全球第二大经济体，能否培养与之相适应的人才，决定着学校的前途和命运。我建议：

第一，坚持不懈地深化人才培养模式的改革。在综观人才培养模式改革创新的基础上，在全院试行、深化、完善、提高，形成具有"南国"特色、中国特色的人才培养模式。

第二，提高教师队伍建设的标准、档次。培养自己的博士，引进高档次人才，加大教学、科研投入，营造人才辈出的环境，形成一支能创新、有建树，以省内、国内、国际"知名人才"为核心的教师队伍。

祝愿"南国"经过若干年的奋力拼搏，能立于"世界之林"。

（该文见于广东外语外贸大学南国商学院《校史资料》（第一辑），2013 年）

# 后 记

这本书从某个侧面反映了国家经济管理在某个历史时期的发展变革，它也是笔者自己人生中学习、工作、研究的记录。

笔者是一个平凡的人，只有平凡的经历。作为中华民族的一员，与国家一起经受风雨，见证了国家的辉煌。个人的力量虽然微小，但留下了坚实的脚印，无愧于工作过的单位，无愧于国家，无愧于家人。

这本书的面世，要感谢中华民族优秀文化对我的滋养，要感谢老师的培育、学长的指导、领导的支持、朋友的帮助、家人的关心与支持。还要感谢暨南大学出版社的大力支持和帮助，感谢编辑曾鑫华与高婷的辛勤劳动。

邓志阳

2017 年 2 月于广州江南西玫瑰园